法家经典文献在英语世界的译介与传播

戴拥军◎著

本书为教育部人文社科规划基金项目「法家经典文献在英语世界的译介与传播研究」（16YJA740005）和安徽省高校人文社会科学研究重点项目「中国古代法律典籍在英语世界的译介与传播研究」（SK2016A0143）的阶段性成果。

南京大学出版社

图书在版编目（CIP）数据

法家经典文献在英语世界的译介与传播／戴拥军著.
— 南京：南京大学出版社，2019.4
ISBN 978 - 7 - 305 - 21857 - 6

Ⅰ. ①法… Ⅱ. ①戴… Ⅲ. ①法家 - 文献 - 英语 - 翻
译 - 研究 Ⅳ. ①B226.05

中国版本图书馆 CIP 数据核字（2019）第 062977 号

出版发行　南京大学出版社
社　　址　南京市汉口路 22 号　　　　　　邮　编　210093
出 版 人　金鑫荣
书　　名　法家经典文献在英语世界的译介与传播
著　　者　戴拥军
责任编辑　冯　颖　潘琳宁　　　　　　编辑热线　025 - 83592401
照　　排　南京南琳图文制作有限公司
印　　刷　江苏凤凰数码印务有限公司
开　　本　718×960　1/16　印张 16.75　字数 241 千
版　　次　2019 年 4 月第 1 版　2019 年 4 月第 1 次印刷
ISBN 978 - 7 - 305 - 21857 - 6
定　　价　78.00 元

网址：http://www.njupco.com
官方微博：http://weibo.com/njupco
官方微信号：njupress
销售咨询热线：（025）83594756

目　录

第一章　引　论 ……………………………………………… 1

　　第一节　研究背景 ………………………………………… 1

　　第二节　国内外研究现状 ………………………………… 3

　　第三节　历史上的"法家"及法家思想 ………………… 6

　　第四节　法家经典文献的界定 …………………………… 12

第二章　《商君书》在英语世界的译介与传播 ………… 17

　　第一节　《商君书》及商鞅 ……………………………… 17

　　第二节　《商君书》外译溯源 …………………………… 23

　　第三节　《商君书》英译对比研究 ……………………… 27

　　第四节　《商君书》在英语世界的传播 ………………… 68

第三章　《韩非子》在英语世界的译介与传播 ………… 77

　　第一节　《韩非子》其书及其思想特征 ………………… 77

　　第二节　《韩非子》外译溯源及主要英译者 …………… 80

　　第三节　《韩非子》英译分析 …………………………… 93

　　第四节　《韩非子》在英语世界的传播 ………………… 105

第四章　《管子》在英语世界的译介与传播 …………… 119

　　第一节　《管子》与管子 ………………………………… 119

第二节 《管子》外译溯源 ……………………… 123

第三节 《管子》主要英译者 ……………………… 130

第四节 《管子》英译对比研究 …………………… 135

第五节 《管子》在英语世界的传播 ……………… 152

第五章 《吕氏春秋》在英语世界的译介与传播 …… 159

第一节 《吕氏春秋》与吕不韦 …………………… 159

第二节 《吕氏春秋》英译溯源 …………………… 164

第三节 《吕氏春秋》英译对比研究 ……………… 169

第四节 《吕氏春秋》在英语世界的传播 ………… 204

第六章 法家其他典籍在英语世界的译介与传播 …… 211

第一节 《慎子》在英语世界的译介 ……………… 211

第二节 《申子》在英语世界的译介 ……………… 224

第三节 《慎子》《申子》在英语世界的传播 ……… 233

第七章 结 语 ……………………………………… 235

第一节 法家经典文献英译总体特征 ……………… 235

第二节 法家经典文献英译不足之处 ……………… 239

第三节 法家经典文献英译展望 …………………… 241

参考文献 ……………………………………………… 243

索 引 ………………………………………………… 256

致 谢 ………………………………………………… 262

第一章 引 论

第一节 研 究 背 景

　　中国是一个有着 5000 年悠久历史的文明古国,长期以来,中国人民以自己的勤劳和智慧创造了灿烂的中华文明,为人类文明进步做出了重大贡献。就法律思想的起源及发展而言,西周初期就提出了"明德慎罚"的思想,主张"德""刑"并用,反对"罪人以族",要求在判罪量刑时必须区别过失("眚")和故意("非眚")、偶犯("非终")和累犯("惟终"),以缩小打击面。这在整个世界的刑法史上都是难能可贵的。春秋战国时期是中国古代政治、学术思想最活跃的时期,出现了"百家争鸣"的繁荣局面。这时的法律思想也得到了前所未有的发展,不少思想家对法律的起源、本质、作用以及法律与社会经济、时代要求、国家政权、伦理道德、风俗习惯、自然环境的关系等基本问题都提出了一系列具有合理因素的新见解,大大丰富了中国乃至整个世界的古代法学。以李悝、商鞅、慎到、申不害和韩非等为代表的法家,主张"以法治国",认为"法"是衡量人们言行是非功过,据以行赏施罚的标准和人人都必须遵守的行为规范。他们强调法律的客观性、平等性和统一性,并从"好利恶害"的人性论出发,重视法律的强制作用。虽然他们轻视甚至完全否定道德的感化作用,极力主张用严刑峻法的手段打击贵族和加强对广大人民的统治,但从当时的时代背景来看,实际上促进了封建法制的改进和某些进步法律思想的提出。

德国社会学家马克斯·韦伯(Max Weber,1864—1920)曾经这样评价中国:"传统中国宗教和政治文化所特有的某些特征,使得甚至像中国这样高度发达的文明,却没有取得在16世纪以后的西方出现的现代自由民主国家中达到顶峰的制度成就和法律成就。"①韦伯不是汉学家,自然也不懂汉语,他的分析只是基于他写作时参考的少量中国古代典籍译本。然而,在韦伯之后,西方的汉学研究有了很多进展,可以利用的新文献更多,西方汉学家却常常继续重复韦伯19世纪关于中国的观点。比如著名汉学家费正清(John King Fairbank,1907—1991)在《东亚:伟大的传统》(1960年英文版)一书中用韦伯式词语比较了中国与西方的法律:"法律的概念是西方文明的荣耀之一,而在中国,法家学说虽然深深影响了中国人对所有法律的态度,但是,两千余年来,它一直不受重视。与罗马的法律概念相比,法家的法律概念有着较大的缺陷,西方的法律一直被认为是上帝或自然的某种更高级命令在人间的体现,而法家的法律只代表了统治者的命令。"②费正清是哈佛大学终身教授,美国最负盛名的中国问题观察家,号称"头号中国通",他的观点在某种意义上代表了西方主流社会的看法,无论对西方汉学家还是对西方普通读者都有着巨大的影响。

西方学者对中国古代的法律思想存在如此偏见,对"法家"思想的评论如此消极,从一个侧面反映出中国传统文化在跨文化交流中的遭遇。众所周知,作为文化载体的语言是跨文化交流中最重要的组成部分,而要将某一民族的语言和文化传播、推广到其他地区,翻译无疑是必经之路。法律典籍是中国古代法律文化对外交流的载体,西方学者对中国古代法律文化的认知是否和某些法律典籍的翻译有关?如果关涉"法家"思想,那么历史上有哪些重要的法家典籍或文献?在什么时间由谁进行了翻译?其翻译动机、翻译策略、翻译方法如何?那些已经被翻译的法律典籍

---

① Max Weber. *The Religion of China*, trans. and ed. Hans H. Gerth, New York: Free Press, 1951:149.

② John King Fairbank. *East Asia: The Great Tradition*, Boston: Houghton Miffin, 1960:84.

在西方社会是如何传播的？又在何种程度上产生了这样或那样的影响？面对上述问题,关于中国古代法律,关于"法家"及其思想,关于代表性法家典籍及其翻译等一系列问题,就不能不引起我们的重视了。

第二节　国内外研究现状

1921年吴经熊[①]在《密西根法律评论》(*Michigan Law Review*)撰文介绍以商鞅为代表的中国古代法家学派[②],并提及比较法学者潜心于中国法家文献的翻译。此后西方学者对中国法家思想研究一直抱有较大的兴趣。1928年,荷兰汉学家戴闻达(J. J. L. Duyvendak)将法家经典文献之一的《商君书》译成英文在伦敦出版。[③]德国汉学家埃里希·豪尔(Erich Hauer)对此书的出版表示了祝贺,并且希望译者能够抽出时间尝试翻译另一法家代表人物韩非子的作品,甚至管子的作品。[④]

此后20多年间,西方学者对中国的法家思想表现出漠不关心的态度,对法家经典文献的翻译和研究很少过问,可能的原因不仅仅是因为他们阅读中文法律文献时,在语体和词汇上遇到了巨大的困难,还因为他们基于这样的一种思考,即中国古代虽然有法家的存在,但传统的中国社会却不是一个由法律来调整的社会。[⑤] 然而近几十年来,特别是"二战"之后,这种情况开始有所变化,西方学者对中国法家经典文献的翻译和研究逐渐达到了一个高潮。首先是汉学家顾立雅(Herrlee Glessner Creel)在

① 英文名为John Wu或John Wu Ching-hsiung,一名经雄,字德生,1899年3月28日出生,浙江鄞县人,法学博士。1920年赴美国密歇根大学法学院学习,1921年获法律博士学位。

② John Wu. "Readings from Ancient Chinese Codes and Other Sources of Chinese Law and Legal Ideas", *Michigan Law Review*, 1 March 1921, Vol.19(5): 502 – 536.

③ Shang Yang. *The Book of Lord Shang: A Classic of the Chinese School of Law*. Translated from the Chinese with Introduction and Notes by Dr. J. J. L. Duyvendak, London: Arthur Probsthain, 1928.

④ Erich Hauer. (Book Review) "Duyvendak, J. J. L: *The Book of Lord Shang*". *Orientalistische Literaturzeitung*. Jan. 1, 1929: 595.

⑤ [美]莫里斯·布迪:《中华帝国的法律》,朱勇译,南京:江苏人民出版社,2010年版,第4页。

《中国思想：从孔子到毛泽东》(*Chinese Thought from Confucius to Mao Tse-tung*, 1953)一书中对中国法家哲学进行了详细介绍,包括法家学派产生的社会基础、代表人物、代表文献等①;其次是戴闻达的《商君书》英译本得以再版(1963,1998),Thomas Berry(1965)、Timoteus Pokora(1969)、Derk Bodde(1969)、David R. Knechtges(2014)等对此书英译高度评价,法家经典文献或与法家哲学相关的文献如《韩非子》《申不害》《慎子》《管子》等相继译成英文出版;再次,基于被翻译的法家经典文献,西方学者对中国法家思想进行了全面的研究与探讨,出现了大量研究中国法家哲学的专著和文章,这当中既有对法家学派及其影响的整体评价②,也有对法家代表人物商鞅、韩非子等哲学思想的深入探讨③,还有中国法家思想与西方哲学思想的对比分析等④。

　　一个不可忽视的事实是,西方学者对中国法家学派的研究往往带有一定的猎奇心理,甚至偏见。美国法学家高道蕴(Karen Turner)在总结西方学者对中国法家哲学的研究时说:"中国法家思想经常是被当作反衬西方独特成就的例子,而不是被当作一种具有内在动力的法律制度来探

---

① Herrlee Glessner Creel. *Chinese Thought from Confucius to Mao Tse-tung*, Chicago: University of Chicago Press, 1953.

② 如 Kung-chuan Hsiao. *A History of Chinese Political Thought. Vol. I: From the Beginnings to the Sixth Century A. D.* F. W. Mote (trans.). Princeton: Princeton University Press,1979; Paul R. Goldin. "Persistent Misconceptions about Chinese 'Legalism'", *Journal of Chinese Philosophy*, 2011, 38 (1): 64 – 80; Yuri Pines. "Legalism in Chinese Philosophy", *The Stanford Encyclopedia of Philosophy* (Winter 2014 Edition), Edward N. Zalta (ed.).

③ 如 Li Yu-ning. *Shang Yang's Reforms and State Control in China*, White Plains, New York: Sharpe, 1977; Wang Hsiao-po and Leo S. Chang. *The Philosophical Foundations of Han Fei's Political Theory*, Honolulu: University of Hawaii Press, 1986; Paul R. Goldin. "Han Fei and the *Han Feizi*", in P. R. Goldin, (ed.). *Dao Companion to the Philosophy of Han Fei*, Dordrecht: Springer, 2013: 1 – 21.

④ Markus Fischer. "The Book of Lord Shang Compared with Machiavelli and Hobbes", *Journal Article Dao*, 2012, 11 (2): 201 – 221; Charles Sanft. "Shang Yang Was a Cooperator: Applying Axelrod's Analysis of Cooperation in Early China", *Philosophy East and West*, 2014,64 (1): 174 – 191.

讨。"①西方学者的这些观点,也使我们进一步从文化传播的角度研究中国法家经典文献的译介具有了必要性。

　　国内学者对法家思想的研究较早,相关的书籍和文章汗牛充栋,但对法家经典文献的英译及其影响研究起步较晚。20世纪80年代后期,出于国家文化战略的实际需要,中国典籍英译逐渐受到国家有关部门的重视,很多典籍经历了从选译到全译,从零星翻译到结集成套翻译的过程,翻译质量也日臻完善,但关注法家经典文献英译研究的学者和专家依然为数不多。1995年国家推出中国文化典籍出版工程"大中华文库(汉英对照)"后,法家经典文献《商君书》(2006)、《管子》(2010)、《韩非子》(2015)等英译本相继出版,和法家思想紧密相关的经典文献《吕氏春秋》《淮南子》等也陆续推出汉英对照版。近年来,致力于为中外学者提供中国历代传世文献的"中国哲学书电子化计划"(Chinese Text Project)②在"先秦两汉"篇中专门设有"法家"专栏,《商君书》《管子》已有英汉双语平行文本,其他经典文献如《韩非子》《申不害》《慎子》等的平行文本正在建设中。

　　国内对法家经典文献的英译研究,最早可见于蒋洪新、尹飞舟20世纪末的《伯顿·华兹生的〈韩非子〉英译本漫谈》一文③。21世纪初的十年对法家典籍英译似乎无人问津,但最近几年出现了较快发展的趋势。如戴俊霞不仅研究了《韩非子》在英语世界的跨语际描写,还重点分析了英译本有关概念的翻译策略④,李宗政、陈江宁分别对《管子》外(英)译

---

　　① 高鸿钧、贺卫方:《美国学者论中国法律传统》,北京:清华大学出版社,2004年版,第11页。

　　② "中国哲学书电子化计划"是一个线上开放电子图书馆,为中外学者提供中国历代传世文献,力图超越印刷媒体限制,通过电子科技探索新方式与古代文献进行沟通。详见:https://ctext.org/zhs。

　　③ 蒋洪新、尹飞舟:《伯顿·华兹生的〈韩非子〉英译本漫谈》,《外语与外语教学》,1998年,第6期,第45-47页。

　　④ 戴俊霞:《诸子散文在英语世界的译介与传播》,合肥:安徽大学出版社,2014年版,第285-321页。

的总体情况、管仲形象的英译表现、排比的英译法进行了分析①,丁立福则对国外首部《淮南子》英语全译本进行了探究②。

对于法家思想在英语世界的影响研究,国内学者成果较少,目前可见的主要是对韩非子与西方著名政治思想家和历史学家尼克罗·马基雅弗利(Niccolò Machiavelli)的对比研究③,此外顾元对法家思想与英国历史上的衡平法进行了比较④。

综上所述,国外学者对中国法家经典文献的译介与影响的研究起步较早,成果丰富;国内学者虽然对法家思想的研究较为深刻,但囿于语言和文化的差异,对于法家经典文献在英语世界的译介和影响研究尚处于发展阶段,需要对之进行更加全面、系统的研究与探讨。

第三节 历史上的“法家”及法家思想

“法家”是人们非常熟悉的一个概念,稍微有一点中国古代史知识的人对此并不陌生,但正像对其他许多熟悉的事物那样,真要问其究竟,回答起来却往往并不轻松。在当代公众的潜意识里,甚至在一些学者眼里,所谓“法家”,基本上就是故纸堆中的一个“学派”、百家争鸣中的“一家”。“法家”这个名称从何而来? 法家人物曾经提出过哪些主张? 这些问题的确不是三言两语就能解释清楚,需要我们钻进浩瀚的文献中进行深入考察。

---

① 李宗政:《〈管子〉外译研究概述》,《管子学刊》,2014 年,第 2 期,第 111 - 115 页;陈江宁:《〈管子〉中管仲形象的英译表现》,《文化与传播》,2014 年,第 2 期,第 20 - 23 页。

② 丁立福:《国外首部〈淮南子〉英语全译本研究》,《淮南师范学院学报》,2015 年,第 3 期,第 72 - 75 页。

③ 如张勇:《韩非子与马基雅弗利外交思想之比较》,《湖南工业职业技术学院学报》,2007 年,第 3 期,第 71 - 73 页;张晓:《马基雅弗利与韩非子政体观比较研究》,《品牌》,2011 年,第 z2 期,第 146 页;胡汉青:《马基雅弗利与韩非子的非道德主义权力观之比较》,江西师范大学 2012 硕士学位论文。

④ 顾元:《中国传统衡平司法与英国衡平法之比较——从“同途殊归”到“殊途同归”》,《比较法研究》,2004 年,第 4 期,第 11 - 26 页。

根据史料记载,"法家"一词最早见于《孟子·告子下》:"入则无法家拂士,出则无敌国外患者,国恒亡。"何谓"法家拂士"? 赵岐注:"法度大臣之家,辅拂(弼)之士。"战国时代的孟子基本上支持贵族政体。他所谓的"法家"系指遵法度,守社稷,习春秋,明训典,坚持礼治原则的贵戚大臣。① 作为学术派别的"法家"一词,最早见于司马迁之父司马谈《论六家要旨》:"法家不别亲疏,不殊贵贱,一断于法,则亲亲尊尊之恩绝矣……故曰严而少恩,然其正君臣上下之分,不可改矣。"②"法家"和"阴阳、儒、墨、名、道德"并列为"六家",并因上述概括而从此背上了"刻薄寡恩"的骂名,但司马谈并没有就法家可推及哪些具体人物而明确所指。东汉时班固所著《汉书·艺文志》将"法家"与"儒家、道家、阴阳家、名家、墨家、纵横家、杂家、农家"并列为"九流",说:"法家者流,盖出于理官,信赏必罚,以辅礼制。"《李子》《商君》《申子》《处子》《慎子》被列为法家著作。思想家王充在《论衡·程材》中也有:"法令比例,吏断决也。文吏治事,必问法家。县官事务,莫大法令。"此处的"法"泛指精通法律事务以司法为职业的官吏。三国时刘邵在《人物志·流业》中说:"建法立制,强国富人,是谓法家","法家之流,不能创思远图,而能受一官之任","法家之材,司寇之任也"。刘邵又在《利害》中说:"法家之业,本于制度,待乎成功而效。"③《四库全书》专辟《子部·法家类》,录法家文献 23 种。其文献大体上可分为五类:一是私人学术著述,如《管子》《邓析子》《商子》《韩非子》;二是律学文献,如《刑统赋》《读律佩觿》;三是官箴类,如《巡城约》《风宪禁约》;四是谳学(审判)类,如《折狱龟鉴》《棠阴比事》;五是判牍类,如《名公书判清明类》《王恭毅驳稿》。④ 可见,此处的"法家"已经是个包罗万象的概念,既包括学术上的法家,又包括职业上的法家,不对其进行历史溯源,恐怕难以还原其本来面目。

梁启超在《先秦政治思想史》中曾说:"法家成为一有系统之学派,为

---

①　武树臣:《论法家的名称、缘起和师承》,《法学杂志》,2016 年,第 12 期,第 99－106 页。
②　司马迁:《史记》,北京:北京燕山出版社,2007 年版,第 3616 页。
③　刘邵:《人物志》,北京:中华书局,2014 年版,第 48、56、98 页。
④　武树臣:《论法家的名称、缘起和师承》,《法学杂志》,2016 年,第 12 期,第 99－106 页。

时甚晚。盖自慎到、尹文、韩非以后。然法治主义,则起源甚早。管仲、子产时确已萌芽。"①管仲、子产都是春秋时期的政治家,如果说他们与法治主义有联系,是因为他们在位期间采取的改革措施与建立新的法治制度有关。管仲为齐国相,在齐桓公执政期间,被授权主持了一系列政治和经济改革:在全国划分政区,组织军事编制,设官吏管理;建立选拔人才制度,士经三审选,可为"上卿之赞"(助理);按土地分等征税,禁止贵族掠夺私产;发展盐铁业,铸造货币,调剂物价。管仲的改革成效显著,齐国由此国力大振,积累了雄厚的物质基础和军事实力,并打出了"尊王攘夷"的旗帜。齐恒公以诸侯长的身份,挟天子以伐不敬,兵不血刃而成为春秋五霸之一。子产为郑国卿,在执政期间,既维护公室的利益,又限制贵族的特权,进行了自上而下的改革,主要措施是:整顿田制,划定公卿士庶的土地疆界,将农户按什伍编制,对私田按地亩课税;作丘赋,依土地人口数量交纳军赋;铸刑书,修订并公布了成文法;实行学而后入政、择能而使之的用人制度;不毁乡校,愿闻庶人议政,有控制地开放言路。其政治经济改革,在很大程度上推动了当时社会的转型,使郑国一步步呈现出中兴局面。管仲和子产的改革强调建立新制度所带来的政治功效,对春秋时期诸侯群雄纷争的局面产生了实质性的影响,各国政治家和思想家们纷纷效仿,特别表现在随后的战国诸侯相争中,其中的一些人物成了他们思想和行为的追随者。

战国时期,中国历史上经历了诸多大变革。诸侯各自为政,相互混战,社会非常不稳定,图强求存的各诸侯国展开了许多举世闻名的变法和改革,其中就包括吴起、商鞅的变法图强。吴起,卫国左氏人,一生历仕鲁、魏、楚三国,通晓兵家、法家、儒家三家思想。在担任楚国的令尹后,在楚国进行了大刀阔斧的改革,具体措施有:制定法律并将其公布于众,使官民都明白知晓;凡封君的贵族,已传三代的取消爵禄;停止对疏远贵族的按例供给,将国内贵族充实到地广人稀的偏远之处;淘汰并裁减无关紧要的官员,削减官吏俸禄,将节约的财富用于强兵;纠正楚国官场损公肥

---

① 梁启超:《先秦政治思想史:思想史类丛》,北京:东方出版社,1996 年版,第 167 页。

私、谗害忠良的不良风气,使楚国群臣不顾个人荣辱一心为国家效力;统一楚国风俗,禁止私人请托;改"两版垣"为四版筑城法,建设楚国国都郢(今湖北省江陵市西北)。经过这些变革后,楚国国力逐渐强大,诸侯都畏惧楚国。商鞅是卫国国君的后裔,年轻时喜欢刑名法术之学,受李悝、吴起的影响很大,但未得到当权者的重用。后来商鞅得到了急于在国内实行改革的秦孝公的重用,于公元前356年在秦国国内实行第一次变法。其主要内容有:改革户籍制度,实行什伍连坐法,明令军法奖励军功,废除世卿世禄制度,建立二十等爵制,严惩私斗,奖励耕织重农抑商,改法为律制定秦律,推行小家庭制等。公元前350年,秦孝公命商鞅在秦国国内进行第二次变法。其主要内容有:开阡陌封疆,废井田,制辕田,允许土地私有及买卖,推行县制,初为赋,统一度量衡,燔诗书而明法令,塞私门之请,禁游宦之民,执行分户令禁止百姓父子兄弟同居一室等。经过商鞅变法,秦国的经济得到发展,军队战斗力不断加强,秦国发展成为战国后期最富强的集权国家。在改革过程中,商鞅特别重视"法治"的作用,他的"法不阿贵""刑无等级""尽公不顾私"等思想对后人都产生了深刻的影响,受到了蔡泽、李斯、范雎等人的高度评价。[①]

与政治家们为图强求存而重视变法改革相呼应,战国时期也是中国学术空前发展的时期。各诸侯国为富国强兵,招贤纳士,代表各阶级、各阶层、各派政治力量的学者或思想家,都企图按照本阶级(层)或本集团的利益和要求,对宇宙对社会对万事万物做出解释,或提出主张。从春秋时期延续发展起来的各派思想家都力求解决君王的各种问题,他们建议的解决办法有时并不切合实际,各国君王所爱听的不是劝他们怎样谋求民众福祉,而是要能应付眼前难题的灵计妙策。谋士中也有少数是懂得现实政治的,各国君王通常也愿听听他们有什么看法。如果他们的建议行之有效,国王就待如上宾,甚至委以高位。这些谋士就是被称为"方术之士"的一班人。他们以此得名,是因为他们为君王公侯出谋划策,讨论怎样统治广大的封地,怎样把权力集中到统治者的手里。他们甚至鼓吹,

---

① 魏文山:《商鞅与〈商君书〉研究》,南昌大学2013年硕士学位论文,第26–27页。

君王不需要是圣人或超人,只要实行他们提出的一套方略,一个仅具中人之资的人就可以把国家治理得井井有条。还有一些方术之士为他们鼓吹的统治方略提出理论根据,这便构成了法家的思想主张,①其中的代表人物包括慎到、申不害、韩非等。

慎到,赵国邯郸(今属河北省)人,曾长期在稷下讲学,是稷下学宫中最有影响力的学者之一。慎到非常重视法律的作用,认为"治国无其法则乱",坚决主张"法治";而要实行"法治",就必须尊君和尚法。所以他说:"民一于君、断于法,是国之大道也。"②"民一于君"在法律上的表现,是只有国君才有权立法和变法,各级官吏只能"以死守法",严格遵守和执行君主的法令。他提倡重"势"和"无为而治"。重"势"是为了重视法律,君主只有掌握了权势,才能保证法律的执行。如果没有权势,即使像尧那样贤德,百姓也不听从命令。所以,慎到反对儒家主张的"德治",认为那样不可能使法律贯彻执行,会产生很多弊端。慎到的无为而治,包含"君臣之道:臣事事而君无事",即国君不要去做具体工作,具体工作应在"事断于法"的前提下,尽量让臣下去做,以调动臣下的积极性,发挥他们的才能,使得"下之所能不同",而都能为"上之用",从而达到"事无不治"的目的。慎到的"尚法""贵势"理论在当时的学术圈内产生了很大的反响,影响了当时很多学者和文人,他与驺衍、淳于髡、田骈、接予等名人多有交往,受到了齐国及楚国国君的重视与尊敬。他有关"势"的理论后来形成韩非的法家理论基础。

申不害,郑国京邑(今河南荥城)人,曾为郑国小吏,公元前 375 年,韩国灭掉郑国,他遂成为韩人,并做了韩国的低级官员。申不害提出,"君必有明法正义,若悬权衡称轻重。"为了说明"法",他提出"正名责实"的理论。申不害的"名",主要是政治概念,他的"名"是法的等值概念,是为人君制定的工具。所谓"实",也就是君主给臣下规定的责任和职权,是臣下遵从君主的规范。申不害主"术",但他所说的"术",是在执

---

① 冯友兰:《中国哲学简史》,北京:新世界出版社,2004 年版,第 138 页。
② 《慎子》,黄曙辉校注,上海:华东师范大学出版社,2010 年版,第 9 页。

行法的前提下使用的,而"法"又是用来巩固君主统治权的。申不害说,"君如身,臣如手;君如号,臣如响;君设其本,臣操其末;君治其要,臣行其详;君操其柄,臣事其常。"①"法"是公开的,是臣民的行动准则,而"术"却是隐藏在君主心中,专门对付大臣的。"术"是君主的专有物,是驾驭臣下的方法,这是他的"权术"思想的基础。

韩非,本是韩国的贵族,少时"喜刑名法术之学",后世称他为韩非子。他和李斯都是荀子的弟子。当时韩国很弱,常受邻国的欺凌,韩非目睹战国后期的韩国积贫积弱,多次上书韩王,希望改变当时治国不务法治、养非所用、用非所养的情况,但其主张始终得不到采纳。韩非认为这是"廉直不容于邪枉之臣",便退而著书,写出了《孤愤》《五蠹》《内外储》《说林》《说难》等一系列文章。秦王嬴政读了韩非的文章,极为赞赏。公元前234年,韩非作为韩国的使臣来到秦国,秦王对韩非赏识有加,但还没有决定是否留用。李斯妒忌韩非的才能,与姚贾一道进谗言对他加以陷害,韩非被陷害下狱,最终死于秦国狱中。

韩非总结了前期法家人物的经验,形成以"法"为中心的"法、术、势"相结合的政治思想体系,因而被称为古代法家思想的集大成者。在韩非的思想体系中,他把商鞅的"法"、申不害的"术"和慎到的"势"融为一体。他推崇商鞅和申不害,同时指出,申商学说的最大缺点是没有把"法"与"术"结合起来,申商学说的第二大缺点在于"未尽","申子未尽于术,商君未尽于法"。韩非按照自己的观点,论述了"术""法"的内容以及二者的关系,他认为,国家图治,要求君主善用权术,同时臣下必须遵法。同申不害相比,韩非的"术"主要在"术以知奸"方面有了发展。他认为,国君对臣下,不能太信任,还要"审合刑名"。在"法"的方面,韩非特别强调了"以刑止刑"思想,主张"严刑""重罚"。值得称道的是,韩非第一次明确提出了"法不阿贵"的思想,主张"刑过不避大臣,赏善不遗匹

---

① 参见:Herrlee G. Creel. *Shen Pu-hai: A Chinese Political Philosopher of the Fourth Century B. C.* Chicago: The University of Chicago Press, 1974: 346 - 347.

夫"。^① 这是对中国法治思想的重大贡献,对于清除贵族特权、维护法律尊严,产生了积极的影响。韩非子认为,光有"法"和"术"还不行,必须有"势"作保证。"势",即权势,政权。他赞赏慎到所说的"尧为匹夫不能治三人,而桀为天子能乱天下"^②,提出了"抱法处势则治,背法去势则乱"^③的论点。

冯友兰先生曾对韩非子及法家评论道,"韩非子是荀子的学生,深信人性恶。他与荀子不同的地方在于,他对通过文化教育使人向善不感兴趣。韩非子和其他法家认为,正因为人性恶,所以法家的治国方针,全从实际出发,并不寄希望于把大众改造成为新人。"^④法家秉持人性恶的伦理观,深谙每个时代的变化都有它不得不变的原因。为了适应新的政治情况,法家反对儒家依靠礼和道德,主张靠法律与刑罚来治理社会,因而非常现实地对待世界。他们大谈组织和领导的理论和方法,鼓吹治理国家并不是必须选贤任能,君王只需要把赏罚大权掌握在自己手里,充分发挥作为君主的权势和技巧,就可以"无为而无不为"。这也许就是对历史上以韩非为代表的"法家"及法家思想最好的概括。

第四节　法家经典文献的界定

萌芽于春秋,发展于战国,法家思想在中国历史发展过程中曾经有过辉煌的一页。秦国作为法家思想的实践者,其治理国家的过程中建立起的一整套符合法家理论的律法,充分实践了法家的治国理论,这也成为秦国在战国时期从群雄争霸中脱颖而出并最终一统天下的重要因素。法家人物提出的以法治国等诸多主张和观念不仅在当时拥趸甚众,至今仍然影响深远。有关法家经典文献的划分和归类等问题几经演变,一直是历代众多学者的研究焦点。

---

① 韩非:《韩非子》(汉英对照),北京:商务印书馆,2015 年版,第 90 页。
② 同上,第 1634 页。
③ 同上,第 1650 页。
④ 冯友兰:《中国哲学简史》,北京:新世界出版社,2004 年版,第 141 页。

在《汉书·艺文志》中,法家类著作被列入"诸子略",共有如下十部:

《李子》三十二篇。名悝,相魏文侯,富国强兵。

《商君》二十九篇。名鞅,姬姓,卫后也,相秦孝公,有《列传》。

《申子》六篇。名不害,京人,相韩昭侯,终其身诸侯不敢侵韩。

《处子》九篇。

《慎子》四十二篇。名到,先申、韩,申、韩称之。

《韩子》五十五篇。名非,韩诸公子,使秦,李斯害而杀之。

《游棣子》一篇。

《晁错》三十一篇。

《燕十事》十篇。不知作者。

《法家言》二篇。不知作者。[①]

这十部书最早成书于春秋战国时期,最晚成书于西汉末,是这一时期我国法家思想的结晶。《商君》《慎子》《韩子》在《汉书·艺文志》《隋书·经籍志》《旧唐书·经籍志》《新唐书·艺文志》《宋史·艺文志》等书中均有载,至今还有存书。[②]

自《隋书·经籍志》开始,经史子集四分法从此固定,并延续后世。法家类著作不再归于"诸子略",而被列入子部的"法"。在《隋书·经籍志》中,法家类著作著录如下:

《管子》十九卷。齐相管夷吾撰。

《韩子》二十卷目一卷。韩非撰。梁有《晁氏新书》三卷,汉

---

① 班固:《汉书》,北京:中华书局,1962年版,第1736页。

② 侯星星:《法家类著作在古典目录分类中的发展演变》,《陕西学前师范学院学报》,2017年,第6期,第17-20页。

御史大夫晁错撰,亡。

《世要论》十二卷。魏大司农桓范撰。梁有二十卷。又有《陈子要言》十四卷,吴豫章太守陈融撰。《蔡司徒难论》五卷,晋三公令使黄命撰,亡。

《商君书》五卷。秦相卫鞅撰。梁有《申子》三卷,韩相申不害撰,亡。

《正论》六卷,汉大尚书崔寔撰。梁有《法论》十卷,刘邵撰。《政论》五卷,魏侍中刘广撰。《阮子正论》五卷,魏清河太守阮武撰,亡。

《慎子》十卷,战国时处士慎到撰。①

此时法家类著作记载于《汉书·艺文志》中的十部书留下来的有《韩子》《商君书》《慎子》三部。新见于《隋书·经籍志》的法家类著作有《管子》《世要论》《正论》。《管子》在《汉书·艺文志》中被列入"道家",在《隋书·经籍志》中被归入法家,至今尚存。《世要论》《正论》《晁错新书》《刘氏正论》《阮子正论》《桓氏代要论》《陈子要言》在《隋书·经籍志》《旧唐书·经籍志》《新唐书·艺文志》中均有记载,后来佚失,清马国翰著有辑本。②

此后,《旧唐书·经籍志》《新唐书·艺文志》《宋史·艺文志》《明史·艺文志》《清史稿·艺文志》等对法家类著作都有记载和分类,时有变化和调整,到《四库全书总目提要》时,收录的法家类著作有八部九十四卷,并按"法治""治狱""考订""微观法制理论"分成四大类③,可谓名目繁多,内容丰富。

在当代学界,一般将《韩非子》《商君书》《管子》作为法家代表性著

---

① 魏征:《隋书·经籍志》,北京:商务印书馆,1955 年版,第 76 页。

② 侯星星:《法家类著作在古典目录分类中的发展演变》,《陕西学前师范学院学报》,2017 年,第 6 期,第 17 - 20 页。

③ 永瑢:《四库全书总目提要》(十九),上海:商务印书馆,1936 年版,第 64 - 75 页。

作①,对于除此以外的其他法家经典则很少关注,但一些网络媒体也将《邓析子》《申子》《慎子》等列为法家著作,如下表 1-1 所示。需要特别指出的是,《晁氏新书》即《汉书·艺文志》中提及的《晁错》(三十一篇),《崔氏政论》的作者是东汉后期政论家崔寔,《世要论》的作者是曹魏时期的政治家和文学家桓范。这些著作中间或含有法家思想或法治思想,但主要讨论的是政治思想。

表 1-1　World Future Fund 网站中的法家典籍文件目录②

管子	*Guanzi*	(Zhou) 管仲 Guan Zhong
邓析子(邓子)	*Dengxizi(Dengzi)*	(Zhou) 邓析 Deng Xi
商君书(商子)	*Shangjunshu(Shangzi)*	(Zhou) 商鞅 Shang Yang
韩非子(韩子)	*Hanfeizi(Hanzi)*	(Zhou) 韩非 Han Fei
申子	*Shenzi*	(Zhou) 申不害 Shen Buhai
慎子	*Shenzi*→Miscellaneous treatises	(Zhou) 慎到 Shen Dao
晁氏新书	*Chaoshi xinshu*	(Han) 晁错 Chao Cuo
崔氏政论	*Cuishi zhenglun*	(Han) 崔寔 Cui Shi
世要论	*Shiyaolun*	(Cao-Wei) 桓范 Huan Fan

《吕氏春秋》,近年来国内学界有多人指出其法家思想倾向,如栗劲③、乔沛④、化国宇⑤等。

综合历代学者对法家著作的划分和归类,并根据它们在英语世界的译介和传播情况,本研究认为,《韩非子》《商君书》《管子》及《吕氏春秋》应为法家主要著作,《慎子》和《申子》可为次要著作,根据这些著作文献的现有译本来开展相关的译介和传播研究,较为切实可行。

────────────

① 马世杰:《法家经典词频分析与研究》,《科技视界》,2014 年,第 32 期,第 34-35 页。
② 参见 http://www.worldfuturefund.org/wffmaster/Reading/China/China%20Legalism.htm。
③ 栗劲:《论〈吕氏春秋〉的法家思想倾向(续)》,《当代法学》,1993 年,第 2 期,第 8-12 页。
④ 乔沛:《〈吕氏春秋〉新法家思想研究》,山西大学 2016 年硕士学位论文。
⑤ 化国宇:《治国以农:〈吕氏春秋〉中的农家法律思想研究》,《河南财经政法大学学报》,2016 年,第 4 期,第 146-154 页。

第二章 《商君书》在英语世界的译介与传播

第一节 《商君书》及商鞅

一、《商君书》其书

　　《商君书》,或称《商君》《商子》,旧题"商鞅撰",它是商鞅遗著及其后学掇拾商鞅余论而成的汇编①。该书从政治、经济、军事、文化等方面阐述了商鞅的治国方略和改革主张,变法革新是全书的主题。为此,在思想上着重阐述了朴素的社会发展观,指出"上世亲亲而爱私,中世上贤而说仁,下世贵贵而尊官"。因为"世事变而行道异",得出"变法以治"的结论。重视农业、农战结合是富国强兵的基本途径、革新的主要内容。书中

---

　　① 关于《商君书》是否为商鞅自撰,从宋代黄震所著《黄氏日钞》开始怀疑,宋元之际马端临在《文献通考》中引《周氏涉笔》继其踵,《四库全书总目提要》认为此书"殆法家者流,掇鞅余论以成编",胡适在《中国哲学史大纲》中列举证据认为《商君书》是后人"假造的书"。刘咸炘在《子疏》卷八始提出,此书"不得全谓鞅作,亦不得谓全无鞅作也。"陈启天在《商鞅评传》中认为,"刘氏的看法,实比较一切旧说为精细,而且近真。"高亨著《商君书注译》,对书中各篇采取分别观之。郑良树在《商鞅及其学派》一书中,更明确提出《商君书》是"商鞅及其学派的集体著作",并且对书中各篇思想的继承、同异、发展做了较详细的分析。详情参见李存山:"《〈商君书〉与汉代尊儒——兼论商鞅及其学派与儒学的冲突》,《中国社会科学院研究生院学报》,1998年,第1期,第36-41页。

认为"百人农一人居者，王；十人农一人居者，强；半农半居者，危"，坚信只有朴实的农民才能成为英勇作战的好士兵。他主张"入，使民属于农；出，使民一于战"，认为每个人都"生则计利，死者虑名"。"民之于利"就像"水之于下"一样。要把大多数人对名利的追求，引向农战一途。要使"利出于地""名出于战"，只有奋力于农战的人，才能获得富和贵；而不事农战的工商、游食之民，则受到种种限制打击。由此又形成作者的重农抑商观点，强调加强法治，严刑峻法，用专政手段保证变法革新的进行。变法革新的实质是：要废除旧的分封制、井田制、世卿世禄制；确立新的土地制度，发展农业生产，富国强兵，建立中央集权制的国家。

《汉书·艺文志》称《商君》二十九篇，但现存只有二十六篇，且《刑约》《御盗》只有篇目而无原文，实际只有二十四篇。其中，《更法》记述了商鞅与守旧派大臣甘龙、杜挚就应否变法而进行的大辩论。《垦令》阐述商鞅起草《垦草令》的基本方针，首倡"强本抑末"、禁止私学等专制措施；《农战》讲富国强兵之道；《去强》建议确立户口管理制度，"举民众口数，生者著，死者削"；《说民》阐述"重轻罪"的理由；《算地》论述"好利恶害"的人性论；《开塞》从历史进化的角度论证"以法治国"的必然性，并指出，国家法律是为着确立和维护"土地货财男女之分"而产生的；《壹言》宣扬以行政强制手段统一人民的行为和思想；《错法》是作者献给国君的书奏，建议以赏罚为手段推行法治；《战法》讲述战争的策略，并主张禁止私斗复仇，"使民怯于邑斗，而勇于寇战"；《立本》论述强兵之术；《兵守》言军队守城之事及军民的组织；《靳令》讲农战政策；《修权》讲述治国的三个要素：法度、信用、权柄；《徕民》是作者献给秦王的书奏，建议以田宅招徕三晋人民，并建立"上无通名，下无田宅"的管理制度；《赏刑》是作者献给国君的书奏，建议推行"壹赏""壹刑""壹教"的政策；《画策》论及历史进化，宣扬以法治国，并追述道："黄帝作为君臣上下之义，父子兄弟之礼，夫妇妃匹之合，内行刀锯，外用甲兵"；《境内》论述以功授爵之制，是关于军爵制的重要史料；《外内》综述强本抑末、奖励耕战、禁止私学等政策；《定分》谈及设置法官、法吏的制度和收藏法令副本的做法，强调法令必须"明白易知"，以吏为师；《佚文》则论述"不法古，不循今"的变法观。

总之,《商君书》内容丰富,文字易懂,是战国前期的法家政治法律思想的集中代表之作,也是研究战国历史的重要书籍。一般认为,《商君书》成书于战国后期并广泛传布,依据是《韩非子·五蠹》中的这段话:"今境内之民皆言治,藏商、管之法者家有之,而国愈贫,言耕者众,执末者寡也。境内皆言兵,藏孙、吴之书者家有之,而兵愈弱,言战者多,被甲者少也。"此外,《韩非子》还多次提及或引述"商君之法",但从未说过"商君之书",那么,商君之法是否即商君之书?哲学史专家容肇祖曾提过这样的问题并做出了自己的回答。他举出大量例证,说明战国秦汉文献中所谓"商君之法"可有二解:一指商鞅学说,即富国强兵的理论,载于"商君之书",故"商君之法"即指"商君之书";一指商鞅制定的法律政令。①《韩非子·五蠹》中"商、管之法"既与"孙、吴之书"对言,当指"商君之书"。可见《商君书》在战国末已流传很广,在当时的社会中具有较大影响。又《群书治要》卷三十六引《商君书·六法》佚文一百五十余字。

二、商鞅其人

《商君书》的作者按照书名应该是商鞅,但就这一点,学者们长久以来一直争论不休,占主导意见的(如高亨等学者)认为《商君书》是商鞅遗著与其他法家遗著的合编。那么商鞅到底何许人也?在中国历史发展的长河中何以常为后人所争论?根据文献记载,汉代以前,《荀子·议兵》,《韩非子》之《和氏》《奸劫弑臣》《南面》《内储说上》《定法》《五蠹》,李斯《谏逐客书》,《吕氏春秋》之《长见》《无义》,《战国策》之《秦策一》《秦策三》《魏策一》等都有对商鞅的生平事迹及著述的记载。到了汉代,司马迁在《史记》的《秦本纪》,特别是《商君列传》中对商鞅的功过和为人做了详细的记载和中肯的评价,成为后世研究商鞅的重要依据。另外,《过秦论》,《淮南子》之《泰族》《要略》,《盐铁论·非较篇》,《新序·善谋篇》以及《汉书》之《食货志》《刑法志》《艺文志》等文献对此都有有价值

---

① 容肇祖:《商君书考证》,《燕京学报》,1937 年,第 21 期。

的记载和评论。

据《史记》记载,商鞅(公元前390—前338年)①,卫国国君之后,故称卫鞅、公孙鞅②。后因建功于秦而受封于商之地,故又称商君、商鞅。据《史记·商君列传》,公孙鞅"少好刑名之学",曾到魏国,为魏相公叔痤家臣。公叔痤病重将死,魏惠王前来看望。公叔痤向惠王推荐公孙鞅:"痤之中庶子公孙鞅,年虽少,有奇才,愿王举国而听之。"公叔痤看惠王没有用公孙鞅的意思,于是又说"王既不听用鞅,必杀之,无令出境。"惠王一走,公叔痤即把这事告诉公孙鞅,劝他赶快逃走。公叔痤如此行事,是本着他"先君后臣"的原则,但是公孙鞅并没有仓皇而逃。他说"彼王不能用君之言任臣,又安能用君之言杀臣乎?"魏惠王果然既没有用他也没有杀他。太史公写人,每每喜欢用人物微贱时的非凡之举来预示他日后的发达显赫,以收先声夺人之效。这段颇具传奇色彩的故事虽然未必真实,但从中表现出的商鞅的个性和胆识是可信的。

商鞅在魏国虽不得志,但这段经历对他后来在秦国的成功变法具有非常重要的意义。魏国是战国初期的第一个强国,也是战国变法运动的策源地。其第一代国君魏文侯(公元前445—前396年在位)是个奋发有为之君,他礼贤下士,好儒尚法,师子夏、友田子方、礼段干木,结果大批贤士闻风而来,魏国一时人才济济,成为当时的一个文化中心;又任用李悝、吴起、西门豹等变法,发展农业,选练士卒,使魏国很快国富兵强,称雄天下。商鞅来到魏国的时候,这些人虽已不在,但其徐风犹存,他深受影响,特别是李悝的思想和变法实践对他影响最大。李悝认为,"为国之道,食有劳而禄有功,使有能而赏必行,罚必当",主张"夺淫民之禄,以来四方之士"③。所谓"淫民"就是凭借世袭特权无功而禄、不劳而食,过着骄奢

---

① 商鞅生年史无记载,现根据钱穆的推测。参见钱穆:《商较考》及《诸子生卒年世先后一览表》,见《先秦诸子系年》,河北教育出版社,2002年版。

② 商鞅之祖本姬姓,称"卫鞅"是以国为氏;称"公孙鞅"是因为"诸侯之子曰公子,诸侯之孙曰公孙,公孙之子以王父之字为氏"。转引自林剑鸣:《秦史稿》,上海:上海人民出版社,1981版,第202页。

③ 《说苑二·政理》,详见:中国哲学书电子化计划(https://ctext.org/shuo-yan/zhs)。

淫逸生活的旧贵族。所以李悝的改革实质上就是要废除世卿世禄制度，选贤任能，建立君主集权的官僚制度。他的具体改革措施史载不详，大要有：（一）"尽地力之教"，即通过合理规划土地，治田勤谨，精耕细作，提高粮食产量。（二）实行"平籴法"以平衡粮价，防止农民破产和流亡。具体做法是，遇好年成由官府出钱买进一定数量的余粮，遇坏年成官府又以平价卖出一定数量的粮食。（三）实行法治。李悝"撰次诸国法"，编成了一部《法经》，包括《盗法》《贼法》《囚法》《捕法》《杂法》《具法》六篇，"以为王者之政，莫急于盗贼，故其律始于盗贼"①。这些措施在后来的变法中都产生了回响。

公元前 361 年，秦孝公发布"求贤令"，声称"宾客群臣有能出奇计强秦者，吾且尊官，与之分土"②。商鞅闻讯即挟《法经》来到了秦国。他四见孝公，先后说以帝道、王道、霸道和强道，博得孝公信任。孝公采纳其霸道和强道，即富国强兵、兼并天下之术。孝公欲任用商鞅变法，又怕群臣不服，百姓不理解，于是召开御前会议，讨论变法。商鞅与保守派大臣甘龙、杜挚展开激辩，最终以"礼法以时而定，制令各顺其宜"③的道理说服孝公，孝公决计变法。

孝公六年（公元前 356 年），商鞅被任命为左庶长，进行第一次变法。变法的内容，据《商君列传》的记载，主要有：（一）"令民为什伍，而相牧司连坐"，即五家为一伍，十家为一什，一家犯罪，四家受株连，逼迫人民互相监督，揭发犯罪。这是对"为户籍相伍"法的加强和完善。（二）奖励军功，禁止私斗。"有军功者，各以率受上爵。为私斗者，各以轻重被刑大小。"剥夺贵族的特权："宗室非有军功论，不得为属籍"。（三）重农抑商，奖励耕织。"僇力本业，耕织致粟帛多者，复其身。事末利及怠而贫者，举以为收孥。"《商君书·垦令篇》记载了二十条压抑工商、奖励垦荒，驱民农战的措施，可补《史记》的缺漏。变法之初，遇到了强烈的反

---

① 《晋书·刑法志》。

② 司马迁：《史记》，北京：北京燕山出版社，2007 年版，第 179 页。

③ 商鞅：《商君书》（汉英对照），北京：商务印书馆，2006 年版，第 14 页。

抗,商鞅以暴力推行新法。三年后,变法初见成效,"百姓便之",国力增强,并取得一连串对外战争的胜利。孝公十年(公元前 352 年),商鞅升任大良造。十二年(公元前 350 年)开始第二次变法,主要内容有:(一)把国都由栎阳迁往咸阳,建筑冀阙和宫廷。(二)普遍实行县制,县置令、承、尉,分掌民政和军事;令、承、尉皆由国君任命。(三)废井田,开阡陌,"以尽人力垦辟"。(四)颁布标准的度量衡器,统一斗、桶、权、衡、丈、尺。(五)"初为赋",即按户按人口征收军赋,"民有二男以上不分异者,倍其赋"。(六)革除戎狄陋习,禁止父子兄弟同室而居。

商鞅的两次变法使秦"家给人足""乡邑大治"①,"兵革大强,诸侯畏惧"②,特别在对魏国的一系列战争中取得了胜利。孝公二十二年(公元前 340 年),商鞅诈俘魏公子卬,大破魏军,收复西河失地,秦国实力从此超过魏国。商鞅因此大功,受封于商之地十五邑,号商君。但是由于商鞅的变法严重损害了贵族的利益,特别为太子犯法一事而"刑其傅公子虔,转黥其师公孙贾",所以遭到他们的强烈反抗;其严刑峻法也激起了百姓的怨恨。公元前 338 年,孝公去世,太子即位,即秦惠王,公子虔等告商鞅谋反。惠王发兵捕商鞅,商鞅率兵抵抗,被秦兵杀死后,又处以车裂之刑,并族灭其全家。

商鞅虽死,但其法令已经得到了广泛的推行,以至于"秦妇人婴儿皆言商君之法"③,而且直到秦统一天下、二世而亡,秦国的政治基本上都是沿着商鞅制定的以农战为中心,以法治为手段,以富国强兵、尊君集权和统一天下为目的的路线发展的。秦国的历史可以证明这一点,云梦出土的竹简秦律也可以证明这一点。所以,后人用一句话概括商鞅的功业:"商鞅相孝公,为秦开帝业。"

---

① 司马迁:《史记》,北京:北京燕山出版社,2007 年,第 2299 页。
② 刘向:《战国策》,缪文远、罗永莲、缪伟译注,北京:中华书局,2006 年版,第 23 页。
③ 同上,第 24 页。

第二节 《商君书》外译溯源

虽然商鞅后来惨遭车裂之刑,全家遭族灭,但他的法家思想却流传深远,当代学者对商鞅及《商君书》的研究也是乐此不疲。根据 CNKI,1937—2018 年间,国内学者发表有关商鞅的各类文献 2005 篇,其中 2017 年达到最大值的 160 篇。1997 年以来,国内有关商鞅或《商君书》的硕博士论文达 186 篇,涉及中国古代史、法理(史)、哲学、经济理论及经济思想史、中国语言文学、外国语言文学等 34 个学科,其中 2013 年达 22 篇之多,具体情况可参见以下总体趋势计量可视化分析(图 2-1),这种影响甚至延伸到汉语圈以外的海外学者中。1928 年,荷兰汉学家戴闻达(J. J. L. Duyvendak)将《商君书》译成英文在英国伦敦出版[①];1968 年,被称为"莫斯科孔夫子"的稽辽拉(Л. С. Переломов)将《商君书》翻译成俄文出版;2017 年,以色列耶路撒冷希伯来大学的汉学家尤锐·皮纳斯(Yuri

总体趋势分析

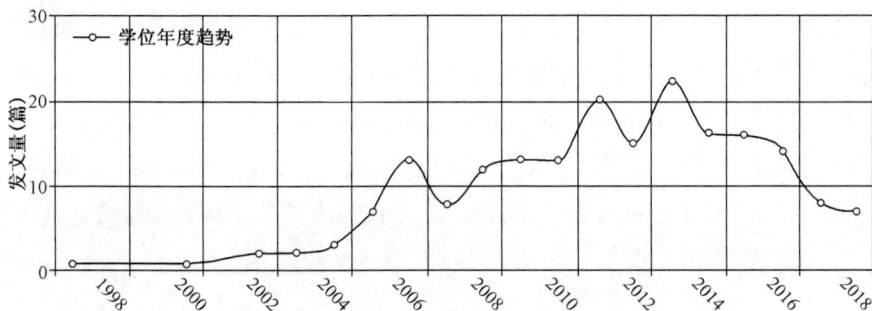

图 2-1 国内有关商鞅或《商君书》的硕博士论文总体趋势计量可视化分析

---

① 戴闻达的《商君书》英文版目前在国内外有多个出版社重印,如 *The Art of War/The Book of Lord Shang*(Wordsworth Classics of World Literature,1998)、《商君书:汉英对照》(商务印书馆,2006)、*The Book of Lord Shang*(中国哲学书电子化计划网络版,2006)、*The Book of Lord Shang*(Lawbook Exchange, Ltd., 2011)。

Pines)将《商君书》再次译为英文在美国出版①,在英语世界掀起了新一轮对《商君书》及其代表的中国古代法家思想的关注。以下重点介绍戴闻达和尤锐·皮纳斯的《商君书》英译。

一、戴闻达的首译

戴闻达翻译英文版《商君书》,开启了《商君书》在英语世界的首次文化之旅。作为一向以强调严谨的文献考据而闻名的学者,戴闻达对自己提出了很高的学术标准,要求自己的翻译建立在严谨的考据之上。为便于读者全面了解《商君书》,译者在翻译之前准备了一个长达 159 页的介绍,详细探讨了与《商君书》相关的四个方面的问题:(一) 历史上的商鞅(商鞅及秦国的崛起、《史记》与《战国策》中关于商鞅的生平描写、历史评价);(二) 社会改革家商鞅(商鞅的经济政策、奖惩措施);(三)《商君书》与法家学派(法家创始人、《商君书》的理念、法家的影响);(四)《商君书》文本(文本历史、文本真实性)。在译文中,我们还随处可见带有中文的注评,证实了译者对从古至今有关的中文文献查阅之多。在谈及翻译此书的标准时,戴闻达曾说:"尽可能接近原文,力求保留原文风格,避免一切死译。"②他认为翻译是对思想的重新阐释(re-interpretation),决不能机械转化,尤其是翻译汉语,并举例说《商君书》中的"一"可根据不同语境,翻译成"to unify""to make uniform""to concentrate""unity""uniformity""concentration""singleness of purpose"等。同时,戴闻达还为自己在译作中加入诸多注评做了说明,认为《商君书》原文多讹误,存在

---

① Shang Yang. *The Book of Lord Shang: Apologetics of State Power in Early China*. Edited and translated by Yuri Pines. New York: Columbia University Press, 2017.

② Shang Yang. *The Book of Lord Shang: A Classic of the Chinese School of Law*. Translated from the Chinese with Introduction and Notes by Dr. J. J. L. Duyvendak. London: Arthur Probsthain, 1928:7.

多处几乎是难以克服的困难(insurmountable difficulties)①。

　　戴闻达英译《商君书》是中西文化交流史上一件了不起的大事。《商君书》英译第一次将中国古代法家思想引入西方世界,其译文考证上的严谨性和可读性,使得西方学者开始关注中国古代的法家哲学思想,由此而开启了西方学者对中国法家思想的批判和研究。K.K.李曾赞颂,"法家思想是具有前瞻性的(forward-looking),不同于只缅怀过去好时光(looked back to a golden age)的儒家,他们[法家]那种理想国(utopia)的思想与封建社会没有丝毫关系,《商君书》就是这种特点的典型体现。"②戴维·琼斯(David Jones)认为,"像《商君书》那位可疑的作者商鞅及韩非子等法家们,他们是诸侯在面临困境时的咨询顾问(advisors to Princes faced with troubled times),最关心的是统治策略,把道德修养看作是危险的妄想。"③在《商君书》英译本出版发行之后的数十年间,包括《韩非子》《申不害》《慎子》《管子》《吕氏春秋》等在内的一系列中国法家经典相继被翻译成英文和其他语种在域外出版发行,有的还出现了多个版本,由此开启了中国法家思想在西方世界的系列传播。

二、尤锐的重译

　　尤锐·皮纳斯是耶路撒冷希伯来大学的汉学教授,他精通俄语、希伯来语、英语、汉语、乌克兰语、阿拉伯语等10多种语言,是一位少见的语言天才。尤锐1994年和1997年曾在南开大学学习,1998年获希伯来大学东亚系的汉学博士学位。他的研究集中于中国传统政治思想及政治文化、中国古代史、先秦史及秦国和秦朝的政治、社会及政治史等,迄今已出

① Shang Yang. *The Book of Lord Shang: A Classic of the Chinese School of Law.* Translated from the Chinese with Introduction and Notes by Dr. J. J. L. Duyvendak. London: Arthur Probsthain,1928: 8.

② K. K. Lee. "The Legalist School and Legal Positivism", *Journal of Chinese Philosophy*, 1975, 3(1): 34.

③ David M. Jones. "The Metamorphosis of Tradition: The Idea of Law and Virtue in East Asian Political Thought", *Asian Journal of Social Science*, 1993, 21(1): 18-35.

版相关专著 7 部,发表论文 80 多篇。作为一位热衷于中国古代思想及文化研究的学者,他一直积极呼吁西方学者对中国传统政治思想(特别是中国法家思想)加以关注和重视①,近年来在对法家人物商鞅及《商君书》的研究上成果突出,发表了一系列具有深刻见解的学术文章,如从"社会工程学"角度再论《商君书》的政治思想②;反思《商君书》中的军事意识形态③;介绍中国改革开放以来学术界对商鞅的看法④;以《商君书》为例对前帝国时代的文本年代测定⑤;《商君书》中的异化修辞及其适度性⑥等。

2017 年,尤锐将其最新研究成果 *The Book of Lord Shang*:*Apologetics of State Power in Early China*(《〈商君书〉:中国古代国家权力的辩护》)交由美国哥伦比亚大学出版社出版,这是一部集学术研究与翻译于一体的专著,代表了尤锐在此领域的卓越成就。在翻译之前,尤锐也做了详细的文字介绍,他认为《商君书》是研究中国古代哲学和政治文化最重要的著作之一,但一直未受到西方汉学界的重视;尽管关于商鞅的研究较多,但大多数仅限于一般性介绍,对《商君书》深度分析的研究严重匮乏;虽然戴闻达的英译是那个时代最好的产品,但译文已经过时,却仍然是英语世界唯一的译本。他认为,随着现代技术的发展,中国学者及日本等国学者对《商君书》研究的不断深入,特别是近年来古文书学上卓有成效的发现,对《商君书》的研究应该跳出 20 世纪那种认为它只是政治上权宜之

---

① 尤锐:《西方的政治学与中国传统政治思想:从忽略到认可》,《南开大学学报》(哲社版),2015 年,第 3 期,第 6 - 14 页。

② Yuri Pines. "Social Engineering in Early China: The Ideology of the Shangjunshu (*Book of Lord Shang*) Revisited", *Oriens Extremus* 55 (2016): 1 - 37.

③ Yuri Pines. "A 'Total War'? Rethinking Military Ideology in the *Book of Lord Shang*", *Journal of Chinese Military History* 2 (2016): 97 - 134.

④ Yuri Pines and Carine Defoort. "Chinese Academic Views on Shang Yang Since the Open-up-and-Reform Era", *Contemporary Chinese Thought* 47.2 (2016): 59 - 68.

⑤ Yuri Pines. "Dating a Pre-imperial Text: A Case Study of the *Book of Lord Shang*", *Early China* 39 (2016): 145 - 184.

⑥ Yuri Pines. "Alienating rhetoric in *the Book of Lord Shang* and its moderation", *Extrême-Orient*, *Extrême-Occident* 34 (2012): 79 - 110.

计的认识,摆脱对《商君书》是否切合现代极权主义或集权主义意识形态的狭隘讨论的樊篱,正确的态度是把《商君书》看成是研究战国时期政治思想的一部不朽作品,一个对中华帝国的形成有着重大贡献的、充满了创新和远见的知识库。而且,只有从理解文本本身出发,并且是从那一时期的政治和意识形态语境出发,我们才能叩问《商君书》的思想是否与我们的时代有关。

尤锐的这本专著分成两个部分。第一部分包括四个章节:第一章介绍《商君书》"推定的"作者商鞅的生平及《商君书》的成书背景;第二章讨论《商君书》的历史考证、构成及具体章节的成书年代;第三章阐述《商君书》的主要思想;第四章论述《商君书》在中国古代及现代的接受史。第二部分是对《商君书》的英文翻译,不仅包含了大量的注译(annotated translation),而且每一章节前都包括一个关于此章节主要内容的简要介绍。尤锐说,他这样做是希望有助于汉学家及其他国家和地区的政治哲学家对《商君书》重新燃起兴趣(renewed interest)。

第三节　《商君书》英译对比研究

戴闻达和尤锐的《商君书》英译本分别出版于 1928 年和 2017 年,时间跨度上相隔近一个世纪,在这一漫长的时间内,社会、经济、科学、文化等都发生了巨大的变化,人们对《商君书》的研究及其背后所代表的中国古代政治法律思想有了更深入的认识,那么这些对《商君书》的翻译有何影响?本节首先对戴闻达英译本的特色进行描述,继而分析尤锐在英译上的创新之处,从而形成对两者的对比研究。

一、戴闻达的"经典性"英译 ①

如上文所述,戴闻达是一位严谨且博学的汉学家,他于 1910—1911 年在法国师从沙畹和高尔迪埃学习汉语,1912—1918 年在荷兰驻北京大使馆担任口语翻译,1919 年起在莱顿大学(Leiden University)任教。出于对中国传统文化的热爱,他对中国文化典籍的翻译孜孜不倦。除《商君书》(1928)的英译之外,他翻译的作品还有《马欢重考》(*Ma Huan, Reexamined*, 1933),《1794—1795 年荷兰赴华使节记》(*The Last Dutch Embassy to Chinese Court*, 1794—95, 1938),《中国发现非洲》(*China's Discovery of Africa*, 1947),《道德经》(*Tao te king, Le Livre de la voie et de la vertu*, 1953)等。值得一提的是,在戴闻达生活的那个年代,《商君书》的研究资料相对缺乏,翻译这样一本中国古代文化典籍实属不易。通过阅读《商君书》英译本,我们不仅能洞察到戴闻达对中国文化理解之深刻,以及他对具体翻译方法的运用,还能特别领会到他在翻译中高超的语言驾驭能力,如用词精练、巧用标点、善用谚语等。

(一) 用词精练,译文富于韵律之美

《商君书》中有很多连贯工整的三字、四字结构或表示对比、排比、转折等关系且前后押韵的句子,语义简洁自然,读起来铿锵有力。翻译时,如果处理不当,很容易破坏原文的韵律之美,也无法传达作者自信、武断甚至冷阔的语气。例如:

> 刑生力,力生强,强生威,威生惠,惠生于力。(《去强》)
> Punishment produces force, force produces strength, strength

---

① 此处借用捷克汉学家鲍格洛(Timoteus Pokora)在"L. S. Perelomov, Kniga Pravitelja Oblasti Shan"(Book Review)一文中的说法,英文原文为:*The Book of Lord Shang*, published already in 1928, a masterpiece of exact and readable rendering of the text.

produces awe, awe produces kindness. Kindness has its origin in force.

原文基本为连贯的三字结构,结尾的"力""强""威""惠"给人一种语气强烈、气贯长虹的印象,译文分别使用了 force、strength、awe、kindness 四个单词,除了 awe 之外,其他三个词都以/s/或/θ/结尾,读起来不仅押韵,而且顿挫有力,让人对作者的观点不容置疑。

> 国富而贫,治曰重富,重富者强。国贫而富,治曰重贫,重贫者弱。(《去强》)
>
> If the country is rich, but is administered as if it were poor, then it is said to be doubly rich, and the doubly rich are strong. If the country is poor, but is administered as if it were rich, it is said to be doubly poor, and the doubly poor are weak.

原文两个句子都由四字结构组成,前后递进,第一个句子与第二个句子形成了对比关系,中心意义在于"贫—富—强"和"富—贫—弱"。译文使用了 rich—poor—doubly rich—strong 和 poor—rich—doubly poor—weak 结构,不仅对称,且准确地传达了两句之间的对比关系。再如:

> 壹,则少诈而重居;壹,则可以赏罚进也;壹,则可以外用也。(《农战》)
>
> Being single-minded, opportunities of deceit will be few, and they will attach importance to their homes. Being single-minded, their careers may be made dependent on rewards and penalties; being single-minded, they may be used abroad.

为了强调"壹"(思想统一)的重要性,原文用了三个相似的结构,形成了一气呵成的排比句式。译文模仿原文,用独立结构 being single-minded 表示条件,同时将三个谓语部分分别译成三个完整的句子,惟妙惟肖地传递了原文的语气和意义。

(二) 巧用标点,译文连贯整齐

在《商君书》中,有很多句式整齐、含义连贯、富于修辞手段的表达,译成英文时,如果不注意这种特点,很容易破坏原文辩说之美,而译者匠心独具,巧妙使用各种标点符号,达到了意想不到的效果。例如:

> 无得为罪人请于吏而饷食之,则奸民无主。奸民无主,则为奸不勉。为奸不勉,则奸民无朴。奸民无朴,则农民不败。农民不败,则草必垦矣。(《垦令》)
>
> If it is not permitted to petition officials on behalf of wrongdoers, nor to provide them with food, then criminal people will have no patrons; having no patrons, crimes will not be encouraged; crimes not being encouraged, criminal people will have no hold; criminal people having no hold, farmers will not suffer, and if farmers do not suffer, it is certain waste lands will be brought under cultivation.

除第一个句子外,原文中的每个句子字数相等,且都使用前一句的结尾来做后一句的起头,使邻接的句子头尾蝉联而有上递下接趣味,形成了顶真修辞。此处译者使用分号来表示每句之间的关系,既保留了原文的紧凑整齐,也让译文深刻精致,巧妙地传达了原文的语义和风格。再如:

> 故攻官,攻力,攻敌,国用其二,舍其一,必强;令用三者,威必王。(《去强》)
>
> Therefore, the combating of the parasites, the curtailing of its energies and the attacking of its enemy—if a country employs two of these methods and sets aside only one, it will be strong; but that

which employs all three methods will have so much prestige that it will attain supremacy.

原文的"攻官,攻力,攻敌"是承接上文而得出的三种强国策略,与下文的"国用其二,舍其一,必强;令用三者,威必王"没有直接的语法关系,因而需要语气上的停顿,如果使用相关的连词,则会使译文不够简练。译者巧用英文破折号"—"表示中断和继续,开启下文的条件句,简洁而有力。像这样巧用标点符号的例子还有很多,如:

> 辩慧,乱之赞也;礼乐,淫佚之征也;慈仁,过之母也;任誉,奸之鼠也。(《说民》)
>
> Sophistry and cleverness are an aid to lawlessness; rites and music are symptoms of dissipations and license; kindness and benevolence are the foster-mother of transgressions; employment and promotion are opportunities for the rapacity of the wicked.

此处译者模仿原文结构,使用分号";"断句,避免过度使用相关的连接词而使译文不够简洁严谨、语义不连贯①。

(三) 恰当增译,达到通顺与明晰

众所周知,汉语的一大特点是意合,注重以意役形,这在古代汉语中表现得更为明显。而英语的一大特点在于形合,注重以形显意,句子各成分之间的逻辑关系靠关联词等显性连接手段来直接标示。在《商君书》的翻译中,译者充分注意到汉英两种语言的这种差异,适当地使用了各种增译方法,使译文语义通顺、逻辑明晰、说理透彻。例如:

---

① 根据 *Madison Writer's Handbook* 一书的观点,分号";"可以连接关系紧密的概念,其效果强于逗号",",同时,分号也能使文章更加精致。参见 http://writing. wisc. edu/Handbook/index. html。

> ……农逸则良田不荒。商劳则去来赍送之礼，无通于百县，
> 则农民不饥，行不饰。（《垦令》）
>
> ... farmers having leisure, fertile land will not lie fallow;
> merchants being harassed, the custom of sending presents
> backwards and forwards will not pervade the various districts. (If
> fertile land does not lie fallow) farmers will not suffer from famines,
> (and if the custom of sending presents backwards and forwards does
> not pervade the various districts), there will be no ostentatious
> conduct.

在原文中，"良田不荒"是"农民不饥"的假设条件，同样，"去来赍送之礼，
无通于百县"是"行不饰"的假设条件。在译文中，译者分别增加"If
fertile land does not lie fallow"和"and if the custom of sending presents
backwards and forwards does not pervade the various districts"，巧妙对原文
缺失的信息进行补充，从而使译文顺畅自如，逻辑井然。再如：

> 境内之民，皆曰："农战可避，而官爵可得也。"是故豪杰皆
> 可变业，务学诗书，随从外权……（《农战》）
>
> But now the people within the territory all say that by avoiding
> agriculture and war, office and rank may be acquired, with the
> result that eminent men all change their occupations, to apply
> themselves to the study of the Odes and History and to follow
> improper standards ...

此例中，译者增加使用介词短语 with the result 引导的分句，表示"是故"
之后的内容，恰当地将原文中上下句的因果关系表达清楚，构成了一个相
对简洁平衡的句子结构，同时不失庄重与典雅。

> 民非一则无以致欲，故作一。作一则力抟，力抟则强；强而

用,重强。(《说民》)

Unless the people be made one, there is no way to make them attain their desire. Therefore, they are unified; as a result of this unification, their strength is consolidated, and in consequence of this consolidation, they are strong; if, being strong, they are made use of, they are doubly strong.

汉语原文中,各部分的关系有递进、因果等,总体上使人感觉结构紧凑、语气强烈。译文综合使用各种增补,有连词 therefore,介词 as a result of、in consequence of,还有独立结构 being strong,不仅语意连贯,而且脉络清楚,保证了原文语意和语气的准确传递。

(四)善用谚语,便于理解与接受

在《商君书》中,有很多汉语中特有的成语或典故,翻译成英语时没有对应物,但这对于精通英汉两种文化的学者戴闻达并没有造成太大的困难,他常常使用英文读者熟悉的谚语来替代,这便是常说的翻译中的归化策略。例如:

今以草茅之地,徕三晋之民,而使之事本。此其损敌也,与战胜同实,而秦得之以为粟,此反行两登之计也。(《徕民》)

Now, if the people of the three Jin states are induced to immigrate by means of grasslands and cottages, and if they are made to occupy themselves with primary things, then this way of inflicting damage on the enemy is just as real as a victory in war, and Qin will have the advantage of obtaining agricultural products. Conversely, by this plan, two birds will be hit with one stone.

"反行两登"是汉语成语,意为"从反面着手行事收到正反两面的效果"①。译者引用英语谚语 kill two birds with one stone(一石二鸟)进行翻译,尽管两者所指未尽全然,但在此语境中,kill two birds with one stone 更能为英语读者所领悟,相较于其他翻译方法,此译取得了创造性的良好表达效果。再如:

> 今晋有民,而秦爱其复,此爱非其有以失其有也,岂异东郭敝之爱非其有而失其徒乎?(《徕民》)
> Now Jin has the people, and Qin is sparing in the granting of exemptions from taxes; this is being stingy about what one has not, with the result that one loses what one might have. Is this not just like Dong-guo Chang's being stingy about what he did not have, and so losing his retainer? (译者在本句后加注:"A bird in the hand is worth two in the bush")

对于英语母语读者来说,"东郭敝之爱"的故事可能是陌生的。该故事起源于齐国,说有个叫东郭敝的人,怀有很多愿望,特别是梦想获取万金财产。一次,他的门徒请他周济一下,他非但不肯,还煞有介事地说:"我将用那笔钱买官求封呢!"他的弟子一听,十分生气,不愿再为他效劳,便投奔到宋国去了。考虑到可能会给读者带来理解上的障碍,译者在翻译之后加以尾注:A bird in the hand is worth two in the bush(一鸟在手,胜似二鸟在林),这个英语谚语的寓意与东郭敝的故事的确有异曲同工之处,不失为一个完美的注解和翻译。

(五) 援引先例,令人信服

在翻译中,如果能根据文本间具有的互文性特点,援引业已接受的译文,不仅事半功倍,而且会令人信服。在《商君书》译文中,译者基于《商

---

① 参见 http://www.cidianwang.com/cy/f/fanxingliangdeng37251.htm。

君书》的相关内容与《孙子兵法》的互文关系,恰当地使用了前人的定译,因而效果颇佳。例如:

> 故兵法:"大战胜,逐北无过十里;小战胜,逐北无过五里。"兵起而程敌:政不若者,勿与战;食不若者,勿与久;敌众勿为客,敌尽不如,击之勿疑。故曰兵大律在谨。论敌察众,则胜负可先知也。(《战法》)
>
> Therefore, does the "Art of War" say: 'In a big battle, in the event of victory, pursue the fugitives not further than 10 li; in a small battle, in the event of victory, pursue the fugitives not further than 5 li.' When hostilities begin, weigh the strength (cf. Sun Tzu, ch. 4. 'In respect of military method, we have: (1) measurement, (2) estimation of quantity, (3) calculation, (4) balancing of chances, (5) victory.') of the enemy; if your organization is not equal to his, do not engage him in battle; if your provisions are not equal to his, do not protract the war; if the enemy is numerically strong, do not invade his territory (cf. Sun Tzu, ch. 9 'The principles to be observed by an invading force', and passim); if the enemy is in every way your inferior, attack him without hesitation. Therefore it is said: "The great rule of an army is prudence." By estimating the strength of the enemy and by examining one's own hosts, victory or defeat may be known beforehand (cf. Sun Tzu, ch. 3. 'Hence the saying: "If you know the enemy and know yourself, you need not fear the result of a hundred battles. If you know yourself but not the enemy, for every victory gained, you will also suffer a defeat. If you know neither the enemy nor yourself, you will risks in every battle"').

> 若其政出庙算者,将贤亦胜,将不如亦胜。(《战法》)

If the organization has its origin in the calculations made in the temple (i. e. before the battle. cf. Sun Tzu, ch. 1. ' Indeed, if a general, after having made his calculations in the temple before the battle, is victorious, it is because a great many of his calculations have come true. But, if, after having made his calculations in the temple before the battle, he is not victorious, it is because only a few of his calculations have come true. Thus do many calculations lead to victory and few calculations to defeat. How much more no calculations at all! Looking at it from his point of view, one can see who will gain victory or suffer defeat. '), then it will win, whether the leadership is clever or inferior.

译文中画线部分皆为译者加注内容,指明援引《孙子兵法》英译文的具体章节,由此一方面可以看出译者在翻译时的谨慎与认真,同时也让译文富于理据而令人信服。

值得一提的是,戴闻达虽然是一位严谨博学的汉学家,但他对汉语(尤其是古代汉学)的理解还没有达到尽善尽美的地步,特别在他所生活的那个年代,汉语文化圈内的《商君书》研究也远没有达到现在的水平,他所参考的中文文献也注定没有今天的丰富①,因此,在他的译文中有时候我们也会发现这样或那样的问题,譬如生硬的字面翻译、未理解原文的误译,以及用西方式思维来取代中国思维等,以下略举几例:

> 身有尧舜之行,而功不及汤武之略者,此执柄之罪也。
> (《算地》)
> In their persons, they have the conduct of Yao and Shun, but

---

① 根据戴闻达在译本序言中的描述,他在翻译《商君书》时,受著名历史学家顾颉刚的推荐,主要参考了王时润的《商君书集解》(1915),详见:Shang Yang. *The Book of Lord Shang*: *A Classic of the Chinese School of Law.* Translated from the Chinese with Introduction and Notes by Dr. J. J. L. Duyvendak. London: Arthur Probsthain, 1928: 8。

in their results they do not even approximate those of Tang or Wu.
The mistake lies with the handle which they hold.

原文中的"执柄之罪"被翻译为 The mistake lies with the handle which they hold,是一种生硬的字面翻译。此处"执柄",意为掌权的人。《韩非子·外储说右上》有"故人臣执柄而擅禁,明为己者必利"。清代钱泳的《履园丛话·杂记上·可知》也有"官吏相蒙,奴仆执柄,是非倒置,惟利是图,一国之事可知矣"。现代学者高亨对这句话的解释是:"他们的本身虽然有尧、舜的德行,但是他们的功业却赶不上汤、武的策略。这是掌握政权的人们的错误。"①据此,"此执柄之罪也"可改译为 This mistake lies with the person who reigns over the country。又如:

> 伏羲、神农,教而不诛;黄帝、尧、舜,诛而不怒。(《更法》)
> Fu His and Shen-nung taught but did not punish; Huang ti,
> Yao and Shun punished but were not angry.

此处的"怒"并不是"生气"(angry)的意思。在古汉语中,"怒"为"孥"的通假字。根据《康熙字典》的解释,"孥"的上半部分是"奴",左边为"女",右边为"又",意为"女子的两只手";下半部分"子"泛指"儿子和女儿"。也就是说,"孥"是"奴"和"子"的结合体,意指"妻子儿女"。高亨对这句话的解释是:"伏羲、神农教导人民而不杀人。黄帝、尧、舜,杀人而不叫妻子连坐。"②故此,"诛而不怒"可改译为 punished but not extending to the person's wife and children。再如:

> 均出余子之使令,以世使之,又高其解舍……(《垦令》)
> If orders are issued for the service of all younger sons, without

---

① 高亨:《商君书注译》,北京:中华书局,1974 年版,第 67 页。
② 高亨:《商君书注译》,北京:中华书局,1974 年版,第 17 页。

exception, the service to last their lifetime, and no high palaces to be built for them ...

高亨对这句话的解释是："朝廷对于贵族大家无职业的子弟,平均地给以徭役,按照名册役使他们,提高解除徭役的条件。"①他认为"解舍"是当时法制上的术语,即"解免疫(包括兵役)"。所以"高其解舍"并不是 no high palaces to be built for them(为他们修建高大的宫殿),这是译者不能理解原文而带来的误译,可改译为 and raising the bar of exemption from compulsory service。

> 民胜其地者,务开;地胜其民者,事徕。(《算地》)
>
> If the population exceeds the territory, then one should pay attention to opening up new land; if the territory exceeds the population, then one should set about calling in colonists.

本例中,原句的意思是:当(一个国家的)人民超过土地时,就应该努力开辟土地;而当(一个国家的)土地超过人民时,就应该想法招引人民。② 这里的"徕"应解释为"招之使来",即"招引别国人民到本国来",译者将其翻译成 calling in colonists,将"招之使来"等同于西方世界的殖民思想,即强国向它所征服的地区移民,并掠夺原当地人民的利益,这显然与此处语境不符,是译者用西方思维取代东方思维的一个例证。

三、尤锐的研究型翻译

还是在大学读本科的时候,尤锐第一次见到俄文版的《商君书》,据他的回忆,他当时被书中强有力的言辞、独创性以及作者公然挑衅的风格

---

① 高亨:《商君书注译》,北京:中华书局,1974 年版,第 46 页。
② 高亨:《商君书注译》,北京:中华书局,1974 年版,第 61 页。

所吸引,如饥似渴地拜读了全文,用汉学家葛瑞汉(A. C. Graham)的话来说,那是一种"使人耳目一新的体验"①。后来,在读研究生的时候,他重新阅读《商君书》(中文版),某些章节的深奥让他印象深刻,特别是第 7 章"开塞",他认为是中国早期最完美的哲学散文之一。也就是在那个时期,他注意到西方学者对于商君及其精神遗产的忽视程度令人惊讶,暗下决心迟早有一天会竭尽全力将这位伟大的思想家介绍给汉学同事以及那些对比较政治思想感兴趣的人。

在尤锐致力于其书的研究和撰写过程中,每逢参加学术会议,他都会积极展示他的发现,并将其成果发表在期刊或文集中。在此过程中,学术同行、期刊编辑、评论人都为他的研究献计献策,使他的研究日臻完善,特别是 Early China 这本期刊,曾专门刊载了他对《商君书》成书年代的测定研究②。此外,以色列科学基金会和耶路撒冷希伯来大学的汉学研究家迈克尔·威廉·利普森主席也为他的研究提供了诸多支持。

根据尤锐的描述,他的翻译主要基于张觉 2012 年的《商君书校注》,也参考了高亨 1974 年和蒋礼鸿 1996 年(编于 1944 年)的注释。对于少数疑惑,他还参考了朱志珍(1948,1956)和简书(1931,1975)的研究。他把每章分成段,大多数情况下,遵从张觉的建议,少数则与张觉不同。每每在参考早期学者,如俞樾、孙诒让、陶鸿庆、于鬯、王时润、尹桐阳、朱师辙、简书等的注释时,他一般都更信赖张觉的版本,因为他认为后者的版本是目前最全面的。在翻译关键术语时,他一直都力争使每个术语只有一个英文翻译,但有时候,这种办法行不通。比如"法"这个重要术语,一般指法律(laws),有时候指惩罚性的法律(punitive laws,如第 26 章),但是它还可以用于指代更宽泛的意思,如标准(standards,见第 14 章)、方法(methods,见第 10 章),或者用作动词,指模仿(to imitate)、效仿别人(to model,见第 1 章)。这时候,人为的一致会妨碍读者的理解。对于风格,

---

① A. C. Graham. *Disputes of the Tao: Philosophical Argument in Ancient China*. La Salle: Open Court, 1989: 292.

② Yuri Pines. "Dating a Pre-Imperial Text: The Case Study of *the Book of Lord Shang*". *Early China*, 39(2016): 145 – 184.

尤锐认为《商君书》的特点在于简约、简明和坦率,这使这本书相比于中国早期其他文本在文学性上显得低下(如第 2、4、19 章)。在翻译这些章节时,尤锐尽力避免对文本做过多修饰,在尽可能的情况下,他都将对原文风格的介入限制在绝对最低的范围,大多数情况下,只是在方括号内增加必要的术语,但也尽量避免累赘。这使有些句子看起来深奥莫测,但尤锐更愿意用注译的方式来解释,而不是将自己的解释直接掺和到译文中。少数情况下,他觉得有必要在文本中增加对术语的简短解释,于是就放在括号中。对于那些原文中缺失而其他学者根据《商君书》的相关篇章建议应该补缺的,尤锐则将它们放在大括号中。更有趣的是,在不能确信所建议的补缺是否属于该文本时,或者怀疑某个现存的句子是否是后来的插入,他则将其放入双大括号中。

在每个章节的英译前,尤锐都有对该章相关历史背景、与其他章节的关系、具体细节的考证及年代测定等的详细介绍,这使得读者在阅读译文时,预先产生了一种期待,也使得阅读译文变成了一种轻松愉快的体验。下面以第 15 章《徕民》前的介绍为例,来说明尤锐的创新:

> 第 15 章是《商君书》中成文最晚的章节之一,在整个先秦哲学文献语料库中也是最容易测定年代的文本之一。根据所提及的事件(例如,公元前 262—公元前 260 年的长平之战)以及没有提及的事件——秦从公元前 230 年代不可阻挡的扩张来看(见 15.4 节),该文最有可能成书于这两个时代之间,因此,它为研究该期间秦国的经济、社会和国家管理及其邻国政治(主要是魏国和韩国)提供了重要证据。该章的作者试图解决这样一个矛盾:为什么尽管连续战胜东部邻国,特别是魏、韩和赵,秦国却不能最终制服这些国家? 这个问题在长平之战之后(据称是战国时期最大的一次军事遭遇)变得特别敏感。这个时代两个最强大的国家,秦国和赵国,都将自己的人力和物力投入陕西南部丘陵地带他们认为具有决定性质的战争中。在经历了持续 2 年的阵地僵持之后,秦国诱使赵国军队发动了一场袭击,结果

赵国大败,军队被一分为二,于是,赵国的补给线被切断,饥饿至极的赵军最终不得不选择投降。洋洋自得的秦将白起(死于公元前257年)下令屠杀所有投降的士兵,结果40多万赵军丢了性命。赵国面临随后的合并,但秦国却缺乏足够的人力和物力去发动随后更大规模的征服战争。实际上,公元前259年—前257年对赵国首都邯郸的骚扰结果是以秦国的失败而告终,征服天下的目标再一次变得令人困惑(Yang Kuan 1998,412-419)。正是在这种背景下,本章作者提出这种想法:要想制服对手,秦国应首先在人口上超越敌人。

本章披露了秦国的一个现实问题,即人口不足、土地资源未能充分利用。这种特殊的土地—人口比例可能是由于公元前三世纪中叶秦国工程师李冰(因治理岷江而出名)在四川开发大型水利工程和郑国治理渭河后,在秦控制的肥沃地区大势力扩展的结果。本章将秦国充足的土地资源和不足的劳动力资源与敌对的邻国魏国和韩国相比较,两国都处于黄河中游地带,人口密集,以致"过半人口不得不寄居在沿河和塘坝挖掘的洞穴中",这种情形诱使秦国向东袭击那些居住者。

作者就实施移民计划提出若干建议,除了可自由开垦"山林、沼泽数10年"外,移民应"三代免于赋税和兵役"。这种宽容的政策与本书前面章节的主张形成了鲜明的对比,如第6章,坚持把所有国民都变成农战之人。然而,吸引移民为纯粹的农业劳动力显然有双重好处,一方面,他们的收益可以用来弥补战国晚期因持续的战争而导致重战疏农的经济损失(Miyake Kiyoshi 2015),另一方面,统治者可以减轻雇用外国士兵的负担,这些士兵对秦国的忠诚本身就值得怀疑。虽然这种吸引移民的制度是否达到本章的预期不得而知,但总的说来,这种制度一直非常有效。考古学史料证明在帝国统一之前的数十年间,从东面和南面的国家有大批移民定居秦国(Teng Mingyu 2003,2014;Chen Li 2009)。这些移民在多大程度上促进秦国最终开

始与公元前 230 年代晚期的征服战争是另一个需要进一步研究
的问题。①

尤锐的这种介绍看似漫不经心的叙述,实际上是他对中国古代历史文化
匠心独具研究的结晶,富有知识性和趣味性,远远超越了一位普通译者所
应承担的责任。

相比较于戴闻达的英译(以下简称"戴译"),尤锐的英译(以下简称
"尤译")深刻地反映了社会发展和翻译活动之间的辩证互动关系,在某
种程度上,实现了社会符号学视阈下重译的意义②。概括起来,尤译具有
以下几个特点:1) 优化了原文的篇章修辞;2) 解决了戴译的诸多疑惑;
3) 纠正了戴译中的误解与误译;4) 重构了原文的话语体系;5) 弥补了
戴译句型转换的不足。

(一) 优化了原文的篇章修辞

篇章是由包括口语和书面语在内的一系列连续的言语单位组成的结
构完整、语义连贯、语境适切的基本交际单位。修辞,即文辞或修饰文辞,
是在语言使用过程中,利用多种语言手段以收到尽可能好的表达效果的
一种语言活动。狭义上的修辞只指文字修辞,广义上的修辞还包括文章
遣词造句、谋篇布局的全过程③。篇章的整体性取决于篇章修辞在整篇
文章中所使用的手段和方法,如结构的衔接和语义的连贯;篇章的交际性
取决于篇章修辞在适切语境下所表达的深层含义,如说话者的目的和言

① 英文原文见:Shang Yang. *The Book of Lord Shang*:*Apologetics of State Power in Early
China*. Edited and translated by Yuri Pines. New York:Columbia University Press,2017:198 – 200.

② 社会符号学认为,翻译活动不仅涉及客观存在的文本,也不仅是作者与译者之间的争
权夺势,而是一种涉及众多社会人的社会符号活动。翻译的产生和发挥作用都离不开人类社
会,它应人类的交际需求而产生,同时也能成为人类改造社会、促进社会进步的有效途径。因
此,不能孤立地研究语言符号系统,必须把符号放在一定的社会情景和具体语境中,将其作为主
体间的、社会的符号加以考察,从而把握符号的真实含义。详见:佟颖,《从社会符号学角度研究
翻译的必要性》,《天津外国语大学学报》,2013 年,第 5 期,第 21 – 25 页。

③ 俞晶荷:《Солганик 的篇章修辞理论——〈篇章修辞学〉评介》,《外语学刊》,2003 年,
第 2 期,第 109 – 111 页。

外之意①。

在译前介绍中,尤锐就《商君书》的篇章修辞做了非常详细的分析。他认为,种种迹象表明,《商君书》总体上是一个有机的整体(an organic whole),编撰者对各章节的前后安排做了精心的预先规划。这种预先规划突出地表现为只在两个章节提到了公孙鞅(即商鞅)这个名字。在第 1 章与第 26 章中商鞅与孝公的对话中:第 1 章商鞅建议孝公弃古更法;第 26 章却相反地建议孝公定法而治。这种安排构建了一个完整的循环:从变到稳、从第 1 章一个弱小但有抱负的地域国家发展到第 26 章统领天下的强大帝国,这绝不是偶然的,因为这两章是整部著作的框架。

尤锐还指出,精心的预先规划不仅见于这两个章节中。第 2 章《垦令》紧随第一章,孝公最后颁布了垦荒令。第 3 章《农战》集中于最重要的话题,即将所有人转变为农民和士兵。第 4 章《去强》从一开始就被认为是商鞅智慧的结晶,紧接其后的是带有注解性的第 5 章(令人惊讶的是其前半部分却变成了第 20 章)。接下来是互相联系的第 6 和第 7 章,最为复杂,可充当全书的哲学基础。第 8 章《壹言》是对前面各章观点的一个简要总结。这种类似按时间顺序的安排可能是偶然的,但整个文本的安排绝对不是偶然的。编撰者极有可能试图系统地介绍商鞅的思想及其演化,包括军事理论的探讨(第 10 到 12 章)和管理思想(第 24 到 26 章)。尽管有一些瑕疵,例如,把 20 章放在目前的位置而不是紧随第 4 章,把与军事思想相关的第 19 章放在如此靠后的位置,但精心规划的脉络总体上清晰可见。

在尤锐的翻译中,读者可以真实地感受到,翻译是用一种语言的语篇材料代替另一种语言与其意义对等的语篇材料的过程,这种意义上的对等是篇章修辞意义上的对等,更是基于语篇整体性和交际目的性的适应性选择。于是,考虑到第 4 章与第 20 章和第 5 章之间的相互引证关系,翻译第 4 章《去强》的同时,插入第 5 章和第 20 章相应的段落译文,并用

---

① 王鹤:《篇章修辞在英语专业语篇教学中的应用》,《北京城市学院学报》,2016 年,第 6 期,第 62 - 66 页。

黑体加粗的方式强调几乎一致的句子：

以强去强者，弱；以弱去强者，强。国为善，奸必多。国富而贫治，曰重富，重富者强；国贫而富治，曰重贫，重贫者弱。兵行敌所不敢行，强；事兴敌所羞为，利。主贵多变，国贵少变。国多物，削；主少物，强。千乘之国守千物者削。战事兵用曰强，战乱兵息而国削。①

4.1: One who eliminates the strong with strength is weak; one who eliminates the strong with weakness is strong.³ When the state engages in goodness, there will surely be many villains. When a rich state is ruled as if poor, it is called multiplying riches; he who multiplies riches is strong. When a poor state is ruled as if rich, it is called multiplying poverty; he who multiplies poverty is weak. He whose army performs whatever the enemy dares not perform is strong; he who in [military] affairs advances whatever the enemy is ashamed of benefits. The sovereign values multiple changes; the state values minimal changes.⁴ When the state has few things, it will be dismembered; when the state has many things, it will be strong.⁵ When a thousand-chariot state⁶ preserves one thousand things, it will be dismembered.⁷ When [its] warfare is ordered⁸ and the army is [ready to be] used, this is called "strong." When [the people] are chaotic at war and the army is indolent,⁹ the state will be dismembered.

20.1: When the people are weak, the state is strong; when the people are strong, the state is weak.¹⁰ Hence, the state that possesses the Way devotes itself to weakening the people. {When the people are weak, they are simple; when they are strong, they

---

① 《去强》第一段。

are excessive. } [11] When they are simple, they are strong; when they are excessive, they are weak; when they are simple[12] they are regulated; when they are excessive, they are inclined to overstep [regulations]. [13] When they are weak, they can be employed; when they are inclined to overstep [regulations], they are strong. [14] Hence, it is said: "**One who eliminates the strong with strength is weak; one who eliminates the strong with weakness is strong.**"

20.2: As for the people, if [the ruler] is good to them, then they are close [to him];[15] if they benefit from being used, they are harmonious; if they are usable, they can be appointed; if they are harmonious, they fully dedicate themselves; when they are appointed, they enrich themselves through government [service]. [16] When superiors abandon the standards and rely on those whom the people consider **good, there are many villains.**

20.3: When the people are poor, they strenuously seek wealth; when they strenuously seek wealth, they become excessive; when they are excessive, then there are parasites. Hence, when the people are rich and cannot be used, let the people use provisions to attain [ranks]; [ranks] will surely [be bestowed] according to one's efforts;[17] then the farmers will not be indolent. When the farmers are not indolent, the six parasites will have no sprouts. Hence, **the state is rich, and the people are well ordered; this is "multiplying strength."**[18]

20.4: As for the army: it is easy to weaken it and difficult to strengthen it. When the people enjoy their life, are peaceful and at ease, it is difficult to make them risk their lives in time of danger. [19] When it is easy to do so, the [state] is strong. When one is ashamed of [military] affairs, villainy multiplies. When rewards are few,[20] you will not lose. When numerous villains are stopped,[21] the enemy loses. It is surely beneficial—the army will attain utmost power and awesomeness. When in [military] affairs one is ashamed of nothing, it is beneficial to use the army. He who resides for a long time in the position of benefit and power will surely become the True Monarch. Hence, **"he whose army performs whatever the enemy dares not perform is strong; he who in [military] affairs advances whatever the enemy is ashamed of benifits."**[22]

20.5: When there are standards, the people are at peace with hierarchy; when the sovereign makes changes, he employs the able and attains the suitable;[23] when the state preserves peace,[24] while the sovereign holds power, it is beneficial. Therefore, **"the sovereign values multiple changes; the state values minimal changes."**

20.6: When benefits come from a single opening, the state has plenty of things; when they come from ten openings, the state has few things.[25] He who preserves a single [opening will attain] orderly rule; he who pre-serves ten [openings will attain] turmoil. Orderly rule means strength; turmoil means weakness; when one is strong, things will come; when one is weak, things will leave. Hence, **"the state that is able to bring things is strong; when it makes things leave, it is weak."**[26]

20.7: When the people are debased, they value ranks; when they are weak, they respect officials; when they are poor, they take rewards seriously. When one rules the people by punishments, they enjoy being used; when one makes the people fight by rewards, they regard death lightly. Hence: **"When [the state's] warfare is ordered and the army is [ready to be] used, this is called** 'strong.'" When the people have private [avenues of] glory, they disdain the ranking system and despise officials; when they are rich, they treat rewards lightly. If one regulates the people's shame and humiliation through punishments, then when war comes, they go to war. The people are afraid to die, and their affairs are **chaotic**, yet they [still are obliged go to] war. Hence, they will be **indolent** in **military** service and agriculture, and **the state** will be weak.²⁷

国作壹一岁,十岁强;作壹十岁,百岁强,作壹百岁,千岁强。千岁强者王。威,以一取十,以声以实,故能为威者王。能生不能杀,曰自攻之国,必削;能生能杀,曰攻敌之国,必强。故攻官、攻力、攻敌,国用其二舍其一,必强;令用三者,威,必王。①

4.5: If the state engages in the One for one year, it will be strong for ten years; if it engages in the One for ten years, it will be strong for one hundred years; if it engages in the One for one hundred years, it will be strong for a thousand years; he who is strong for a thousand years is the [True] Monarch.⁶¹ Awesomeness is what allows one to take over ten, what allows voice to take over substance. Hence, he who is able to inspire awe will become the Monarch.⁶² [The state] that is able to give birth [to force] but not to reduce [it] is called a "self-attacking state;" it will surely be dismembered. [The state] that is able to give birth [to force] and to reduce [it] is called an "enemy-attacking state;" it surely will be strong.⁶³ Hence, attack the [parasitic affairs], attack the [people's] force, attack the enemy.⁶⁴ If you are able to do two of these and discard only one, you will be strong; if you are able to do

---

① 《去强》第四段。

all three of these, you will be awe-inspiring and will surely become the [True] Monarch. [65]

5.8: The people's desires are myriad, but benefit comes from a single [opening]. If the people are not engaged in the One, they will not be able to satisfy their desires; hence, [have them] engage in the One. When they are engaged in the One, their force is consolidated; when their force is consolidated, they are strong; when they are strong and are used, their strength multiplies. Hence, "[the state] **that is able to give birth to force and to reduce it is called an "enemy-attacking state**;" it surely will be strong." When you block the private ways [through which the people hoped to] fulfill their aspirations, and open a single gate [through which and only through which they will] attain whatever they desire, this causes the people first to engage in whatever they detest[66] and only then to attain whatever they desire; hence, the force is abundant. When the force is abundant but is not used, then their aspirations are (not?) exhausted;[67] when their aspirations are (not?) exhausted, they have private [interests]; when they have private [interests], [the state] is weak. Hence, "[the state] **that is able to give birth to force but not to reduce it is called a 'self-attacking state'**; it will surely be dismembered." Hence, it is said: the state of the True Monarch does not store up force, and its households do not hoard grain. The state does not store up force [because] the inferiors can be used; the households do not hoard grain [because] superiors accumulate it. [68]

十里断者,国弱;九里断者,国强。以日治者王,以夜治者强,以宿治者削。①

When decisions are made by every tenth hamlet, the state is weak; when they are made by every ninth (fifth?) 69 hamlet, the state is strong. He who orders [affairs] by the daytime is the Monarch; he who orders [affairs] by night is strong; he who orders [affairs] by the next day, [his state] will be dismembered.

5.9: This is the orderly rule of the state: when [affairs] are determined by a household, you will become the Monarch; when [they are] determined by officials, you will be strong; when [they are] determined by the ruler [himself], you will be weak. [Punish] heavily for light [offences], [thereby] eliminating punishments; let the officials [adhere to] constant [methods]; then there will be orderly rule. Restrict punishments and bind [the people] through mutual surveillance. 70 [Promises of] rewards should not be broken. 71 If criminals are invariably denounced, then the people will make decisions in their hearts. When superiors issue orders and the people know to respond, when utensils take shape in the household and are utilized by officials, 72 then affairs are determined by a household. Hence, [in the state of] the True Monarch, punishments and rewards are determined by the people's hearts; the use of the utensils is determined at the household level.

When orderly rule is clear, [the people are] uniform; when it is dim, they differ. When they are uniform, [policies] can be implemented; when [the people] differ, [policies] are stopped. When they are implemented, there is orderly rule; when they are stopped, there is turmoil. When there is orderly rule, decisions are made by a household; when there is turmoil, they are made by the

---

① 《去强》第五段。

ruler. The well-ordered state values decisions made below. Hence, [the state] in which **decisions are made by every tenth hamlet is weak**; [the state] in which decisions **are made by every fifth hamlet is strong.**

When decisions are made by the household, one has extra [time]; hence, it is said: "**he who orders [affairs] by the daytime is the Monarch.**" When officials make decisions, [the time] is not sufficient: hence, it is said: "**he who orders [affairs] by night is strong.**" When the ruler himself makes decisions, there is turmoil; hence, it is said: "**he who orders [affairs] by the next day, [his state] will be dismembered.**" In the state that possesses the Way, orderly rule is attained without heeding the ruler, and the people have no need to follow officials.

可见,在这里,译者注重的是整体意义上的传达,而不是出于一般意义上的"词语—句子—段落"的考虑,这种篇章修辞上的优化,可以让读者从整体上把握原文的信息,大大节省理解不同章节之间信息的时间。

(二) 解决了戴译的诸多疑惑

如前所述,翻译活动受一定的社会历史条件限制,特定时期的政治、经济、文化、科技水平都会对翻译活动施加影响,尽管译者的态度可能认真、严谨,但是缺乏必要的条件,其译文的准确性、合理性也必然会深受影响。正如戴闻达在其英译序言中指出的:《商君书》原文几多讹误,很多地方无法辨认①。限于当时中文文献资料的匮乏及其本人对古汉语的研究水平,戴闻达对这些不能解决的问题只好用省略号留作空白,估计这也是他为之扼腕叹息的遗憾之处。由于历史的发展,可供参考的《商君书》

---

① 英文原文为:The text of the *Book of Lord Shang* is very corrupt, and presents in many places almost insurmountable difficulties.

研究资料不断丰富,人们对事物的认识不断深入,在尤锐的英译本中,这些遗憾已不复存在。以下仅举三例加以说明:

原文:凡世主之患,用兵者不量力,治草莱者不度地。故有地狭而民众者,民胜其地;地广而民少者,地胜其民。民胜其地,务开;地胜其民者,事徕。开,则行倍。民过地,则国功寡而兵力少;地过民,则山泽财物不为用。夫弃天物遂民淫者,世主之务过也,而上下事之,故民众而兵弱,地大而力小。(《算地》)

戴译:The disasters of the rulers of the world, generally, come from their not measuring their strength in the use of armies, and from their not measuring their territory in managing the grass fields and uncultivated lands. Therefore, sometimes the territory is narrow and the population numerous, so that the population exceeds the territory; or sometimes the territory is extensive, but the population sparse, so that the territory exceeds the population. If the population exceeds the territory, then one should pay attention to opening up new land; if the territory exceeds the population, then one should set about calling in colonists. By opening up new land, one effects increase ... (695) If the population exceeds the territory, then the achievements of the state will be few and the military strength small; if the territory exceeds the population, then the resources of mountains and moors will not be utilized. Now, to neglect natural resources and to pander to the people's dissipations is to fail in one's duty as a ruler, and when high and low act thus, then in spite of a large population, the army will be weak, and in spite of a big territory, its strength will be small.

尤译:In general, the trouble of the rulers of our age is that when using the army, they do not assess [its] strength, and when managing grass and weeds, they do not measure the land. Thus, if the land is narrow but the people are numerous, this means that the people exceed the land; if the land is extensive but the people are few, this means that the land exceeds the people. When the people exceed the land, devote yourself to opening up [new lands]; when the land exceeds the people, engage in attracting [immigrants]. When one opens up, [lands] can be multiplied. 1 When the people exceed the land, achievements of the state are few, and the army is weak; when the land exceeds the people, the resources of mountains and marshlands are not utilized. Casting away Heaven's resources and following the people's indulgence means that the rulers of our generation are committed to erroneous [policies]; yet superiors and inferiors are engaged in these [behaviors]. Thus, even if the people are plentiful, the army is weak; even if the land is vast, strength is minuscule.

原文中的"开,则行倍",戴氏为之不解,翻译成"By opening up new land, one effects increase ..."后,附注说"这似乎是个文本的漏洞(There seems to be a gap in the text)"。张觉的解释为:"因为开拓疆土,必须用兵,那就得首先扩充军队,所以说'开则行倍'。"①尤锐在上述研究的基础上,将之翻译成 When one opens up, [lands] can be multiplied,然后详细解释这样翻译的缘由:

The sentence 开则行倍 may be incomplete: in terms of the parallelism in this section, it should be followed by another sentence that would focus on "attracting" the populace (*lai* 徕). Alternatively, as Gao Heng has proposed (1974, 62 n. 4), the word *lai* should have followed kai 开, in which case the sentence

---

① 张觉:《商君书校注》,长沙:岳麓书社,2006 年版,第 58 页。

would read, "By opening up 〔the lands〕and attracting 〔immigrants〕, 〔lands and populace〕can be multiplied." Xing 行 is read, following Wang Shirun, as jiang 将, "will" (Jiang Lihong 1996, 42). Zhang Jue prefers reading the character 行 as hang—that is, military columns—in which case the sentence will read: "when one opens up, the army can be multiplied" (Zhang Jue 2012, 88 n. 5). I reject this interpretation because this usage of a single character hang 行 for the army never recurs in the *Book of Lord Shang* and is very rare in early Chinese texts in general.

可见,由于有充分的研究资料参考,尤锐结合上下文语境,做出了恰当的判断,有理有据,令人信服。再如:

原文:夫民之不治者,君道卑也;法之不明者,君长乱也。故明君不道卑、不长乱也;秉权而立,垂法而治,以得奸于上而官无不;赏罚断,而器用有度。若此,则国制明而民力竭,上爵尊而伦徒举。(《壹言》)

戴译:Indeed, if a people are not orderly, it is because their prince follows inferior ways; and if the laws are not clear, it means that the prince causes disorder to grow. Therefore, an intelligent prince is one, who does not follow an inferior way, nor causes disorder to grow, but he establishes himself, by maintaining his authority and creates order, by giving laws; so that he gains possession of those, who are treacherous towards their ruler; thus for all officials respectively rewards or penalties are fixed, so that employment will have a fixed standard. Under these circumstances, then, the country's regulations will be clear and the people's force will be used to the utmost, the titles, granted by the ruler will be honored and the ... will be advanced.

尤译：When the people are not well ordered, it is the ruler who leads them downward. [10] When the laws are not clear, it is the ruler who prolongs turmoil. Hence, the clear-sighted ruler neither leads [the people] downward nor prolongs turmoil. He holds power and establishes himself; he promulgates laws, and [the state] is well ordered. Thereby he seizes the villainous above, and the officials do not negate [him]; [11] he determines rewards and punishments, and the utensils and utilitarian [vessels] have their measures. If so, the regulations of the state are clear, and the people's force is fully [utilized], elevations and ranks are respected, and all kinds of people are employed [appropriately]. [12]

戴氏在翻译"伦徒举"时显然已无所适从,不得已只好用"... will be advanced"。尤氏将之译为 all kinds of people are employed [appropriately],后加注:"For luntuju 伦徒举 as the proper employment of all kinds of people, see Zhang Jue 2012, 125 n.5."意义明确,并明确告知读者这样翻译的依据。再如:

原文:靳令,则治不留;法平,则吏无奸。法已定矣,不以善言害法。任功,则民少言;任善,则民多言。行治曲断,以五里断者,王;以十里断者,强;宿治者,削。以刑治,以赏战,求过不求善。故法立而不革,则显,民变诛,计变诛止。贵齐殊使,百都之尊爵厚禄以自伐。国无奸民,则都无奸市。物多末众,农弛奸胜,则国必削。(《靳令》)

戴译:If orders are made strict, orderly government is not delayed, and if laws are equable, officials are not wicked. Once the law is fixed, one should not damage it with virtuous words; if men of merit are appointed to office, people will have little to say;

but if men of virtue are appointed to office, people will have much to say. The practice of good government begins with making judgments. Where five hamlets are the unit for judgments, supremacy is attained; where ten hamlets are the unit for judgments, there is merely strength (773). He who procrastinates in creating order will be dismembered. Govern by punishments and wage war by rewards; seek transgressors and do not seek the virtuous (774). Therefore, if the law is fixed and not altered, then ... If in the country there are no wicked people, there is no wicked trade in the capital. If affairs are many and secondary things (775) are numerous, if agriculture is relaxed and criminals gain the upper hand, then the country will certainly be dismembered.

尤译: When orders are strict, there is no procrastination in governing; when laws are fair, there are no depraved officials. When laws have been fixed, one should not harm them with talk about "goodness." When the meritorious are appointed, the people talk little; when the "good" are appointed, the people talk a lot. [1] In implementing orderly rule, decisions [should be made at] the countryside level: when decisions are made by every fifth hamlet, [the ruler] will be the [True] Monarch; when they are made by every tenth hamlet, [the state] will be strong; when ruling is done the next day, [the state] will be dismembered. [2] Rule through punishments; make war through rewards. Pursue transgressions, not goodness. Thus, after the law has been established, if it is not modified, the eminent people will have to change their plans; when their plans are changed, the punishments will stop. [3] Nobles and commoners are employed differently; the ranks of the hundred officials are respected; lavish emoluments are issued according to their [the recipients'] merits. [4] Then there are neither villainous people in the capital nor villainous markets in regional capitals.⁵ When things are superfluous and the multitudes are engaged in branch [occupations], farmers are lax, and villains are victorious, then the state will surely be dismembered.

对于原文中的"故法立而不革,则显,民变诛,计变诛止。贵齐殊使,百都之尊爵厚禄以自伐",戴氏除了能理解第一个短句,其余的信息都一律以省略号代替,而且未做任何注释,想必读者读到此处也不得不发出无奈的叹息。尤锐不仅弥补了这一遗憾,并在译文后附加两个注释:

3:My reading of this sentence is based on the reconstruction by Gao Heng (1974, 104 n. 4). He identifies the "eminent people" (xian min 显民) as members of the elite, who under the unified system of laws and regulations will have to abandon the plans to advance socially by means of crooked ways. Once they abandon these plans, there will be no need to punish the "eminent people." I am not entirely sure whether this interpretation is correct or not, particularly because the binomexian min never recurs in the *Book of Lord Shang*, but I have found no alternative explanation that is more convincing.

4: This is yet another difficult sentence. I accept Zhu Shizhe's reading of gui qi 贵齐 as standing for guizu 贵族, "nobles," and qimin 齐民, "commoners" (Zhang Jue 2012, 155 n. 7), although this combination never recurs elsewhere in the texts, at least as far as I am aware. I also accept Gao Heng's reading of fa 伐 as synonymous with gong 功(merit) (1974, 104 n. 6), but, again, such a usage is very odd. The reconstruction of this sentence is tentative at best.

从上述注释中可以看出,虽然已经做了十分认真的调查和研究,尤氏坦诚对自己的译文并没有百分之百的把握,这对于读者也是一种负责任的态度。

(三) 纠正了戴译中的误解与误译

刘宓庆曾说,"翻译作为一种语际转换,也就是符号系统之间的转换,而符号系统转换的依据,是它的所指,即意义。"①因此,翻译的实质,就是语际间意义的对应转换,语际转换的目的是要取得原语所指与译语所指的"等值"。当原语所指与译语所指一致时,原语和译语才能实现"等值转换",也就是正确的翻译。当原语所指与译语所指对应,而原语能指与译语能指不等值时,就出现了误译。尽管戴闻达对自己的翻译是十分认真而严谨的,但这并不意味着他就不会出现误解和误译,而且,相较于尤锐的译文,有时候他的误解和误译非常明显。首先让我们来看一下戴氏的误译在尤译中的纠正情况:

原文:身有尧舜之行,而功不及汤武之略者,此执柄之罪也。(《算地》)

戴译:In their persons, they have the conduct of Yao and Shun, but in their results they do not even approximate those of Tang or Wu. The mistake lies with the handle which they hold.

尤译:They behave as if they are Yao or Shun, but their merits do not compare with those of Tang and Wu: this is the fault of power holders.

尤锐将"执柄之罪"翻译成 the fault of power holders,易懂易读。再如:

原文:伏羲、神农,教而不诛;黄帝、尧、舜,诛而不怒。(《更

---

① 刘宓庆:《当代翻译理论》,北京:中国对外翻译出版公司,2003 年版,第 56 页。

法》）

戴译：Fu His and Shen-nung taught but did not punish；Huang ti, Yao and Shun punished but were not <u>angry</u>.

尤译：Fuxi and Shen-nong taught but did not punish；the Yellow Thearch, Yao, and Shun punished but did not <u>implicate ［the criminals'］families</u>①.

"怒"由 angry 改译为 implicate ［the criminals'］families，符合现代学者的解释。

原文：均出余子之使令，以世使之，又高其解舍……（《垦令》）

戴译：If orders are issued for the service of all younger sons, without exception, the service to last their lifetime, <u>and no high palaces to be built for them</u> ...

尤译：Issue a comprehensive order to conscript minor sons, employ each according to his task, <u>and enhance the conditions for their exemption</u>②.

"高其解舍"被改译成 enhance the conditions for their exemption，合理而通顺。实际上，类似于上述改译的例子还有很多，尤锐在每次纠正之后，都

---

① 尤氏在做此纠正后，补充注解说：Following Gao Heng（1974, 213）, I emend nu 怒（to display anger）with nu 孥（to execute the wife and children of a convicted criminal）. The latter preserves the idea of the escalation of violence as times passes, which fits well the overall perceptions in *the Book of Lord Shang*. However, the original reading as nu 怒 is equally acceptable.

② 尤氏在做此纠正后，补充注解说：Following Gao Heng（1974, 26 n. 48）: jieshe 解舍 means exemption from corvée obligations; this exemption was granted to the young, old, physically disabled, and others considered infirm. The chapter recommends making the exemption of minor sons from corvée obligations more difficult than for the average population. This regulation is not reflected in extant remnants of Qin law; perhaps Shang Yang proposed it at an initial phase of his struggle to divide large households and to increase thereby the number of households.

引证当代学者的解释来加以说明,显示了他的严谨和认真态度。再比如:

原文:民贫则弱国,富则淫,淫则有虱,有虱则弱。故贫者益之以刑,则富;富者损之以赏,则贫。

戴译:If the people are poor, they are weak; if the country is rich, they are licentious, and consequently there be the parasites; the parasites will bring weakness. Therefore, the poor should be benefited with rewards, so that they become rich, <u>and the rich should be injured by punishments</u>, so that they become poor.

尤译:When the people are poor, they are weak; when they are rich, they are excessive; when they are excessive, there are parasitic [affairs]; when there are parasitic [affairs], [the state] is weak.[57] Hence, when they [the people] are poor, increase their [wealth] by punishments, and they will become rich; <u>when they are rich, diminish [their wealth] by rewards</u>, and they will become poor.

戴氏的原译 the rich should be injured by punishments 似乎不合常理,也无根据。查阅当代学者的研究,高亨的解释如下:"人民穷,国家就弱。人民富,就要浮荡,浮荡就产生虱子。有了虱子,国家也就弱了。所以穷人,君上用刑罚强迫他们生产财物,他们就会富。富人,君上用赏赐鼓励他们捐献财物,他们就会穷。"① 高亨特别强调"富者损之以赏"是指:富人出钱捐官爵,就是朝廷用官爵的赏赐来减少富人的财物。张觉引用朱师辙的解释说:"民贫,以刑督之力农,则富。民富粟多者,使输粟得官爵,以杀其富,故贫"。② 尤氏的改译与上述解释一致,充分反映了他对原文的把

① 高亨:《商君书注译》,北京:中华书局,1974 年版,第 56 页。
② 张觉:《商君书校注》,长沙:岳麓书社,2006 年版,第 52 页。

握和对最新研究成果的关注。

原文：爵自一级已下至小夫，命曰校、徒、操，出公；爵自二级已上至不更，命曰卒。其战也五人来簿为伍，一人羽而轻其四人，能人得一首则复。

戴译：The military ranks from the first degree down to the small prefects are called hsiao, t'u, ts'ao, shih; the public ranks from the second degree upwards to the degree of pukeng are called military officials, tsu. In battle five men are organized into a squad; if one of them is killed, the other four are beheaded. If a man can capture one head then he is exempted from taxes.

尤译：Military ranks of the first rank and lower, down to unranked inferiors, are called xiao, tu, and cao: they are outside the common rank system. Those of the second rank and upward to bugeng (fourth rank) are called soldiers. In battle, five men are organized into a squad and are registered accordingly. When one squad member flees, the other four members are reduced [in rank]; if they are able to attain the head of one [enemy], the reduction is revoked.

按照戴氏的原译 if one of them is killed, the other four are beheaded. If a man can capture one head then he is exempted from taxes，第一句让人不寒而栗，因为一人战死，其他四人将被砍头；第二句则让人摸不着头脑，因为获取敌人首级和免除赋税从上下文来看似无必然联系。高亨的解释是："在战争期间，五个人注在一个册上，编成一伍。五个人中有一个逃跑，就加刑于其余四个人；如果四个人中有人能够获得一颗敌人首级，就恢复他的身份"。① 张觉认为，此文之"羽"，用作动词，当指插上鸟羽为勇士而

---

① 高亨：《商君书注译》，北京：中华书局，1974 年版，第 148 页。

冲锋在前。"轻"《荀子·富国篇》注:"轻重,尊卑也。"可见"轻"指地位低,此文则用为使动词,表示"使其地位低"。这句当指五人之中只有一个人能披羽先冲,那就降低其他四人的地位和待遇,以此来促使其他四人也勇敢作战。① 这是对4.4"怯民使以刑,必勇"以及18.4"刑不善而不赏善"理论的具体实施。尤锐的改译基本上采用了当代学者的解释,译文合理而有据②。

(四)重构了原文的话语体系

术语作为构建理论话语体系的基础单位,是学科概念体系和知识网络的关键节点与重要线索③。同样,术语在构建具体文本的话语体系过程中也发挥着不可替代的作用。在任何类型的语篇中,一些重要的术语/概念会频繁出现,彰显出原文所要关切的核心思想,也构建了文本中的话语体系。在翻译中,术语的翻译非常重要,因为它们在目的语文本中构建新的话语体系,传递给读者最为核心的信息。

尤锐在译前介绍部分说,他对《商君书》中的术语曾做过非常认真的研究。首先,他经过研究认为少数术语和复合词在公元前5世纪根本就不会存在,但之后便普遍存在了,如"仁义""万物""万乘""弩"以及与之相关的术语"机";另一些术语在公元前4世纪晚期之前还无法证明其存在,但在公元前3世纪时则占据主要地位,如"理""阴阳""布衣",这些术语在战国后期政治或哲学文本中的出现或缺失正好说明这些文本的年

---

① 张觉:《商君书校注》,长沙:岳麓书社,2006年版,第149页。

② 尤氏在此改译后,补充注解说:I follow Gao Heng (1974, 237-238), in reading yu 羽 as miswritten zhao 兆, which stands for tao 逃 (fleeing). However, I reject the common interpretation of qing 轻 as standing for jing 刭 (execution by cutting the throat). I follow Zhang Jue, who argues that the squad members whose fellow fled should be punished not by execution but by reduction of their rank (2012, 226 n. 6); alternatively, qing may refer to another form of punishment, but surely not execution. Zhang is correct that if qing refers to execution, it would be impossible to understand how the punishment is "revoked" in the case of the successful capture of an enemy's head. See also section 19. 4 and note 17 for this chapter.

③ 刘润泽、魏向清:《生态译学话语构建的术语批评路径及其反思——知识生产与话语传播》,《外语学刊》,2017年,第3期,第74-79页。

代。为了读者的理解,在翻译这些术语时,他尽量保持译文的一致性,大量使用通用性词汇。

他发现《商君书》各章之间最有意义的差异之一是对君主的称谓:虽然大多数章节都使用较通用的"君"或"主",少数章节却使用"王",这意味着公元前 325 年秦惠文君称王之后对君主之位的滥用。因此,在尤锐的译文中,在对君主称呼的翻译上与戴译大不相同,使用通用性的称谓远远多于一些专门的称谓。例如,在《更法》篇中,戴闻达将"孝公"①都译为 Duke Hsiao,而尤锐将其一律改为 Lord Xiao;戴闻达将"君"都译为 The prince,而尤锐则改为 The ruler,两者都使用了较为通用的称谓。

尤锐认为,对君主称谓上的差异还带来《商君书》各章之间另一个有趣的话题,即成就王业的概念。他说从战国中叶开始的很多文本都聚焦于一个理想君主的形象,该君主能在众人的支持下统一天下,给人民带来和平与稳定。虽然《商君书》是讨论君主形象较早的文献之一,然而某些章节的口吻却差别显著。例如《农战》《去强》及与之相关的几个章节都对君主采纳作者的建议而成就王业充满了期望,其他章节,特别是后面几个章节这些说法没有了。这种变化很有可能也与公元前 325 年秦惠文君称王有关,因为秦国统治者称王之后,再强调统治者需要成就王业在政治上就不可取了,否则就意味着他目前的称谓是欺骗性的。因此,在尤锐的译文中,成就王业一般都译为较中性的 became〔true〕monarch,而不是戴闻达所译的 attain supremacy(成就霸业),例如:

原文:夫以强攻强者亡,以弱攻强者王。(《去强》)

戴译:Indeed, to attack the strong with a strong people spells ruin; to attack the strong with a weak people means the attainment of supremacy.

尤译:Hence, he who attacks the strong with strength will

---

① 即重用卫鞅(即商鞅)实行变法的秦孝公,嬴姓,赵氏,秦献公之子,战国时期秦国国君,公元前 361—公元前 338 年在位。

collapse; he who attacks the strong with weakness will become the [True] Monarch.

原文:国无十者,上有使战,必兴至王。(《去强》)

戴译:If the country has not these ten things and the ruler can make the people fight, he will be so prosperous that he will attain supremacy.

尤译:When the state lacks these ten, superiors can cause [the people] to fight, and [the state] will surely prosper to the point of [its ruler] becoming [the True] Monarch.

相比戴闻达的译文,尤锐的英译本构建合理的话语体系还体现在对高频术语"天下"的翻译上,戴氏几乎都将其翻译为 the empire,尤锐则将之翻译为 All-Under-Heaven 或 under Heaven,例如:

原文:古者,民藂生而群处,乱,故求有上也。然则天下之乐有上也,将以为治也。(《开塞》)

戴译:Of old, people lived densely together and all dwelt in disorder, so they desired that there should be a ruler. However, why the empire was glad to have a ruler was because he would create order.

尤译:In antiquity, the people resided together and dwelled herd like in turmoil; hence, they were in need of superiors. So All-Under-Heaven is happy having superiors and considers this orderly rule.

原文:是故,兴国不用十二者,故其国多力,而天下莫能犯也。

戴译:Therefore, to make a country prosperous, these twelve

things should not be practiced; then the state will have much strength, and no one in the <u>empire</u> will be able to invade it.

尤译:Hence, the prosperous state does not use the twelve; thus, this state has abundant strength, and no one <u>under Heaven</u> can oppose it.

上述例句中的"天下",按照上下文语境应泛指诸侯并存的大千世界,而非单指某一国家(empire),因此,表示整体概念的 All-Under-Heaven 或 under Heaven 更符合原文的实际语境。

(五)弥补了戴译句型转换的不足

刘宓庆先生指出:"就语际转换而言,对原语的风格分析工作至关重要,它是理解的基本阶段之一。忽视对原语风格的分析,就谈不上对原作的全部意义的把握。"①因此,只有透彻地理解原作,充分把握原作的精神思想,成功地进行词性、句法、语气等方面的转换,才能再现原文的内涵和风貌。

《商君书》总体上说是比较成熟的政论文合集,也包括一些法令或法令草案,因此"命令句或祈使句较多,显示出条理井然、简洁明晰的特点,虽不事修饰,槁瘠无文,但语气中透出自信、武断甚至冷阔。"②美国语言学家威廉·巴克斯特(William Baxter)在研究《商君书》的语言后也总结认为:"它[商君书]整体上没有叙述,都是非常直白的陈述,不限定于具体的人、时间或地点。不注明谁是说话者,也不直接与历史事件相联系,这和儒家的话语大相径庭。"③

在参考前人研究的基础上,尤锐对《商君书》的语言风格也做了一番

---

① 刘宓庆:《文体与翻译》,北京:中国对外翻译出版公司,1998 年版,第 576 页。

② 张林祥:《〈商君书〉研究》,西北师范大学 2006 年博士学位论文,第 29 页。

③ William H. Baxter. Situating the Language of the Lao-tzu: The Probable Date of *the Tao-te-ching*. In Livia Kohn and Michael La Fargue (ed.) *Lao-tzu and the Tao-te-ching*, Albany: State University of New York Press, 1998: 231 − 253.

认真的探索。他承认,《商君书》总体风格质朴率直,句子简单明了。例如第 4 章《去强》,将极简和坦率的风格发挥到极致——句子短小精悍,包括那些功能语法词,都可以为了简洁而删除(就连较常用的"也"也仅使用了一次)。整篇文章犹如标语似的呐喊,你可以不喜欢它,但绝不能无视它。尤锐还意识到,在某种程度上,第 4 章的风格反映了整部《商君书》的风格,例如,绝大多数章节都将虚词的使用减少到最大限度,因为整个文本都在处理很"实质性"(substantial)的问题。有些词语最受作者青睐,给人的印象是作者的建议和主张绝对正确并符合逻辑。其中一个词是"必",整部《商君书》中使用不少于 186 次。更有甚者,表示推论的词"故"为 252 次,"是故"15 次,"是以"16 次,特别是彰显作者建议和结论的关系词"则"使用了 500 次以上①。尤锐总结认为,这些表示推论的词语大量出现暗示了一种逻辑上的推断,即使实践上这些推断并不成立,或者说只是虚假的推断……也许作者希望这些推论词使用得越多,他们的论点就会越令人信服。于是,在他的翻译中,对这些关系词的处理和戴译有了很大的不同,例如:

原文:农不敝而有余日,则草必垦矣。(《垦令》)

戴译:If agriculture is not ruined, but knows days of surplus, then it is certain waste lands will be brought under cultivation.

尤译:If the peasants are not impoverished and have extra time, then waste lands will surely be cultivated.

原文:国好力者以难攻,以难攻者必兴;好辩者以易攻,以易攻者必危。(《农战》)

戴译:A country that loves strength makes assaults with what is difficult, and thus it will be successful. A country that loves

---

① 这些数字都是尤锐本人的统计,本书作者也运用词频统计软件对《商君书》全文进行了分析,得出的结论基本一致。

sophistry makes assaults with what is easy, and thus it will be in danger.

尤译：When the state is fond of force, it attacks with what is difficult [to resist]; he who attacks with what is difficult [to resist] will surely prosper. [When the state is] fond of argumentation, it attacks with what is easy [to resist]; he who attacks with what is easy [to resist] will surely be endangered.

原文：国以善民治奸民者,必乱至削;国以奸民治善民者,必治至强。(《去强》)

戴译：A country where the virtuous govern the wicked, will suffer from disorder, so that it will be dismembered; but a country where the wicked govern the virtuous, will be orderly, so that it will become strong.

尤译：When the state employs good people to rule villains, it will suffer turmoil to the point of dismemberment; when the state employs villains to rule good people, it will be ruled well to the point of empowerment.

从以上 3 例可以看出,戴译按照原文的句法,无论是第 1 例的 it is certain + will do 结构,还是第 2 例或第 3 例的 will do 结构,语气都显得肯定、生硬。尤译的第 1 例和第 2 例中都用了 surely + will do 结构,突出作者语气上的武断;第 3 例则使用 will do + to the point of 结构来使原文的语气进一步加强,显示出推理上的极致性。再看看对推论词"则"所在句子的转换:

原文：是故,兴国罚行则民亲,赏行则民利。(《靳令》)

戴译：Therefore, in a prosperous country, when punishments are applied, the people will be closely associated with the ruler, and when rewards are applied, they will reap profit.

尤译:Hence, the prosperous state implements penalties, and the people are close [to their rulers]; it implements rewards, and the people benefit.

原文:故上多惠言而克其赏,则下不用;数加严令而不致其刑,则民傲罪。(《修权》)

戴译:For if he speaks many liberal words but cuts down his rewards, then his subjects will not be of service; and if he issues one severe order after another, but does not apply the penalties, people will despise the death penalty.

尤译:Thus, when superiors talk much of kindness but are unable to make rewards viable, inferiors cannot be used; when severe orders are repeatedly promulgated but punishments are not inflicted, the people treat lethal [punishment] with contempt.

原文:靳令,则治不留;法平,则吏无奸。(《靳令》)

戴译:If orders are made strict, orderly government is not delayed, and if laws are equable, officials are not wicked.

尤译:When orders are strict, there is no procrastination in governing; when laws are fair, there are no depraved officials.

以上 3 例中"则"字句根据原文都表示推论关系中的结果。从第 1 例可以看出,戴译用 when 来引导假设,尤译则用简单直接的并列句,语气更加肯定;在第 2 例和第 3 例中,戴译用 if 来引导假设,尤译则使用了语气更加强烈的 when,与原文直接、武断甚至冷峻的风格更为一致。

第四节 《商君书》在英语世界的传播

《商君书》自宋代以来一直是学者们研究和争论的中国法家哲学学派最重要的典籍之一。自 20 世纪以来,《商君书》的研究成果日新月异,令人瞩目[①],这种趋势也间接地反映在英语世界对《商君书》英译本及以商鞅为代表的法家人物和法家思想的研究上。

一、对《商君书》英译本的评价

如前文所述,1928 年荷兰汉学家戴闻达第一次将《商君书》译成英文并在伦敦出版。出于严谨的态度,更是为了便于读者全面了解这样一部深奥的中国文化典籍,他在译文前有一个长达 159 页的介绍,德国汉学家埃里希·豪尔对此表示了极大的兴趣,他在 1929 年的一篇书评中写道:"注释中总带有中文汉字,证实了作者写作本书的惊人学识以及他对从古代至今有关的中文文献翻阅之多。在我看来,这是借助当代语文学批评,检验较长的中文文本的第一次尝试,而作者并未忘记给出原因及文献的来源,这又增加了它的可信度。"[②]在谈到翻译此书的意义时,豪尔说:"我们[西方学者]至今对中国历史上非常重要的人物商鞅所有的生平及事迹仅限于 Léon Wieger 的《中国宗教信仰与哲学思想史》和 Alfred Forke 的《古代中国哲学史》,西方汉学家对他的思想及传承至今未曾关注,因此非常欢迎戴闻达填补这一空白,而且是以一种非常迫切的方式对此进行展望……祝贺作者译出如此美好的作品,并且希望他有时间和空闲也能翻译出版韩非子的作品,他对韩非子的研究已经非常深入了,甚至管

① 见本章第二节的统计。
② E. Hauer. (Book Review) Duyvendak, J. J. L: *The Book of Lord Shang*. Orientalistische Literaturzeitung, Jan 1, 1929: 32.

子,所有的汉学家都将会感谢他①。"遗憾的是,戴闻达在这之后并没有对商鞅及其他法家人物做更多的研究②,西方学者也没有对他的《商君书》英译本有更多的关注。一直到 1963 年伦敦的 Arthur Probsthain 出版社对戴闻达的英译《商君书》进行了再版,特别是在 1968 年稽辽拉(Л. С. Переломов)将《商君书》翻译成俄文出版后,戴闻达的英译《商君书》才再次受到西方学者的重视。

美国汉学家托马斯·柏励(Thomas Berry,1965)不无遗憾地说:"法家传统的三大基本经典之一的《商君书》新版本使人们认识到这个事实,即西方学者对中国法家传统知之甚少。戴闻达教授 35 年前对《商君书》的研究目的在于弥补这个空缺,但没有人继续他的研究,他本人后来也没有坚持这个方向。在戴闻达的这一研究中,他并没有对商君的意义给予充分的描述,实际上,商君是个丰碑式的人物,商君及其思想,还有他发动起来的政治社会运动对于那个具有决定性意义的公元前 3 世纪和公元前 4 世纪的整个中国知识界、社会和政治史都产生了极大的影响。"③对于戴闻达的英译质量,柏励给予了高度评价。他认为,这本书的最佳处在于其对文本问题和翻译进行了非常认真的研究,文本问题是不可避免的,因为该书的文章属于最难处理的中国古典文献,尽管也有可能这本书目前的形式直到六朝时期才得以确立,里面的段落主要来源于公元前 4 到前 3 世纪。在这些不同的段落中,既有难以辨认的原始字体问题,也有无法理解的短语问题。要想处理好这些问题,就不得不认真研究该书中的重复段落,还要参考《韩非子》《管子》和《史记》的平行文本。作者利用这些资源的能力很强,这在文本的处理和翻译上都清晰可见。他还特别强调,在西方人的意识中,法家思想是最不为人重视的中国古代元素,但是,现

---

① E. Hauer. (Book Review) Duyvendak, J. J. L: *The Book of Lord Shang*. *Orientalistische Literaturzeitung*, Jan 1, 1929:32.

② Lionello Lanciotti. "J. J. L. Duyvendak (1889—1954)". *East and West*, vol. 5, 1954 (3):186-187.

③ Thomas Berry. (Book Review) "Duyvendak, J. J. L: *The Book of Lord Shang*". *The Journal of Asian Studies*, Vol. 24, May, 1965 (3):497-498.

在,很清楚,如果没有对这三者(儒家、道家、法家)之间的辩证张力的完全理解,而仅仅局限在简单的儒家—道家之间的张力上,我们就无法理解儒家或道家的精髓。

汉学家德克·布德(Derk Bodde)1969 年也对《商君书》的英译给予了高度评价:"40 年前,戴闻达在他那本著作 *The Book of Lord Shang* 中对商鞅及以其人而得名的文本做了匠心独具的研究和翻译。"①对于这本书的出版意义,他还特别补充说,这本书虽然因商鞅而得名,但大部分来源于后来无法考证的追随者,它是社会-政治哲学最重要的论述之一,人们称之为法家哲学。

也许正是由于这些汉学家对戴闻达《商君书》英译本的评价和推荐,越来越多的西方学者开始关注中国古代的法家哲学思想,由此而开启了英语世界对中国法家人物商鞅及其思想的批判和研究。

二、西方学者笔下的商鞅和法家思想

1975 年,K. K. 李在其发表的《法家思想与法律实证主义》一文中首先对商鞅进行了深刻的剖析。他认为,在商鞅的理想社会中,经济成就应该以粮食而不是货币为基础,应该鼓励农业而不是商业。艺人、商人及其他副业或者可以舍弃。官方只认可两种活动:粮食生产过程中不断增长的生产力和军事征战中的异常勇猛。新精英能够取代那些依靠出生与血缘关系的旧贵族不是基于财富。就物质财富而言,理想的社会是一个平等的社会,财富的不断集中,除了对个人具有腐蚀作用,对国家的权威也构成挑战。因此,在物质和法律面前,人人平等,赏罚公正。同时,应建立警察国家,法律要求互相监督和揭发。以五人或十人为一单位,每个人都有检举揭发别人所犯罪行的义务,于是便有了集体惩罚,不能告发所牵涉

---

① Derk Bodde. (Book Review) "L. S. Perelomov: *Kniga Pravitelja Oblastian (Shan Tszyun Shu)*". *The Journal of Asian Studies*, Vol. 28, 1969 (4): 847 – 848.

的惩罚,就相当于自己犯了错。①

对于法家思想,他的评价相当积极。他说,从多重意义上来说,法家思想现代而激进,与只回顾全盛时期的儒家完全不同,法家是有远见的。这种特点体现在《商君书》的特别风格中。其思想的冷酷不应该妨碍我们对其意义与内涵的正确理解。从道德角度看,法家思想也许不是那么具有吸引力;但从观念上看,它们在本质上是具有革命性的②。

1979 年,哈佛大学教授杜维明(Tu Wei-Ming)在其发表的文章中称商鞅在中国古代出现是历史的必然。他认为,法家四大"创始人"中第一位应该是商鞅,他在秦国实施的政策扭转了战国社会的面貌,也许可以视为法家真正的"教父"。如果根据流传下来的历史文献来确定中国古代历史上最大的转折点,可能就是秦相商鞅了,尽管毫无疑问,历史夸大了他的功绩,但也很有可能,因为现实是超凡的。商鞅是那个时代的政治思想家的化身,即使没有商鞅的功绩,战国后期的混乱局面,也会在某个时间带来另外一个商鞅的崛起。但商鞅的一生精彩之处绝不仅如此。因商鞅在历史上的重要性,详细论述商鞅一生的功绩非常必要。杜维明提出,那本因他而得名的著作(译成英文是 *The Book of Lord Shang*)实际上是后周时代的杜撰,最好的资源应该来自如汉代《史记》这样的文献③。

1995 年,以色列耶路撒冷希伯来大学的唐·汉德尔曼(Don Handelman)撰文阐释了他对商鞅的法家思想和官僚制度的认识。他称其对中国古代的国家、体制、官僚政治三者之间关系的讨论来源于一本叫《商君书》的著作。《商君书》的来源非常可疑,其文本可能来源于公元前250 年至公元前150 年的各种作品,旨在叙述公元前350 年左右的秦国的辩论、政治和理论,也是对人治状态下构建极权、官僚社会秩序的一份

---

① K. K. Lee. "The Legalist School and Legal Positivism". *Journal of Chinese Philosophy*, 1975, 3(1):34.

② 在随后的注释中,K. K. Lee 坦承文章的大部分观点来源于 *The Book of Lord Shang*, translated by J. J. L. Duyvendak, Robsthain, London, 1928 和 *The Complete Works of Han Fei Tzu*, Volumes I and II, translated by W. K. Liao, 1939 and 1959, Robsthain, London.

③ Wei-Ming Tu. "The 'Thought of Huang-Lao': A Reflection on the Lao Tzu and Huang Ti Texts in the Silk Manuscripts of Ma-wang-tui". *The Journal of Asian Studies*, 1979, 39(1): 95 –110.

宣言书。《商君书》得名于商鞅,商鞅为公元前 4 世纪秦国的大臣,这本书里倡导的方法和商鞅在历史上的作为有很大程度上的重合,都是官僚性措施,它们帮助秦国不断扩大并在公元前 221 年统一了中国。尽管并不能确定这一著作是否真实地描写了历史上的商鞅或者秦国的统治者,但它却是官僚主义在中国漫长演变过程中意识形态上激进的踏脚石,也是官僚主义与理想国家模式演变的一块基石。①。

汉德尔曼还指出,《商君书》是通向古代中国官僚制度的认识论,因为这是一本关于如何组织力量建造帝国的入门书。大多数汉学家都使用 School of Law、Legalism 或 legalist 来表示"法家",这种分类很容易让人不去认真思考像《商君书》这样的作品里的推理,因为这样的分类太绝对、太简单了。他认为《商君书》以类推的方式证实了官僚性国家机构的合理性,虽然其概念体系是中国式的,而非西方式的。

2008 年,美国政治理论家罗杰·伯舍(Roger Boesche)引用戴闻达《商君书》英译本,从统一国家、实施法律、振兴经济、打击异己等方面将古印度政治家、哲学家考底利耶(Kautilya)的《政事论》与商鞅的法家思想进行对比,得出了一个令人耳目一新的结论:在某种意义上,商鞅和考底利耶的政治哲学都非常有效,阅读这些思想家的作品,我们发现他们的思想早已付诸历史实践。与阅读这些思想家的作品在历史上的意义同样重要的是,要领会这些具有创新和激进精神的思想家的细节,用清新的目光来帮助我们看这个政治世界②。

2012 年,库斯·菲舍尔(Markus Fischer)发表了一篇非常有意义的论文,他指出很多学者都对法家与意大利政治思想家和历史学家马基雅弗利及英国政治家和哲学家霍布斯之间的相似性做过研究,但一般都是浅尝辄止,如蜻蜓点水。例如亚瑟·韦利(Arthur Waley),他认为法家是现实主义者,却没有把他们和具体的西方思想家进行对比。傅

---

① D. Handelman. "Cultural Taxonomy and Bureaucracy in Ancient China: *The Book of Lord Shang*". International Journal of Politics Culture & Society, 1995, 9(2): 263-293.

② R. Boesche. "Kautilya's Arthashastra and the legalism of Lord Shang". *Journal of Asian History*, 2008, 42(1): 64-90.

正媛的 *China's Legalists*(《中国法家》),只是列出几个对比点却没有进一步深入研究。许振洲在 *L'Art de la Politique chez les Légistes Chinois* (《中国法家的政治艺术》)中则有相当有意思的对比:法家和马基雅弗利都有他们自己的价值标准;他们的不同点在于,马基雅弗利不相信历史的进步,而法家认为历史的流动性,有可能回归道德;他们对原始状态的看法类似于霍布斯而非约翰·洛克(John Locke);马基雅弗利将战争艺术融合于政治的观点最接近于西方思想家;马基雅弗利和法家都认为人的本性使人自私和害怕惩罚;他们都认可必要的残酷。尽管如此,许的对比还是缺乏可持续性的研究,特别是对西方作者的研究①。

菲舍尔认为,政治现实主义对理解商鞅很有启发,商鞅的思想是法家的基础,正如马基雅弗利的思想是现代政治现实主义的创始性思想。于是,他将商鞅与马基雅弗利及霍布斯的对比集中到最明显的几点上:(1)现实是政治现实主义的指导性启发点;(2)历史变化是基本条件;(3)持续和变化的人类特性;(4)权力集中的目的;(5)秩序的好处;(6)法律与法外行为;(7)惩罚能使法律盛行;(8)一个完全实施的现实主义法律秩序是否能够终结历史的变化?

三、尤锐·皮纳斯的总结

2012 年,尤锐·皮纳斯将西方学者对商鞅及法家思想的研究和中国本土的研究做了深刻总结②。他认为,商鞅的形象在 20 世纪早期有很大的改善,少许几个中国知识分子,最著名的如麦孟华(1874—1915)重新发现了这位思想家,有感于商鞅的思想与现代西方社会思想之间可感知的共性,他把商鞅提升到卓越的地位,但之前的两千多年里却很少有人理会。在当今中国,商鞅没有再被妖魔化,但人们对他的思想及其智慧遗产

---

① M. Fischer. "*The Book of Lord Shang* Compared with Machiavelli and Hobbes". *Dao*, 2012, 11(2): 201 – 221.

② Y. Pines. "Alienating Rhetoric in *the Book of Lord Shang* and its Moderation". *Extrême-Orient*, *Extrême-Occident*, 2012 (2): 79 – 110.

的兴趣明显消退。在西方汉学界,对商鞅的态度也一直令人惊讶的消极,一些人把他等同为"极权主义"思想家和"不道德的治国之道"的代表,另一些人则全面否定他,正如商鞅在西方语言的出版物中难以置信的凤毛麟角。于是,他建议从文本修辞的角度对上述现象进行分析。按照他的思路,毫无疑问,批评商鞅可感知的不道德和对他的精神遗产缺乏兴趣是两个非常显著的现象,但它们在一定程度上是互相关联的。也许你可以为"学者们羞于讨论商鞅"找出好几个理由,其中之一便是以这个人物得名的《商君书》(注释为:*Book of Lord Shang (Shang Junshu)*),这本书的内容。很少有先秦著作会这样大胆攻击传统道德:讥讽基本的道德规范,比如把"仁、义、孝、悌、信、诚"看成"六虱";倡导建立"奸民治良民"的国家,号召通过行"敌所羞"之事来赢得战争胜利。这些可以称之为"异化修辞"的语言在文中大量出现,也许正是这些导致绝大多数传统读者和现代读者对商鞅产生消极态度。

在这篇文章中,尤锐首先就内容、目标读者及潜在影响来分析《商君书》中的"异化修辞",然后进一步走进文本,说明《商君书》的演变过程。他说,我们可以看到后来的编撰者企图缓和那些直白异化章节所带来的消极影响的意图,这需要在讨论《商君书》的成书过程中增加另一个方向,这样做的目的在于,对文本修辞的分析也许对评价其精神实质与篇章构成有所裨益。

因为其独特的研究视角和学术价值,尤锐的这本专著在出版之际就受到很多研究中国古代政治思想的学者们的关注和推崇。例如,《儒家思想》(*Confucianism*)的作者汉学家金鹏程(Paul R. Goldin)写道:"尤锐是这个世界上最有资格翻译这本'声名狼藉'的《商君书》的人,它吸引并迫使读者深入了解中国历史。伴随着对商鞅所处政治文化背景及其地位的深入研究,以及该文本与商鞅之关系的可靠性研究,它注定是未来几十年的标准翻译。"①《秦始皇石刻:中国早期的文本与仪式》的作者著名汉学家马丁·克恩(Martin Kern)评论道:"这是一个权威的研究和翻译,

---

① 参见 https://cup. columbia. edu/book/the-book-of-lord-shang/9780231179881。

《商君书》这个新版本为我们提供了对古老中国政治思想基本文本的全面解读。尤锐是这个领域在西方世界的首要权威,他为探索中华帝国的智力起源——特别是商君思想与当今中国政治辩论之间的相关性,创建了一个优秀标准。"①《路径:中国哲学家可以教会我们什么样的美好生活》的合著者哈佛大学教授迈克尔·普特(Michael Puett)也认为:"《商君书》是中国古代传统政治理论最重要的文本之一。完整地翻译这本书,尤锐做得太出色了。他还为我们提供了一个宝贵的介绍文字、该书成书的历史背景,以及建立在这本书之上的政治理论的本质。这是一个很棒的工作,有助于该文本实现其应有的地位。"②

---

① 参见 https://cup.columbia.edu/book/the-book-of-lord-shang/9780231179881。
② 参见 https://cup.columbia.edu/book/the-book-of-lord-shang/9780231179881。

第三章 《韩非子》在英语世界的译介与传播

第一节 《韩非子》其书及其思想特征

一、韩非与《韩非子》

韩非,战国末期韩国人,出生于没落的贵族家庭,与李斯同为荀子的学生,是先秦法家的集大成者。据《史记》记载,韩非精于"刑名法术之学","而其归本于黄老"。韩非文章出众,连后来做了秦国丞相的李斯也自叹不如。韩非将自己的学说,追本溯源于道家黄老之术,他对儒家和道家等都有相当的研究。目睹韩国日趋衰弱,他曾多次向韩王上书进谏,寄希望于韩王励精图治,变法图强,但韩王置若罔闻,始终都未采纳。这使他孤独悲观,大失所望。他"观往者得失之变",探索变弱为强的道路,写了《孤愤》《五蠹》《内外储》《说林》《说难》等十余万言的文章,全面、系统地阐述其变革思想,抒发了忧愤孤直而不容于时的愤懑。

这些文章流传到秦国,秦王嬴政读了《孤愤》《五蠹》等篇章之后,大加赞赏,发出"嗟乎!寡人得见此人与之游,死不恨矣"的感叹,可谓推崇备至,仰慕已极。不久,因秦国攻韩,韩王不得不起用韩非,并派他出使秦国。韩非被韩王派遣出使秦国,文采斐然的韩非为秦王嬴政所赏识。李斯提出灭六国而一统天下的通天大计,而首要目标就是韩国,但作为韩国公子的韩非与李斯政见相左,且其才能又受到后者的忌妒,于是李斯就向秦王诬陷诋毁韩非。他说:"韩非是韩王的同族,大王要消灭各国,韩非爱韩不爱秦,这是人之常情。如果大王决定不用韩非,把他放走,对我们不利,不如把他杀掉。"秦王轻信李斯的话,把韩非抓起来。廷尉将其投入监狱,最后逼其服毒自杀,当时年仅47岁。

韩非的文章构思精巧,描写大胆,语言幽默,于平实中见奇妙,具有耐人寻味、警策世人的艺术风格。韩非的《孤愤》《五蠹》《说难》《说林》《内外储》五书,十万余言,字里行间,叹世事之难,人生之难,阅尽天下,万千感怀。《韩非子》是韩非逝世后,由后学者辑集而成。据《汉书·艺文志》称《韩子》著录五十五篇,《隋书·经籍志》称著录二十卷,张守节《史记正义》引阮孝绪《七录》(或刘向《七录》)也说"《韩非子》二十卷"。篇数、卷数皆与今本相符,可见今本并无残缺。

据专家考证,自宋以后《韩非子》的版本略分二系。第一系的祖本是南宋乾道元年福建刻本,这一宋刻本今已不存,但尚有几部明清时期据此影抄本的本子传世。从这一系出的略分两支,第一支是明万历间赵用贤《管韩合刻》系统,赵本以宋本为底本并据他本改正,且本身有初印本与后印改本的区别,这一支还有万历间周孔教黄策刊本、吴勉学刊本、凌濛初刊本、沈景麟刊本、赵如源王道焜校刻本、葛鼎刻本,但这些翻刻本都受到下面第二系《韩子迂评》本的"干扰";另一支则是清代吴鼒仿宋刻本,此本直接据宋乾道本影刻,并有据吴鼒本校勘翻刻的《二十二子》本。

第二系祖本也应该是一个宋本,这个本子在元代蘗分成两支,第一支现存最早的是据宋代道藏翻刻的明正统《道藏》本,此后有明嘉靖张鼎文刻本、明正德严时泰刻本。第二支和第一支的差别是删去第一支所有的小注,最初是元代何犿校本,但元刻本已片纸不存,从这一支出的是明万历七年《韩子迂评》本和万历十一年的修补本以及这两本的翻刻本数种。

清代以来卢文弨、顾广圻、王念孙、俞樾、孙诒让等学者都整理过此书,清末王先慎著《韩非子集解》总结清代成果,20世纪20年代陈启天著《韩非子校释》,此外陈奇猷有《韩非子集释》(1974)(2000年版改为《韩非子新校注》,但从前人旧说汇集到已下,断语多袭用陈启天的成果而不加说明),梁启雄有《韩非浅解》(1980),而张觉的《韩非子校疏》(2009)为 21 世纪以来的最新成果。

二、《韩非子》思想特征

关于韩非的思想,自 20 世纪以来有很多学者曾有过评述,大多数学者都认同韩非是法家思想的集大成者,以君主专制为基础的"法""术""势"是其思想核心。但也有一些学者认为,上述理解过于片面,应该从更全面、更宽泛的角度来认识韩非的思想,他们中最具代表性的有陈千钧、郭登皞、崔磊等。

陈千钧先生早在 20 世纪 30 年代就曾对韩非的思想做过深入的思考[①]。他认为,韩非的思想可分为两个方面:第一,名派之关系。认为韩非对百家之学,"正者顺其说,反者因其说而反之也",比如,他非仁爱(《显学》)、非教育(《和氏》)、非孝悌(《五蠹》),"其说皆在儒家之反面"。对于老子,一方面继承他的仁、义、慧、智、孝、慈、忠、臣,一方面又主张法治;对于墨家,一面,接受其尚利、尚同,一面又反对其兼爱非攻;对于法家,则全面予以继承,如尚实派李悝,尚法派商鞅,尚术派申不害,尚势派慎到,这些思想都可以在《韩非子》中找到影子。因此,韩非为法家的巨擘,集法家之大成。第二,认为韩非思想直接渊源于老、商、荀三家,"大抵韩非之思想以老子为根据,而参之以荀,用之以商,故其源于三家者为多"。所谓的以老子为根据,也就是司马迁所谓的"源于道德之意",陈先生以为,韩非《解老》"尽纳于法术赏罚之中"。源于荀子者,除了性恶等之外,非俭思想实受荀子《富国》篇之影响;说难本于《荀子·非相》;君术源于《荀子·君道》;赏罚来自《荀子·王制》;参验则受《荀子·大略》的启发。所谓用之以商,可知韩非《五蠹》的进化论本于《商君书·更法》;其非《诗》《书》尚农战,源于《商君书·农战》篇;弱民思想则来自

---

① 陈千钧:《韩非的时代背景及其学术渊源》,《学术世界》(第 1 卷),1935 年,第 4 期。

《商君书·弱民》篇。

郭登皞先生认为,《韩非子》不但集法家之大成,而且是集先秦诸子之大成,他的思想包括法家的法治、术治、势治、耕战、疑古性恶论;道家的自然无为、愚民说;儒家的正名、性恶;墨家的唯实、善同等[①]。

崔磊先生坚持认为,韩非思想是多元的,任何一元的观点,都容易犯一偏之见的缺失。我们可以说,韩非的名学与法思想,可以上溯至远古—黄帝—夏—商—西周,以及管仲—子产—李悝—商鞅—申不害—慎到等的刑治或法治的传统,包括思想和实务。但在此主流的形成过程中,事实上是陆续流进许多支流的水的。这些支流包括儒家、道家、墨家、名家、法家、农家、纵横家……思想观念,也很难说全无关系[②]。

由此可见,关于韩非思想的观点,是仁者见仁,智者见智,但有两个共同基点:其一,韩非思想必须在《韩非子》中觅得直接证据;其二:韩非思想是多元的,而非一元。因本研究主要集中于《韩非子》在英语世界的译介与传播,故只能在具体语篇的英译层面就具体思想展开探讨。

第二节 《韩非子》外译溯源及主要英译者

一、《韩非子》外译溯源

作为法家思想的代表性著作,《韩非子》对秦汉以后中国封建社会制度的建立产生了重大影响。作为诸子散文代表作之一,《韩非子》在文学思想、文体、寓言、文学风格等方面也对后世文学具有深远的影响。司马迁在《史记》中曾评曰:"韩子引绳墨,切事情,明是非,其极惨礉少恩。"[③]

---

① 郭登皞:《韩非政治思想研究》,《民族杂志》(第5卷),1937年,第3期。
② 崔磊:《韩非名学与法思想研究》,北京:法律出版社,2013年版,第16-17页。
③ 司马迁:《史记》,北京:北京燕山出版社,2007年版,第2205页。

司马光在《资治通鉴》中也曾对其有如下评论:"臣闻君子亲其亲以及人之亲,爱其国以及人之国,是以功大名美而享有百福也。今非为秦画谋,而首欲覆其宗国,以售其言,罪固不容于死矣,乌足愍哉!"①近50年来,国内关于《韩非子》的研究成果丰富,且曾呈大幅度上升的趋势。在中国知网(CNKI)以"《韩非子》"为主题进行搜索,可发现自1959年到2018年以来1336条发文结果,近10年来的研究成果最为丰富,年发文量都在70篇左右(见图3-1),内容涉及"韩非思想""法家思想""民间文学""寓言故事""政治思想""人性论"等近二十个领域,包括硕博士论文、期刊论文、会议论文等众多形式。

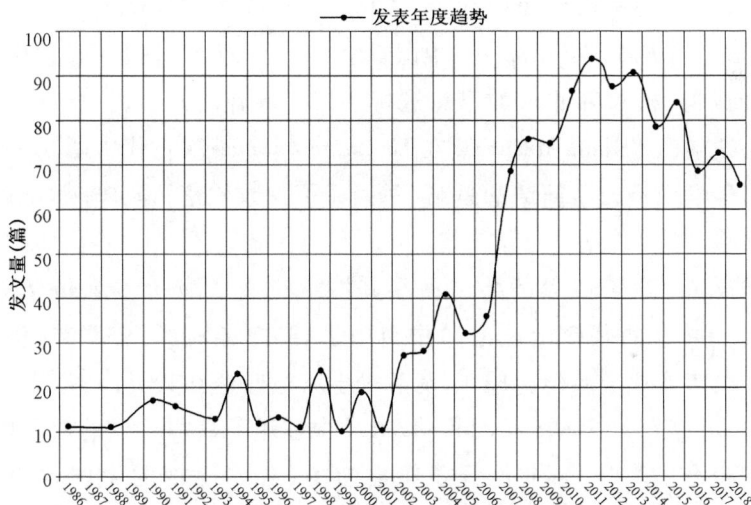

图3-1 CNKI近50年来《韩非子》研究成果可视图

国外对《韩非子》的关注可以追溯到公元9世纪末日本贵族学者藤原佐世(Fujiwara)所著《日本国见在书目》,其中包括《韩非子》②。随着20世纪中外文化交流的日渐频繁,《韩非子》的影响逐渐扩大,译作和论著日益增多,不仅在英语世界,俄语、德语、法语等版本的著译也在《韩非

---

① 司马光:《资治通鉴》,北京:北京燕山出版社,2006年版,第134页。

② 戴俊霞:《诸子散文在英语世界的译介与传播》,合肥:安徽大学出版社,2004年版,第290页。

子》跨文化研究中成为主导性资源。以下是对《韩非子》外译情况的简要溯源和整理。

1912 年,俄国的易纳诺夫(Ivanov)将《韩非子》的部分章节译成俄文。法国汉学家保罗·伯希和(Paul Pelliot)在 1913 年 9—10 月的《亚洲期刊》(*Journal Asiatique*)对之评论说,该译文大致反映了韩非子的思想,但读者很难领会其精神实质。

1917 年,胡适在 *The Development of the Logical Method in Ancient China*(《先秦名学史》)中,将所有源于《韩非子》的引文译成英语,译文使用的是现代地道的英语,没考虑到原文的风格。

1927 年,德国汉学家佛尔克(Alfred Forke)在其著作 *Geschichete der Alten Chinesischen Philosophie*(《中国哲学》)中将源于《韩非子》的引文段落翻译成德语,对韩非子的思想进行了深度阐释。同年,法国汉学家亨利·马斯伯乐(Henri Maspero)在 *La Chine Antiquez*(《古代中国》)一书中对韩非子学说进行了简洁的总结,并翻译了少数段落,译文非常准确,可读性极强。

1928 年,在美留学的吴国桢在其博士论文 *Ancient Chinese Political Theories*(《中国古代政治理论》)中引用了《韩非子》的一个章节,将其中的数个段落译成了英语。同年,荷兰汉学家戴闻达在其英译本《商君书》(*The Book of Lord Shang*)的 Introduction 中翻译了《韩非子》的数个片段。

1930 年,L. T. Chen 翻译了梁启超的《先秦时期的中国政治思想史》,其中包括《韩非子》的数个段落,但译文漏译、误译较多,甚至夸大其词。

1938 年,美国汉学家布德(Derk Bodde)翻译了冯友兰的《中国哲学史》(*A History of Chinese Philosophy*),其中包括了对《韩非子》的介绍。该译本出版后,曾受到国际汉学界的广泛好评,1937 年该书上册在北京出版后,著名汉学家魏特夫(Karl A. Wittfogel)在书评中说:"西方学术界应该感谢布德博士将这样一本书很准确地翻译了过来。他所做的注释、索引以及列出的参考书目也是不可或缺的,对阅读正文起到了很好的帮助作用。"①

1939 年,汉学家亚瑟·韦利(Arthur Waley)在 *Three Ways of Thoughts in Ancient China*(《中国古代的三种思维》)中详细论述了中国的法家思想,行文中多处引用《韩非子》,其依据的中文版本为清末学者王先慎著《韩非子集解》。亚瑟·韦利把法家称为"现实主义者"(Realists),他认为,尽管他们在中国被称为"法家"(School of Law),但除了强调对"法"的依赖外,法家还提出了其他一系列的政治原则,如主张因时制宜,反对崇古,反对对超自然力量的依靠等。因此,"法家"这一称呼只能反映他们主张的一个方面,称他们为"现实主义者"更为合适,或用一个更明确的术语"非道德主义者"(Amoralists)。②

同在 1939 年,W. K. Liao(廖温魁)的《韩非子全书》英译本第一卷在伦敦 Arthur Probsthain 书店出版,其第二卷于 1959 年出版。这是《韩非子》的第一个英文全译本,2015 年商务印书馆出版的《韩非子(汉英对照)》英译即采用了他的译文。本章主要介绍汉学家华兹生的英译。

1964 年,美国汉学家伯顿·华兹生(Burton Watson)的《韩非子入门》英文版③由美国哥伦比亚大学出版社出版。华兹生依据陈奇猷校注的《韩非子集释》(上、下卷)(上海人民出版社,1958)选译了韩非的十二个篇章:主道(The Way of the Ruler)、有度(On Having Standards)、两柄(The Two handles)、杨权(Wielding Power)、八奸(The Eight Villainies)、十过(The Ten Faults)、说难(The Difficulties of Persuasion)、何氏(Mr. Ho)、备内(Precautions With the Palace)、南面(Facing South)、五蠹(The Five Vermin)、显学(Eminence in Learning)。从数量上看,华兹生的英译本只不过是《韩非子》全集的三分之一,但从质量上看,篇篇可谓上乘之作,后

---

① Karl A. Wittfogel. Pacific Affairs, vol. 14, no. 4, 1941: 482 – 485. JSTOR, www. jstor. org/stable/2752267.

② Arthur Waley. *Three Ways of Thought in Ancient China*. London: George Allen & Unwin Ltd. , 1939: 151 – 155.

③ Burton Watson. *Han Fei Tzu: Basic Writings*. Trans. New York: Columbia University Press, 1964.

人对此评价很高。

1992 年,瑞典学者龙德(Bertil Lundahl)出版了《韩非子:其人其事》英文版①,该书以其博士论文为基础,是一部严谨的学术著作,论述了《韩非子》产生的历史、哲学背景,重点讨论《韩非子》各篇的真伪。书中翻译了《史记》中的《韩非子列传》以及《四库全书目录提要》有关《韩非子》的说明,共分为六章,标题分别是:历史及哲学背景(Historical and philosophical background)、韩非子生平(The biography of Han Fei)、《韩非子》其书(The work *Han Feizi*)、《韩非子》的真实性(The authenticity of the work)、真实篇(The authentic chapters)、非真实篇(Chapters that are not authentic)。

2001 年,艾文贺(Philip J. Ivanhoe)、万白安(Bryan W. Van Norden)主编的《中国古典哲学读本》(*Readings in Classical Chinese Philosophy*)收录了乔尔·萨林(Joel Sahleen)选译的《韩非子》,共分八章,分别是:Chapter 5 The Way of the Ruler(《主道》);Chapter 6 On the Importance of Having Standards(A Memorial)(《有度》);Chapter 7 The Two Handles(《二柄》);Chapter 8 A Critique of the Doctrine of the Power of Poision(《杨权》);Chapter 12 The Difficulties of Persuasion(《说难》);Chapter 43 Deciding Between Two Models of Government(《定法》);Chapter 49 The Five Vermin(《五蠹》);Chapter 50 On the Prominent Schools of Thought(《显学》)。虽然该读本选译的章节不多,但所选均为《韩非子》有代表性的篇目,可以看出译者对《韩非子》有很好的研究功底。

除上述几部《韩非子》翻译、研究作品外,还有一些百科全书或网站对韩非及《韩非子》进行了介绍,如《新世界百科全书》(*New World Encyclopedia*)、维基百科、大英百科全书(*Encyclopedia Britannica*)等。台湾学者蔡志忠于 2006 年出版了《韩非子说》(*Han Feizi Speaks*),这是作者系列漫画中英文版作品中的一部。

---

① Bertil Lundahl. *Han Fei Tzu: The man and the work*. Institute of Oriental Languages, Stockholm University, 1992.

二、《韩非子》英译者伯顿·华兹生

从本节上一部分可以看出,《韩非子》在汉语圈外的翻译和研究主要发生在中外文化交流越来越频繁的 20 世纪,在众多外译版本中,美国学者伯顿·华兹生的《韩非子入门》的英译本所产生的影响最大。那么,是什么原因促使华兹生选择翻译了《韩非子》? 他的翻译是在什么环境下进行的? 又受到了哪些因素的影响? 本部分将对华兹生的生平背景做一分析,来试图回答上述问题。

伯顿·华兹生(Burton Watson)是美国著名学者和翻译家,是中国古代历史、哲学和诗歌的杰出译者。通过自己的著作和译作,他向英语世界引介了大量中国历史和古典文学作品,受到英语世界和汉语世界的一致高度评价。华兹生翻译的《韩非子入门》包括《韩非子》中的 12 个章节,他为什么选择《韩非子》进行翻译,只选择其中的 12 个章节有什么样的考量,目前的文献论及极少,故本研究试图从他的生平、众多的代表译作以及《韩非子入门》简短的序言中窥其一斑。

华兹生 1925 年出生在美国纽约州新罗谢尔市(New Rochelle, New York),父亲是得克萨斯人,为一家酒店的经理。据其自述,他自幼与父亲一起生活,对中国的初次印象来自位于新罗谢尔市车站附近一家中国人开的洗衣店。他经常把他父亲的衬衫送往此处清洗,因此认识了洗衣店的华裔店主。据他回忆,每年的圣诞节,洗衣店主都会送给他们一盒荔枝干和一罐茉莉花茶,有时还附送一份中文画报,这让华兹生第一次真正见到了中国文字。或许猎奇心理使然,他在当时就萌发了学习汉语的念头,并向店主求教。店主曾借给他一本中英对照会话手册,通过这本书里的中英对照,华兹生在七年级时学会了从 1 到 10 的汉字写法。因其父亲常驻留纽约市工作,华兹生得以经常前往纽约。纽约市是美国著名的华人聚居区,市区里有美国首屈一指的华埠,他也经常跟随父亲进出华埠采买商品,有时父亲也会给他买些中国小饰品和玩具。所有这些与中国事物的接触,虽然平凡,但是激发了他日后对汉学研究的浓厚兴趣。

1943 年,17 岁的华兹生在新罗谢尔市高中肄业。此时正值"二战"后期,美国正在海上同日本作战,由于战争形势的需要和满腔报国热情,华兹生自愿加入了美国海军,并被分配到一艘位于南太平洋的修补船上服役。两年后,日本战败投降,美国同日本的作战正式结束。修补船于 1945 年 9 月驶往日本,驻扎在位于日本东京湾的海军基地,华兹生得以在休假时离开基地前往日本市区自由活动,也获得了接触、学习日语的机会。1946 年 2 月,三年的海军服役期结束后,华兹生离开日本,返回美国。

凭借《美国退伍士兵权利法案》,华兹生获得了一笔丰厚的教育津贴。海军服役生涯使华兹生对东亚文化,尤其是中国文化心驰神往,也使他萌生了学习汉语与日语的念想。他曾提及申请哥伦比亚大学的两个原因,"第一,因为我知道我能够在这里学习中文和日文,而且我已经决定了要做一些与亚洲相关的研究;第二,因为哥伦比亚大学在纽约,而纽约是我最喜爱的城市。"①

由于中学时期出色的学业表现与自幼对东亚文化的执念,华兹生申请到了哥伦比亚大学中文专业学习。由于当时哥大正式的汉语教授富路特(Luther Carrington Goodrich)正在中国休学术长假,汉语课都由英国传教士陆义全(Rev. A. Lutley)代上,因其在华阅历丰富,其教授的汉语课往往妙趣横生、引人入胜,进一步地激发了华兹生的汉语学习热情。在二年级时,富路特经常在课堂上介绍唐诗,并解释诗文的意思,这一教学举措激发了华兹生对译诗的热情,他经常在课后试着翻译这些诗作。在富路特的指导下,华兹生的汉语阅读能力得到了迅速提高,也为日后阅读较为难懂的中国古代典籍奠定了坚实的语言基础。

本科毕业后,华兹生选择继续留在哥大修读中文专业的研究生,师从著名学者王际真教授(Chi-Chen Wang)。在此期间,华兹生在翻译方面受王际真影响颇大,后来华兹生回忆他的教诲时,还能清楚记得其翻译主

---

① Burton Watson. "The Pleasures of Translating(2001)",参见:http://www. Keenecenter. Org/download_files/Watson_Burton_2001sen.

张:"译文不仅要做到语义准确,还要在英语文风上做到行文流畅,令人赏心悦目。"①研究生期间,华兹生选修了富路特的中国文献学(Chinese Bibliography),学会了利用《古今图书集成》(*Ku-chin t'u-shu chi-ch'eng*)获取文献资料的方法。此时正值华兹生硕士论文选题之际,他决定利用自己所学的文献学方法实验选择硕士论题。"在阅读资料时,我碰到了'游侠'(*yu-hsia* or wandering knights)这个词条,感到十分好奇,于是开始查询文献……我在《史记》和《汉书》里发现有两章专门讨论这一主题。"②当时,哥大东亚系鼓励学生采用自己的译作作为硕士论文,在王际真的指导下,华兹生以自己翻译的《史记》与《汉书》中有关"游侠"的章节作为硕士论文。华兹生还在哥大结识了当时尚在攻读博士学位的狄百瑞(William T. Debary),并与之结成了学术之友,这为他后来的翻译生涯埋下了伏笔。

1951 年,华兹生获得哥伦比亚大学汉学硕士学位。此时,教育津贴已所剩无几,难以支持其博士学习,而没有博士学位,也难以在美国觅得一份教职。华兹生决定前往日本,一则,日本在地理上离中国较近;二则,日本在文化和心理上与中国也密切相关。战后的日本依然是世界汉学研究的重镇,一大批从事中国古典文化研究的汉学家活跃于日本学术界。华兹生的日本之行得以成行还要归功于日本物理学家汤川秀树和美籍日裔学者基恩(Donald Keene)。汤川秀树曾于 1949 年在哥大做过访问教授,而基恩曾在哥大求学多年并于 1951 年获博士学位。在他们的帮助下,华兹生在日本申请到了两份工作,一份是任同志社大学的英语外教,另一份工作是担任京都大学中文学系教授中国古代文学专家吉川幸次郎的学术助手。当时,吉川幸次郎的学术兴趣主要是中国古诗词,包括唐诗与宋词,正从事中国文学中的对偶研究。作为其学术助手,华兹生的主要任务是将他的学术成果翻译成英文。由于该项目中有较大篇幅是对杜甫

---

① John Balcom. "An Interview with Burton Watson", *Translation Review*, 2005, 70(1): 7 – 12.

② Burton Watson. "The Shih Chi and I, Chinese Literature: Essays", *Articles & Reviews*, 1995 (17): 199 – 206.

诗歌的对偶研究,华兹生第一次较深入地了解并学习了中国古典诗歌,并对其产生了极大的兴趣。在吉川幸次郎的鼓励下,华兹生申请到了京都大学中国古典文化的研究生课程(导师为吉川幸次郎),系统学习中国古典诗歌。

1953年,在吉川幸次郎的推荐下,华兹生申请到了福特基金会海外研究员的资助。有了经费的支持,他放弃原先的两份工作,在日本全职从事汉学研究工作。由于硕士期间曾翻译《史记》缘故,他选择了《史记》作为研究课题。两年后,华兹生的研究已取得初步成果,写成了一份学术专著初稿,因此,他决定于1955年夏返回哥伦比亚大学,并以该课题注册入学攻读哥大汉学博士。在完成了一年的博士学分课程后,凭借博士论文《司马迁:伟大的历史学家》(Ssu-ma Ch'ien: Grand Historian of China),华兹生于1956年6月获得汉学博士学位。经修改后,其博士论文于1958年由哥伦比亚大学出版社正式出版,并荣获哥伦比亚大学克拉克·费希尔·安斯利杰出著作奖(Clarke F. Ansley Award)。这些汉学教育背景与研究经历为华兹生日后从事中国典籍翻译活动奠定了坚实的基础。

"二战"后,哥大东亚系正值蓬勃发展之时。一方面,由于战后国际战略与区域形势的需要,美国政府开辟了专门的资金渠道招募亚洲研究学者以了解东亚国家的国情。另一方面,以英国为代表的西方资本主义老牌强国逐渐衰落,西方国家对大学的教育经费支出大大减少,大量教授因高校教席裁撤而不得不前往他国谋职,美国便成了他们的首选之地。

在这种背景下,哥大东亚系率先开设了研究东亚国家语言、文化、政治、经济、军事、历史、宗教的课程。为解决汉学教材与相关书籍匮乏的问题,1950年,狄百瑞主持了大型翻译项目"东方经典著作译丛"(Translation from Oriental Classics),项目得到了美国教育基金会、福特基金会和哥大出版社等机构的支持。丛书卷帙浩繁,入选的亚洲典籍多达几百部,主要涉及中、日、韩等国语言,"专为非亚洲研究专家的普通读者和学生而译,"①旨在解决本科生教材缺乏的问题。由于曾同在哥大学习的缘故,狄百瑞很自然地想到了昔日的学友、此时尚在日本游学的华兹生,邀请其也参与了一部分翻译汉代文献的工作。由于华兹生《史记》研究的学术背景,狄百瑞特邀华兹生为《中国传统之源》(*The Source of Chinese Tradition*, 1960)一书撰写了有关中国史学的部分章节,并收录了华兹生译《史记》的部分内容。此后,华兹生便开启了近60年的翻译生涯,其汉学译作成果丰硕,谱系宽广,涵盖中国史学、诗歌、哲学、佛学等多个类别,为中国文化在世界的传播做出了卓越的贡献。其译著名录可见下表:

表 3-1 华兹生汉学译著一览表②

序号	译著名	出版社	出版年份
1	《史记:第一卷》(*Records of the Grand Historian of China: Translated from the Shih chi of Ssu-ma Ch'ien*, Vol. 1: *Early Years of the Han Dynasty*, 209 to 141 B. C.)	Columbia University Press	1961
2	《史记:第二卷》(*Records of the Grand Historian of China: Translated from the Shih chi of Ssu-ma Ch'ien*, Vol. 2: *The Age of Emperor Wu*, 140 to circa 100 B. C.)	Columbia University Press	1961
3	《寒山诗 100 首》(*Cold Mountain: 100 Poems by the Tang Poet Han-Shan*)	Grove	1962
4	《墨子入门》(*Mo Tzu: Basic Writings*)	Columbia University Press	1963
5	《荀子入门》(*Hsun Tzu: Basic Writings*)	Columbia University Press	1963

① Burton Watson. "The Pleasures of Translating (2001)",参见 http://www. Keenecenter. org/download_files/Watson_Burton_2001 sen.

② 林嘉新:《美国汉学家 Burton 的汉学译介活动考论》,《中国文化研究》,2017 年,秋之卷。

（续表）

序号	译著名	出版社	出版年份
6	《韩非子入门》（*Han Fei Tzu：Basic Writings*）	Columbia University Press	1964
7	《庄子入门》（*Chuang Tzu：Basic Writings*）	Columbia University Press	1964
8	《宋代诗人苏东坡选集》（*Su Tung-po：Selections from a Sung Dynasty Poet*）	Columbia University Press	1965
9	《墨子、荀子、韩非子入门》（*Basic Writings of Mo Tzu，Hsun Tzu and Han Fei Tzu*）	Columbia University Press	1967
10	《庄子全译》（*The Complete Works of Chuang Tzu*）	Columbia University Press	1968
11	《史记选译》（*Records of the Historian：Chapters from the Shih Chi of Ssu-ma Ch'ien*）	Columbia University Press	1969
12	《早期中国文学》（*Early Chinese Literature*）	Columbia University Press	1971
13	《中国抒情诗风：公元 2 世纪至 12 世纪的诗歌》（*Chinese Lyricism，Shih Poetry from the Second to the Twelfth Century*）	Columbia University Press	1971
14	《中国赋文：从两汉到六朝》（*Chinese Rhymed-Prose：Poems in the Fu Form from the Han and Six Dynasty Periods*）	Columbia University Press	1971
15	《陆游诗选》（*Lu You，The Old Man Who Does as He Pleases*）	Columbia University Press	1973
16	《中国古代的朝臣与庶民：班固〈汉书〉选译》（*Courtier and Commoner in Ancient China：Selections from the History of the Former Han by Pan Ku*）	Columbia University Press	1974
17	《哥伦比亚中国诗选》（*The Columbia Book of Chinese Poetry：From Early Times to the Thirteenth Century*）	Columbia University Press	1984

（续表）

序号	译著名	出版社	出版年份
18	《左传选译》(*The Tso Chuan: Selections from China's Oldest Narrative History*)	Columbia University Press	1989
19	《苏东坡诗选》(*Selected Poems of Su Tung-p'o*)	Copper Canyon Press	1993
20	《史记:秦朝》(*Records of the Grand Historian: Qin Dynasty*)	Columbia University Press	1993
21	《维摩经》(*The Vimalakirti Sutra*)	Columbia University Press	1993
22	《法华经》(*The Lotus Sutra*)	Columbia University Press	1997
23	《临济录》(*The Zen Teachings of Master Lin-chi: A Translation of the Lin-chi Lu*)	Columbia University Press	1999
24	《白居易诗选》(*Po Chu-i: Selected Poems*)	Columbia University Press	2000
25	《法华经精华选译》(*The Essential Lotus: Selections from the Lotus Sutra*)	Columbia University Press	2001
26	《杜甫诗选》(*Selected Poems of Du Fu*)	Columbia University Press	2003
27	《陆游晚期诗歌》(*Late Poems of Lu You*)	Ahadada Books	2007
28	《论语》(*The Analects of Confucius*)	Columbia University Press	2007

　　由表3-1可知,《韩非子入门》只是华兹生众多译作中的一种,选择翻译《韩非子》并没有十分明确的目的,可能只是把它当作中国文化典籍的一个部分,那么为什么他只选择了其中的12个章节呢?

　　在《韩非子入门》的序言中,华兹生首先表明,人们对韩非的生平知之甚少,但人们又极其幸运地从仅有的信息中了解了他写作的动机和背景,尤其是有关他死亡的叙述,无论真实与否,都为这位哲人抹上了一笔具有讽刺意味的戏剧色彩。他指出,与诸子中的其他几位如孔子、墨子、孟子、庄子和荀子出身低微不同,韩非是唯一一位出身贵族的大思想家。作为韩国的公子,一方面他对祖国怀着责任与热爱,另一方面他的抱负无法施展，郁郁不得志。随后，华兹生指出，韩非是法家（Fa-chia，the Legalist or Realist school）的代表人物，但不是始创者，他的思想深受其他法家人物管仲、商鞅、慎到和申不害等的影响。华兹生认为，虽然中国所有的哲学流派都在某种程度上关心政治，但唯有法家只关注政治，即怎样保存国家并使之强大。因此，韩非的著作是为君主而作的。译者介绍了周朝由盛变衰的过程以及春秋五霸的崛起，通过分析当时的社会背景，揭示了法家出现的历史原因，并再次强调了法家与儒家、墨家的不同，以及法家所倡导的一些具体的国家治理措施，这些治国的思想在《韩非子》一书中都可找到，是受到《商君书》中"法"的思想的影响。在此基础上，韩非又将申不害的"术"、名家的"刑""名"等概念补充进他的体系。

华兹生指出，法家思想，尤其是韩非的思想，受其老师荀子的"性本恶"的影响，认为民众的本性是"恶劳而好佚"，应以法束之。儒墨颂扬古代圣人的功德，却遭到韩非犀利的反驳，他认为试图教化百姓是无益之举，而博爱是原罪。君王要成功，就应当去"五蠹"，防"八奸"，任何人都不能相信。《韩非子》原本是韩非为韩王所著，却最终被秦王欣赏并加以实践，建立了一个如韩非所预想的强大的国家，但很快这个王朝又因其严刑酷法而走向了灭亡。从此，法家思想再也没有成为任何一个朝代纯粹的治国政策。

译序介绍完韩非生平和法家思想之后，开始简介《韩非子》文本及其译本。译者指出，《韩非子》共 55 篇，原名《韩子》，后来为了有别于唐代学者韩愈才更名为《韩非子》。大部分篇章都简短精练，宣扬法家思想，与标题相符，很像早期的《墨子》《荀子》或《商君书》，该译本的 12 篇几乎都属于这个类型。有些篇章由晚周时期的历史著作或传说中的轶事组成，以揭示法家思想的正确性。虽然《韩非子》是否由韩非本人所著尚有疑问，但法家爱用具体历史事例来阐明其见解却是无疑的。

在序言的最后，译者提到自己的译本主要依据陈奇猷的《韩非子集释》（上、下卷，上海人民出版社，1958 年版）。在《韩非子集释》详尽无遗的注释中，陈奇猷吸收了中国和日本的所有重要研究和评论（他的参考文献中列出了 89 项），并加上了他自己的建议和解释。译者还参考了梁启雄的《韩子浅解》(上、下卷,中华书局出版,1960 年版)和两部《韩非子》日文版本,此外还参考了亚瑟·韦利《古代中国的三种思维方式》第12 篇的部分译文。

第三节 《韩非子》英译分析

一、华兹生的翻译思想

耶鲁大学东亚系汉学家傅汉思(Hans Frankel)曾经对华兹生的翻译有如下评论:"在当今还健在的人群中,没有第二个人可以像华兹生那样能用优雅的英文为读者翻译这么多中国文学、历史与哲学作品。从这位孜孜不倦的翻译家笔下译出的每一本新书,都让人感到如此欣慰。"①美国汉学家白牧之(E. Bruce Brooks)和白妙子(A. Taeko Brooks)也称,"华兹生的译文具有公认的优点,即翻译用语平易口语化,内容通顺连贯,以至于几乎不需要解释。"②蒋洪新教授对华兹生所译 *Han Fei Tzu: Basic Writings* 的评论称,"华兹生的英译对原文的忠实不仅体现在对原文的字句理解与翻译,而且表现在整篇把握上,他的英文是地道的当代英文……从上面整篇译文看出,无论是遣词造句,还是传达原文的语气与风格,华兹生的译文都达到'信、达、雅'的翻译标准,且用的是晓畅优美的当代英语。"③还有学者认为,华兹生的译文"流畅、自然、娴雅、精练,面向普通英

---

① H. H. Frankel. (Book Review)"*The Columbia Book of Chinese Poetry: From Early Times to the Thirteenth Century by Burton Watson*", *Harvard Journal of Asiatic Studies*, 1986, 46(1): 288 – 295.

② B. Brooks & T. Brooks. (Book Review)"*The Analects of Confucius by Burton Watson*", *The China Reviews*, 2009, Vol. 9, No. 1: 165 – 167.

③ 蒋洪新、尹飞舟:《伯顿·华兹生的〈韩非子〉英译本漫谈》,《外语与外语教学》,1998年,第6期,第45 – 47页。

语读者,很少使用注释,注重译文的可读性"。①

　　能得到如此多学者高度评价,足见华兹生的翻译所能达到的精湛程度和在文化交流中所能发挥的重要作用。但是,文献资料中鲜有对华兹生所译 Han Fei Tzu: Basic Writings 的专门评论,这一方面可能是因为华兹生的翻译作品多,掩盖了人们对这部译著的重视;另一方面可能是华兹生本人也没有意识到《韩非子》在先秦诸子散文中的独特之处,因而没有专门阐明他在翻译时所付出的努力。本研究借助华兹生在其他相关文献中的反思性论述来探讨他的翻译思想。

　　(1)为简洁而不遗余力。华兹生从一开始就意识到古代汉语的高度简洁性,他认为尽可能使英文也一样简洁(Classical Chinese, the language from which I was translating, is highly concise in expression, and I fully agree that it should be rendered in as concise English as possible)②。所以在翻译实践中,他总是反复斟酌是否可以删除某个词语,或者是否还有其他更加简短的方式来表达原文。虽然他对形式上与电报文体相似的译文总是有所顾忌(实际上汉语也从来不是如此),但他又不停地被迫朝着这个方向在迈进。于是,他尽可能地删除代词,因为在古代汉语中代词的使用极为少见,冠词使用的场合也很少。

　　(2)为趣味性不惜丧失忠实。在翻译中,华兹生从没有忘记趣味性对于译作的重要性。他说,无论作品是什么形式,好的作家总是试图避免使用那些套话或者陈词滥调(clichés or shopworn)。好的译者必须不断反问自己,还有更好的或更聪明的词语来传达原文吗?但是,假如译文实际上比原文更有趣或更具有创造性该怎么办?翻译中有些损失在所难免,因此,译者在翻译中试图这样做以弥补损失也情有可原。华兹生承认,他自己这样做时是非常谨慎的。

　　(3)为可读性而欢迎质疑。华兹生经常回顾他的译作,特别是他早

　　① 林嘉新:《美国汉学家 Burton 的汉学译介活动考论》,《中国文化研究》,2017 年,秋之卷。

　　② Burton Watson. "The Pleasures of Translating (2001)",参见 http://www. Keenecenter. org/download_files/Watson_Burton_2001sen

期的翻译,然后就会表现出明显的不满足,会质问自己,为什么不能更加
仔细一点? 为什么不剔除那些冗余的表达和不当的措辞? 难道是忙得没
有时间这样做? 他认为实际情况不是这样的,而是他当时没能够发现这
些需要修改的瑕疵和难点。他引用约翰逊博士的话说,"没有经过努力
而写出来的东西一般来说读起来是没有趣味的。"如果你希望作品有所
改进,你必须请你的朋友(或者更好的是,你的对手)来阅读它,让他告诉
你错在什么地方。即使他们只看了你翻译的一首诗或者散文中的一段,
你也可以看出来他们不同意什么,然后你就知道该怎么改了。越是朋友,
他们的批评越是诚恳,如果你的朋友告诉你"这样就很好了",那他根本
就不是朋友①。

(4) 为完美而反复修改。华兹生还发现他有时候会面临这样一种尴
尬:在改写或修改了若干遍之后,你发现自己处于一个可能的措辞和另一
个措辞之间,来来回回,无法决断。这个时候,他说,最好是把翻译的东西
摆在一边,忘记它一会儿。但是这样做也是有限度的,因为翻译作品往往
都有最后期限,但只要有可能,他都会把他的译作搁置几个月或更长时
间,然后才会拿出终稿。经过这样的间隙之后,翻译者经常会找到需要改
进之处。

华兹生在总结自己数年的翻译经历时说,"令我不能忘怀的不是那
些翻译中的难题,而是我在做翻译时所生活的地方带来的快乐记忆,是那
些我认识的人们,最重要的,是那些我把他们的文字翻译成另一种语言而
与他们亲密接触的作者们。每每想到我可以用英语来传达他们的声音,而
这样做又可以让他们向无数也许根本就不认识的读者敞开心扉,我就会感
到快乐。毕竟,翻译所能做的就是开辟交流的渠道。其他职业毫无疑问也
有自己的乐趣,但如果被迫在翻译和其他职业当中进行选择,我仍然会选
择做个译者。"②有着如此执着信念的译者,他的译作很难是平庸之作。

---

① Burton Watson. "The Pleasures of Translating (2001)",参见:http://www. Keenecenter.
org/download_files/Watson_Burton_2001sen.

② Burton Watson. "The Pleasures of Translating (2001)",参见:http://www. Keenecenter.
org/download_files/Watson_Burton_2001sen.

二、《韩非子》英译研究

在译本选择层面上,华兹生的《韩非子》英译只是其诸多译著中的一部分;该译本在翻译策略或翻译思想上,有着明显的特点。那么,在翻译实践上,有哪些具体特征呢? 本部分将从篇章标题、说理特征、寓言三个方面对华兹生的译文加以分析。

(一) 篇章标题的翻译

华兹生认识到古代汉语高度简洁点,而标题更是如此,它们往往短小凝练,或设置悬念吸引读者,或作为篇章的线索,或象征人物的形象或精神,或概括文章内容,或含蓄地揭示文章意义,或触发作者的感情。下表3-2是华兹生所选《韩非子》中的 12 篇文章标题的译文(以下简称"华译")。

表 3 - 2 《韩非子》12 篇文章标题英译

	原文	华译
1	主道	The Way of the Ruler
2	有度	On Having Standards
3	二柄	The Two handles
4	杨权	Wielding Power
5	八奸	The Eight Villainies
6	十过	The Ten Faults
7	说难	The Difficulties of Persuasion
8	和氏	Mr. Ho
9	备内	Precautions with the Palace
10	南面	Facing South
11	五蠹	The Five Vermin
12	显学	Eminence in Learning

从以上标题译文可以看出,在很多情况下,华译非常简洁,正如华兹生本人所言,他总是反复斟酌是否可以删除某个词语,或者是否还有其他更加简短的方式来表达原文。篇章标题上最能体现其简洁特征的,莫过于1、4、9的翻译。"主道"意思是君主的统御之道,"杨权"就是高扬君权,而"备内"则强调君主要防备"原本信任的人"作乱窃权,"内"字一般被认作是对"自己人"也即"君主权力控制之内的人"的简称。华译使用的 The Way of the Ruler、Wielding Power、Precautions with the Palace,用词质朴,简单易懂,符合华兹生一贯主张的"平易口语化"的特点,适合西方读者的大众化阅读习惯,具有明显的归化(domestication)倾向。

(二)说理特征的翻译

在中国文学史上,韩非和孟子、庄子、荀子合称为战国散文四大家。他不仅集法家思想之大成,又集诸子散文艺术之大成[①]。韩非说理最擅长于排比罗列,详细列举,多方立论,条分缕析,不把事理阐述得一清二楚、透彻明了决不罢休。《二柄》《三守》《五蠹》《六反》《七术》《八说》《十过》等,这些篇章以鲜明的数目作标题,表明文章是从多方面来阐述事理的。有的虽然没有以数目显示,但在论述的过程中,无处不是罗列排比,无时不用多方列举。这种说理形式之变换,新颖灵活,别具一格。

《五蠹》篇是体现韩非完整的法家思想体系的代表作,作者首先从"上古之世""中宙之世""近古之世""当今之世"的不同时代说起,通过四个历史阶段的比较,发现各个时期的情况大不一样,治理社会的方法也各不相同,从而提出了变法的理论根据。接着又从三个方面进行古今对比,从横的方面进一步论证变法理论的正确。一是经济上的对比。古时人少财多,"是以厚赏不行,重罚不用,而民自治"。今时人多财少,"虽倍赏累罚,而不免于乱"。经济上证明了今世不变法必乱。二是思想上的对比。尧舜之时,权势微薄,因而"轻辞天子"。今世权力厚重,因而"重

---

① 章沧授:《论韩非子散文的说理艺术》,《阜阳师范学院学报》(社会科学版),1987年,第2期,第53-58页。

争士橐"。人的思想因时而变,不变法必乱。三是政治上的对比。古之周文王"行仁义而王天下",后世的"偃王行仁义而丧其国",说明"仁义用于古而不用于今",政治上不变法必败。通过这三层古今对比,反复地论证了"古今异俗,新故异备"的变法道理。下面我们通过该篇中的两段文字来分析华译在说理特征上的处理。

原文:人主之于其听说也于其臣,事未成则爵禄已尊矣;事败而弗诛,则游说之士,孰不为用矰缴之说而侥幸其后? 故破国亡主以听言谈者之浮说,此其故何也? 是人君不明乎公私之利,不察当否之言,而诛罚不必其后也。皆曰:"外事大可以王,小可以安。"夫王者,能攻人者也;而安,则不可攻也。强,则能攻人者也;治,则不可攻也。治强不可责于外,内政之有也。今不行法术于内,而事智于外,则不至于治强矣。

华译:But if the ruler, when he heeds such urgings, honors his ministers and rewards them with titles and stipends before their advice has produced successful results, and fails to punish them when it has proved unsuccessful, then who among the wandering theorists will not come forward with some hit-or-miss scheme in hopes of benefiting by a stroke of luck? Why do the rulers listen to the wild theories of the speech-makers, and bring destruction to the state and ruin to themselves? Because they do not distinguish clearly between public and private interests, do not examine the aptness of the words they hear, and do not make certain that punishments are meted out where they are deserved.

Each ruler says, "By attending to foreign affairs I can perhaps become a king, and if not I will at least ensure security for myself." A true king is one who is in a position to attack others, and a ruler whose state is secure cannot be attacked. But a powerful ruler can also attack others, and a ruler whose state is well ordered likewise cannot be attacked. Neither power nor order, however, can be sought abroad—they are wholly a matter of internal government. Now if the ruler does not apply the proper laws and procedures within his state, but stakes all on the wisdom of his foreign policy, his state will never become powerful and well ordered. "

在阐述一个重要的论点时,韩非经常使用类似归纳的方法,即先举论据,再作论证,最后得出合乎逻辑的论点。这两段集中阐述专信纵横家"外事"之说的弊端,强调"治、强"的重要性,劝说统治者应"行法术于内",反映了韩非重视"法治"的历史进步观。第一段中用两个反诘句和一个疑问句来叩问专信纵横家"外事"之说的后果,再用三个排比句强调其原因;第二段在前一段的基础上,驳斥纵横家"外事大可以王,小可以安"的谬论,按"王""强""治"的顺序,层层推进,论说"行法术于内"之必要性。言辞犀利,语气冷峻。华译基本上都能顺利地传达上述说理特征。比如第一句,华译用了一个嵌入式的条件句 if the ruler, when ... ,语气大大增强。

　　值得一提的是,这两段在一些关键词的翻译方面也各有特色。"游说之士""矰缴之说""言谈者之浮说"在原文中都具有贬义,华译分别翻译为 wandering theorists、hit-or-miss scheme、wild theories of the speech-makers,基本使用的都是中性词,通俗易懂,少有讽刺意味。在翻译第二段中的两处"王"时,华译使用的是非常普通的(true)king。另外,按照上下文的语境,第二段开始处的"皆曰"应该是"纵横家们说",华译 Each ruler says 显然是一种误读。

　　类似于上述说理特征的文字在《韩非子》中比较常见,下面再以《显学》中的片段加以分析:

　　　原文:今世之学士语治者,多曰:"与贫穷地以实无资。"今夫与人相若也,无丰年旁入之利而独以完给者,非力则俭也。与人相若也,无饥馑疾疚祸罪之殃独以贫穷者,非侈则堕也。侈而堕者贫,而力而俭者富。今上征敛于富人以布施于贫家,是夺力俭而与侈堕也。而欲索民之疾作而节用,不可得也。今有人于此,义不入危城,不处军旅,不以天下大利易其胫一毛,世主必从而礼之,贵其智而高其行,以为轻物重生之士也。夫上所以陈良田大宅、设爵禄,所以易民死命也,今上尊贵轻物重生之士,而索民之出死而重殉上事,不可得也。藏书策、习谈论、聚徒役、服文学而议说,世主必从而礼之,曰:"敬贤士,先王之道也。"夫吏之所税,耕者也;而上之所养,学士也。耕者则重税,学士则多赏,而索民之疾作而少言谈,不可得也。立节参明,执操不侵,怨言过于耳必随之以剑,世主必从而礼之,以为自好之士。夫斩首之劳不赏,而家斗之勇尊显,而索民之疾战距敌而无私斗,不可得也。国平则养儒侠,难至则用介士,所养者非所用,所用者非所养,此所以乱也。且夫人主于听学也,若是其言,宜布之官而用其身,若非其言,宜去其身而息其端。今以为是也,而弗布于官,以为非也,而不息其端,是而不用,非而不息,乱亡之道也。

华译:When the scholars of today discuss good government, many of them say, "Give land to the poor and destitute so that those who have no means of livelihood may be provided for." Now if men start out with equal opportunities and yet there are a few who, without the help of unusually good harvests or outside income, are able to keep themselves well supplied, it must be due either to hard work or to frugal living. If men start out with equal opportunities and yet there are a few who, without having suffered from some calamity like famine or sickness, still sink into poverty and destitution, it must be due either to laziness or to extravagant living. The lazy and extravagant grow poor; the diligent and frugal get rich. Now if the ruler levies money from the rich in order to give alms to the poor, he is robbing the diligent and frugal and indulging the lazy and extravagant. If he expects by such means to induce the people to work industriously and spend with caution, he will be disappointed. Now suppose there is a man who on principle refuses to enter a city that is in danger, to take part in a military campaign, or in fact to change so much as a hair of his shin, though it might bring the greatest benefit to the world. The rulers of the time are sure to honor him, admiring his wisdom, praising his conduct, and regarding him as a man who despises material things and values his life. Now the ruler hands out good fields and large houses and offers titles and stipends in order to encourage the people to risk their lives in his service. But if he honors and praises a man who despises material things and values life above everything else and at the same time expects the people to risk their lives and serve him to the death, he will be disappointed. Then there are other men who collect books, study rhetoric, gather bands of disciples, and devote themselves to literature, learning, and debate. The rulers of the time are sure to treat them with respect, saying, "It is the way of the former kings to honor worthy men." The farmers are the ones who must pay taxes to the officials, and yet the ruler patronizes scholars—thus the farmer's taxes grow heavier and heavier, while the scholars enjoy increasing reward. If the ruler hopes, in spite of this, that the people will work industriously and spend little time talking, he will be disappointed. Moreover, when the ruler listens to a scholar, if he approves of his words, he should give them official dissemination and appoint the man to a post; but if he disapproves of his words, he should dismiss the man and put a stop to his teaching. Now, though the ruler may approve of some doctrine, he does not give it official dissemination, and though he may disapprove of some doctrine, he does not put a stop to it. Not

to use what you approve of and not to suppress what you disapprove
of—this is the way to confusion and ruin.

韩非的"显学"是指儒、墨两家。韩非从法家立场出发,对这两个当时的
显赫学派提出了尖锐的批评。他认为,儒墨动辄谈先王仁义,实则是"愚
诬之学"。相反,他提出,英明的君主必须"举实事,去无用",以法度办
事,按功行赏,鼓励耕战,这样,才能达到增强国力、实现霸业的目的。这
一段话也是《显学》中较为突出之处——显学具有较高的社会地位,人们
趋之若鹜,也受到当权者的重视,但过度重视显学,甚而忽视"耕者"和
"介士",则国将"乱亡"。韩非一连列举了君主"索民之疾作而节用""索
民之出死而重殉上事""索民之疾作而少言谈""索民之疾战距敌而无私
斗"四个荒谬做法,最后指出"国平则养儒侠,难至则用介士,所养者非所
用,所用者非所养""是而不用,非而不息"是"乱亡之道也"。尽管该段文
字稍长,但逐层喻理、步步清晰、正反对比、尖锐深刻。在传达原文的逻辑
和语气,尤其是在处理四个"不可得也"时,华译简洁自然,较少使用虚
词,但把四个"不可得也"翻译成 he[the ruler]will be disappointed,显得语
气较弱。

(三) 寓言的翻译

韩非的文章说理缜密,文锋犀利,议论透辟,推证事理,切中要害。他
常常运用寓言故事来说明抽象的事理。观察力深刻而敏锐,深谙人性弱
点的他,充满了对人性的不信任,三言两语便能将现象背后的深刻原因揭
示无遗。"买椟还珠""郑人争年""卜妻饮鳖"等寓意深刻、力透纸背的
寓言,具有很强的生命力,至今仍给人以智慧的启迪。下面分别以《说
难》中"智子疑邻"、《和氏》中的"和氏献璧"和《五蠹》中的"守株待兔"
来对华译进行分析。

[智子疑邻]

原文:宋有富人,天雨墙坏。其子曰:"不筑,必将有盗。"其

邻人之父亦云。暮而果大亡其财。其家甚智其子,而疑邻人之父。

华译:Once there was a rich man of Sung. When the dirt wall around his house collapsed in a heavy rain, his son said, "If you don't rebuild it, thieves will surely break in," and the old man who lived next door told him the same thing. When night fell, thieves actually broke in and made off with a large share of the rich man's wealth. The rich man's family praised the son for his wisdom, but eyed the old man next door with suspicion.

这则寓言的寓意是劝说别人是何等的困难,因为每个人所处的位置不同。这是被韩非当作一个事实接受的,所以他的主要目标是研究如何让别人听取自己的意见。华译能基本反映原意,但增加了更多细节信息,如把"墙"翻译成 the dirt wall around his house,"暮而果大亡其财"翻译成"When night fell, thieves actually broke in and made off with a large share of the rich man's wealth."。作为一个目标语文化的译者,华兹生似乎为读者考虑得较多。

[和氏献璧]

原文:楚人和氏得玉璞楚山中,奉而献之厉王。厉王使玉人相之。玉人曰:"石也。"王以和为诳,而刖其左足。及厉王薨,武王即位。和又奉其璞而献之武王。武王使玉人相之。又曰:"石也。"王又以和为诳,而刖其右足。武王薨,文王即位。和乃抱其璞而哭于楚山之下,三日三夜,泪尽而继之以血。王闻之,使人问其故,曰:"天下之刖者多矣,子奚哭之悲也?"和曰:"吾非悲刖也,悲夫宝玉而题之以石,贞士而名之以诳,此吾所以悲也。"王乃使玉人理其璞而得宝焉,遂命曰:"和氏之璧。"

华译:Once a man of Ch'u named Mr. Ho, having found a piece of jade matrix in the Ch'u Mountains, took it to court and presented it to King Li. King Li instructed the jeweler to examine it, and the jeweler reported, "It is only a stone." The king, supposing that Ho was trying to deceive him, ordered that his left foot be cut off in punishment. In time King Li passed away and King Wu came to the throne, and Ho once more took his matrix and presented it to King Wu. King Wu ordered his jeweler to examine it, and again the jeweler reported, "It is only a stone." The king, supposing that Ho was trying to deceive him as well, ordered that his right foot be cut off. Ho, clasping the matrix to his breast, went to the foot of the Ch'u Mountains, where he wept for three days and nights, and when all his tears were cried out, he wept blood in their place. The king, hearing of this, sent someone to question him. "Many people in the world have had their feet amputated— why do you weep so piteously over it?" the man asked. He replied, "I do not grieve because my feet have been cut off, I grieve because a precious jewel is dubbed a mere stone, and a man of integrity is called a deceiver. This is why I weep." The king then ordered the jeweler to cut and polish the matrix, and when he had done so a precious jewel emerged. Accordingly, it was named "The Jade of Mr. Ho".

这则寓言以玉来引申出有真本事的人就像玉一样,不被人所认识。卞和挖到玉石,不被人认识,反而被处于严刑峻法。寓言揭露世风的败坏,对世人不良思想行为进行了嘲讽。华译能抓住原文的主旨,通顺自然,读后令人唏嘘感叹。但对于其中的"厉王""武王""文王",华译只翻译了"厉王""武王",没有"武王薨,文王即位"这个句子的信息。查阅王先慎《韩非子集解》的注解,也没有"文王"的相关信息。由此可以看出,典籍翻译时参考的源文本对翻译结果至关重要。

［守株待兔］

原文：宋人有耕田者，田中有株，兔走，触株折颈而死，因释其耒而守株，冀复得兔，兔不可复得，而身为宋国笑。

华译：There was a farmer of Sung who tilled the land, and in his field was a stump. One day a rabbit, racing across the field, bumped into the stump, broke its neck, and died. Thereupon the farmer laid aside his plow and took up watch beside the stump, hoping that he would get another rabbit in the same way. But he got no more rabbits, and instead became the laughing stock of Sung.

这则寓言批判死守狭隘经验，不知变通，或抱着侥幸心理妄想不劳而获的现象，讽刺辛辣，深刻有力。华译易读易懂，但细读之后会发现，在一些词的处理上显得非常特别，比如"耕田者"译为 farmer 而非 man，"田"译为 field 而非 land，"触株"译为 bumped into the stump 而非 rushed against the trunk，"为宋国笑"译为 became the laughing stock of Sung 而非 was himself ridiculed by the people of Sung，用词地道、生动，仿佛是通俗的中文白话，令人赏心悦目。

第四节　《韩非子》在英语世界的传播

如前文所述，韩非作为中国法家哲学的集大成者，把战国前期的"法、术、势"三家思想完美结合起来，建立起一套完整的法家思想体系，为建立统一的中央集权封建国家提供了理论依据。《韩非子》散文中极富表现力、说服力和概括力的语言也使其不逊于同时期的诸子散文乃至后世之文。但是，在英语世界，人们首先关注的是《韩非子》中所蕴含的法家思想，其次才是韩非其人及《韩非子》其书。

如果回顾历史，我们会清楚地发现，汉学家亚瑟·韦利在《中国古代的三种思维》中介绍法家思想时，尽管行文中有多处对《韩非子》的引用，西方学者对韩非及法家思想并没有很大的兴趣,而且,亚瑟·韦利用Realists 来称呼"法家",并认为法家是 Amoralists(非道德论者),在西方读者中构建的是法家极为负面的形象。华兹生的《韩非子入门》于 1964年在美国出版。尽管华兹生的译文一贯受到西方读者的推崇,但评论该译本的人却寥寥无几。直到 1971 年,Blahuta 在其专著《运与道:对〈马基雅弗利〉〈道德经〉和〈韩非子〉的比较研究》(*Fortune and the Dao: A Comparative Study of Machiavelli, the Daodejing, and the Han Feizi*)中才有对其译文的引用。值得一提的是,作者在开篇即强调,韩非的"二柄""刑名""峻罚""强军""集权"思想与文献中所描绘的邪恶的巫师和玩弄权术的马基雅弗利在很多方面有相似之处①。

1979 年,美国学者皮特·穆迪(Peter R. Moody)在《韩非子的法家思想及其与现代政治思想之类同》("The legalism of Han Fei-tzu and its affinities with modern political thought")一文中一反西方学者对韩非及法家思想的否定解读,认为法家所主张的中央集权思想实际上与现代西方政治思想有很多类似之处,理由如下:(1) 即使是西方的自由主义者,也越来越认同公权应大于私权;(2) 法家倡导的某些理念,如"法不阿贵""社会公平"已成为现代社会普遍所认同的现代思想;(3) 如果暴政意味着统治者残忍和武断的行为,那么法家所主张的残忍绝不是为了个人的原因;(4) 法家思想的宗旨就是反对武断的行为,最起码从那些拥有权力的人看来就是如此。作者特别指出,如果 modern 一词可以用来指代一种非近代的思想风格,那么韩非的思想是"超现代的"(ultra-modern),它与很多现代思想具有雷同之处。在他的文字中,他反复指出其引用多来自亚瑟·韦利的《中国古代的三种思维》。

1983 年,汉学家安乐哲(Roger T. Ames)出版了一部被很多评论家认为是《淮南子》部分英译的专著《统治的艺术:中国古代政治思想研究》(*The Art of Rulership: A Study of Ancient Chinese Political Thought*),在分析

---

① J. P. Blahuta. *Fortune and the Dao: A Comparative Study of Machiavelli, the Daodejing, and the Han Feizi*. London: Lexington Books, 1971: 147.

该书的思想渊源时,他认为,该书主要得益于先秦的儒家、道家和法家,并专辟第四章阐述对法家"势"(strategic political advantage 或 political purchase)的认识。他说,韩非的"势"据信来源于法家三大学派的慎到学派,主要思想体现在《韩非子》的《难势》篇中,最常用的意思是指因地位而带来的好处(purchase),一个人的"分"(fen)即社会政治地位,和因这种地位而带来的好处之间有一种确定的关系。他还说,在与官僚机构的关系中,君主如果希望维护自己的地位,就必须相信自己的优势而非个人忠诚①。由此可见安乐哲对《韩非子》思想的喜爱,从书后的参考文献中也可以发现,进入安乐哲视野的不仅有华兹生等人的译文,更多的则来源于和《韩非子》有关的汉语文献。

如果说,安乐哲的专著只是涉及对韩非思想个别概念的解读,那么1986 年 Wang Xiaobo(王小波)的专著《韩非政治理论的哲学基础》(*The philosophical foundations of Han Fei's political theory*)可以算是韩非法家思想在英文世界一次较全面系统的梳理。该著作包含了《韩非子》中的五个章节,有两个章节是对老子的评述。作者从韩非对老子的评注谈到了法家的两大概念"法治"和"刑名",强调坚持"法治"和"守道"之间的相似性,对韩非的"刑名"政治倾向与儒家的"正名"进行了区分。在结论部分,作者重申,尽管有功利主义和明显的实证主义的狭隘性,韩非思想依然属于中国传统思想,它与西方哲学及科学思想的"普罗米修斯主义"没有相似点②。在该书结尾处,作者呼吁建立"一个智力上多中心、多元化的世界"(an intellectually multicentered pluralistic world)。

1991 年,Min Jiayin(闵家胤)在其发表的"Ideas of Cooperation and Struggle in the Chinese Philosophy, and Its Worldwide Significance"一文中,为了说明中国古代哲学中的辩证思维,特别引用了《韩非子》中的寓言

---

① Roger T. Ames. *Art of Rulership*: *A Study of Ancient Chinese Political Thought*. Honolulu: University of Hawaii Press, 1983: 72.

② H. P. Wang, L. S. Chang. *The philosophical foundations of Han Fei's political theory*. Honolulu: University of Hawaii Press, 1986: 82 – 83.

"自相矛盾"①。该译文明白流畅,通俗易懂,对于《韩非子》在英语世界的介绍和传播无疑是个难得的实例。但作者并没有说明此译文的出处,从其表达的精确性和流畅性来看,应该出自某个专业人士之手。

1992 年,丹麦学者龙德(Bertil Lundahl)在其博士论文基础上改编的《韩非子:其人其事》(*Han Feizi: The Man and the Work*)由瑞典斯德哥尔摩大学出版社出版,这部看似严谨的学术著作,由六个章节构成,包括《韩非子》产生的历史、哲学背景、韩非生平年代、《韩非子》各篇的真伪等,内容庞杂,面面俱到。第二章"韩非其人"(The Biography of Han Fei)包含了 8 个主题:(1) 韩非出生年代;(2) 韩非与荀子的关系;(3) 韩非的使命;(4) 韩国境况;(5) 韩王境况;(6) 韩非境况;(7) 致死原因;(8) 死亡年代。每项内容均可见于中国古代或近代各种文献,因此,在每页脚注都可见各类中文文献名称,正文中也不乏大段繁体中文的引用,足见作者在考据方面之"严谨"。但令人遗憾的是,因为引用过多,文中观点几乎都来自中国国内学者的研究,很少有西方学者的评价;很多地方是对《韩非子》原文段落的翻译。在某种程度上,该书可称得上一半是中国学者研究成果的英文版,一半是《韩非子》新译本。在全书结尾处,作者坦言,他并没有打算对韩非思想进行任何评论,如果有人问及韩非的政治制度是否可行,或者是否有人会按照韩非的指导去统治国家,他的答案是"No"②。

同样在 1992 年,另一本著作的问世开启了对《韩非子》更高层次的解读,该书为陈汉生(Chad Hansen)所著《中国的道家理论:一种哲学解释》(*A Daoist Theory of Chinese Thought: A Philosophical Interpretation*)。

---

① 英文译文为:There was man who sold spears and shields. Holding one of his shields in hand, he cried, "My shields are so strong that nothing can pierce them." Then, he picked up one of his spears and shouted, "My spears are so sharp that there is nothing they cannot pierce." The onlookers snickered at him, and one of them said, "So your spears are the sharpest and your shields are the strongest. But what if one should use your spears to pierce your shields?" The man could give no answer.

② Bertil Lundahl. "Han Fei Zi: The man and the work". *Journal of Antimicrobial Chemotherapy*, 1992, 43(5): 675 – 681.

该书并非是研究韩非的专著,但对韩非思想的研究却极有见地。该书第十章专门探讨韩非的君主理论,开篇即论:"韩非标志着经典时代的终结,他不仅是诸子百家中的最后一'子',在百家争鸣接近尾声时扮演了关键人物的角色……又是执政贵族中的第一'子',这就是为什么他偏爱权威学术。"作者一针见血地指出,西方学者在把"法家"翻译成 legalists 之时,实际上犯了一个常识性错误,即把"法家"等同于西方的"法律实证主义者"(legal positivists),在西方语境中,legal positivists 是个含义明确的术语,但它实则混淆了 law 这个术语的模糊之处①。法律实证主义与自然法相对,它在概念上把 law 与"道德"(morality)区别开来,实际上,在古代中国能找到与 a law 相对应的"句法概念"是令人难以置信的。主流的解释都是通过西方的透镜来看待中国古代的"法家"(standardizers),人们所熟悉的西方观点与儒家强加给法家的形象混在一起,结果法家就成了主张对人民施以严刑峻法的法律实证主义者,而儒家则一直把自己描绘成坚决反对法家所主张的系统而残酷的白色恐怖的代理人②。作者坚持认为,"法家"的"法"与 law 的含义没有任何联系,把它理解为 standards 则有助于我们更好地理解韩非在道德和实践上反对儒家的论述,"法家"的英文应该是 standardizers,唯如此,才能明确韩非眼中的敌人并非普通百姓,而是学术官僚,野心家,或简而言之,儒家,才是"法"的打击对象。

如果说上述学者对《韩非子》的研究仅限于法家思想的讨论,那么1993 年 Lu Xing 发表"The theory of persuasion in Han Fei Tzu and its impact on Chinese communication behaviors"一文可以看作是拉开了《韩非子》修辞思想研究的序幕。作者首先将韩非所运用的劝说策略概括为三大类:适应受众、赢得信任、保全面子,认为韩非的劝说理论不仅对中国古代和当代的政治哲学,而且对中国人的交际行为都产生了深刻的影响;尽

---

① law 的意义之一是纯形式的,a law 在句法上是万能的,在语义上涉及一些模态概念,比如必要的科学性,道德或政治义务。狭义上更具体的 law 则运用于政治制度中,比如"人定法"(human law)或"刑罚"(penal law)。这种模糊性最能体现于 a law 和 the law 的对比中。

② Chad Hansen. *A Daoist Theory of Chinese Thought*. New York: Oxford University Press, 1992: 346.

管韩非的劝说理论产生于公元前 3 世纪的中国古代社会文化语境,但其对于人际交往过程的"复杂、微妙、反复无常"的认识依然适用并普遍存在于当代中国人的交际行为中①。

可能上述一篇文章还难以表达作者对韩非修辞风格的仰慕和敬佩,1998 年 Lu Xing 又在《公元前五至前三世纪的中国修辞学:与希腊古典修辞学的比较》(*Rhetoric in Ancient China*, *Fifth to Third Century B. C. E. : A Comparison with Classical Greek Rhetoric*) 一书中专辟一章来阐述韩非的"说"和"名辩"修辞观(Chapter 9:Conceptualization of Shui and Ming Bian by Han Feizi)。作者认为韩非的修辞观服务于他的政治观和法家思想。"名"即语言和言辞,意指官员任命和责任担当之间有统一性,君主就能通过颁布行政法令行使"术"。"说"即游说,常用于君主与大臣之间的个人交往,为"说"之目的,说者首先要适应受众心理,掌握欺骗和假装技巧;其次要赢得受众信任,善于营造良好关系;最后要掌握聆听艺术,懂得察言观色。"辩"即辩论,常用于名家、墨家、儒家和道家学者之中,巧言善辩,但不切实际,常混淆视听,故为"五蠹"之一。韩非本人是一位出色的辩士,他能言善辩、讲究逻辑、气势磅礴,最常使用的修辞手法有:隐喻与类比、趣闻轶事、连续推理和矛盾法则。韩非的法家思想使他的说理与中世纪的西方修辞有类似之处,所不同的是,西方解释事实的权威是上帝(God),而古代中国则是活的上帝——他对民众有绝对的政治控制权,因而对文化的、智力的、经济的打击能力更强。韩非的说理赢得了秦王的信任,却也标志着春秋战国时期"百家争鸣""各抒己见"的风气走入终场②。

进入 21 世纪,西方学者对韩非及《韩非子》的研究进入了更加全面的阶段。相比于上个世纪较为零散的、大多是介绍性的研究,21 世纪第一个十年(2000—2009 年)的研究呈现出三大特点:(1) 成果数量不断上

---

① Xing Lu. "The theory of persuasion in *Han Fei Tzu* and its impact on Chinese communication behaviors". *Howard Journal of Communication*, 1993, 5(1-2):108-122.

② Xing Lu. *Rhetoric in Ancient China*, *Fifth to Third Century B. C. E. : A Comparison with Classical Greek Rhetoric*. Columbia:University of South Carolina Press, 1998:287.

升,发表的专著和论文数超过了整个 20 世纪;(2) 研究范围不断扩大,开始涉及韩非子与西方哲学家的横向对比研究;(3) 研究方法不断创新,西方理论与《韩非子》文本及其政治哲学思想进行了尝试性的对话,初步形成了对《韩非子》系统、全面的立体化研究。限于篇幅,下文仅列出部分代表性研究成果。

2001 年,汉学家金鹏程在《韩非的利己主义》("Han Fei's Doctrine of Self-interest")一文中探讨了韩非的"公私"观。作者认为,韩非的"私"就是"为个人的利益而行动"(acting in one's own interest),其与"公"相对立,并非本来就应该受到谴责,但君主必须谨记,大臣们在提出政策时,往往考虑的是充实自己,他们尊君的目的只是为求得物质财富而增加渠道。大臣和君主的利益是相矛盾的,大臣都希望舒适的职业,君主必须清除那些装腔作势的人,任用贤良之人辅佐其管理国家。因此,"私"是大臣的个人利益,而"公"是君主的个人利益①。

同一年,美国学者艾文荷(Philip J. Ivanhoe)出版了《中国哲学经典读本》(*Readings in Classical Chinese Philosophy*),其中第 7 章为"Han Feizi"。对韩非的生活背景、社会环境、政治观点略做分析和介绍后,作者特别指出,韩非个人的政治哲学代表了中国古代早期政治理论向"制式主义"(institutionalism)发展的高潮,尽管"制式主义"的某些方面也可见于荀子所强调的"礼"的政治意义和"义"的社会标准,但这种管理模式的真正倡议者却是法家的政治人物如管仲、商鞅、申不害、慎到等人。韩非是法家传统的集大成者,也是批评者,其主要贡献在于把早期法家人物的个人主张融合到单一的管理模式中,同时修正和改善了包含在每个人物思想中的核心观念。作者称赞韩非是一位伟大的修辞学家,不仅开创了一种新的叙事风格("难"),还开启一代文风,即后来广为传颂的"连珠"体。但是,韩非在修辞领域最伟大的贡献是他对劝说艺术的体会,即有效的劝说在于说话人对受众的了解,这关乎论证的性质,或者陈述的风格。

---

① Paul R. Goldin. "Han Fei's Doctrine of Self-interest." *Asian Philosophy*, 2001, 11(3): 151 – 159.

在本章最后,作者选译《韩非子》"主道""有度""二柄""杨权""说难""定法""五蠹"和"显学"等篇以作佐证,并坦承参考了华兹生(1964)等人的译文①。

2002年,美国学者埃利克森(Lars Tore Helliksen)在其博士论文《专制官僚主义:韩非的中国古代治理战略与马基雅弗利政治哲学的对比研究》(*Autocratic Bureaucratism:Han Fei's Ancient Chinese Strategies of Governance as Contrasted with Machiavelli's Political Philosophy*)开启了韩非子与西方哲学家的对比研究。作者认为,意大利古代政治哲学家马基雅弗利与韩非在政治生活中都异常冷静并有现实的主张,而且两人的政治思想发展过程都深受军事思想的影响,都倾向于把政治上的交往当作敌我双方你死我活的斗争。在政治和道德关系上,两者也有很多相似之处,譬如都认为传统的道德观和政治必要性之间存在不可调和的矛盾,需要建立一种有利于君主统治的政治道德。同时,作者也认为,马基雅弗利与韩非也有诸多差异,这些差异不仅反映了两者观点的不同,也反映了中西文明之间的文化差异,更具体地说,是中西政治经验和论述上的差异②。

无独有偶,2005年,罗杰·博什(Roger Boesche)在《韩非子的法家思想与考底利耶的〈政事论〉》("Han feizi's legalism versus kautilya's *Arthashastra*")一文中将韩非与古印度哲学家考底利耶的政治思想进行对比研究。《政事论》(*Arthashastra*)是考底利耶的主要著作,其内容广泛,包括内政、外交、民政、军事、经济、法律和科学等,是古印度重要的政治文献。作者认为,韩非和考底利耶都主张君主可以通过战争来统一小的战乱国家,停止暴力,开创一个有序、繁荣的新时代;两者都主张成功的君主必须意识到任何人的行为都是为了个人利益的最大化,必须对家人、

---

① W. Van Norden Bryan and P. J. Ivanhoe. *Readings in Classical Chinese Philosophy*. San Francisco:Seven Bridges Press, 2001:295 – 344.

② Lars Tore Helliksen. "Autocratic Bureacratism:Han Fei's Ancient Chinese Strategies of Governance as Contrasted with Machiavelli's Political Philosophy". 参见 https://www. duo. uio. no/handle/10852/14116.

近臣、诸侯、域外国家保持警惕;两者都相信国家权力对管理人民的重要性,主张依靠法律规范赏罚,提倡相互监督和揭发来维护秩序。比起韩非的法家思想,考底利耶在很多方面有过之而无不及,尤其表现在国家对经济的垄断控制上,坚信经济基础可以决定一切①。

同在 2005 年,哈佛大学教授肯尼斯·温斯顿(Kenneth Winston)发表了《中国法家的内在道德性》("The internal morality of Chinese legalism")一文,作者以极其细致的分析与推理,一反学术界长期以来对中国没有"法治"(rule of law)根源的偏见,认为《韩非子》中的工具主义(instrumentalism)相较于通常的解读更具有其复杂性和原则性,如果透过美国法律理论家 Lon Fuller 的透镜来解读《韩非子》,我们就可以观察到其阐述的法律内在道德性,重新解读《韩非子》对当今中国法制改革的思考极有参考价值②。

2007 年,美国学者 Heng Du(杜衡)在《〈韩非子·储说〉篇章结构与功能研究》("A Study of the 'Chu Shuo' of *Hanfeizi*:Their Composition and Function")一文中从篇章的不同层面分析了《韩非子·储说》的结构特点,首先是单篇小品文及其内在关联性;其次是单个篇章的编排特点;最后是篇章整体编排特点。作者认为,这些看似任意编排的小品文的编排体系因功能不同而有意为之,可以看成一种解释模式,既有助读者正确理解文本,也能引导读者学习那个时代的政治辩论③。

2008 年,皮特·穆迪之子小皮特·穆迪(Peter R. Moody, Jr)撰文《中国古代政治思想中的理性选择分析——以韩非子为例》("Rational Choice Analysis in Classical Chinese Political Thought:Han Feizi")分析韩非的政治思想,开创了父子汉学家研究同一主题的先河。在小皮特·穆迪看来,韩非对于政治思想的理性分析非常明确,即不能只从抽象的层面,

---

① Roger Boesche. "Han Feizi's legalism versus kautilya's Arthashastra". *Asian Philosophy*, 2005,15(2):157 – 172.

② K. Winston. "The internal morality of Chinese legalism". *Legal Study*, 2005:313.

③ "A Study of the 'Chu shuo' Chapters of *Hanfeizi*:Their Composition and Function". 参见:http://cccp.uchicago.edu/archive/2010CreelLucePaleographyWorkshop/Heng.

而要着重从具体的语境"势"(circumstances)的方面加以考察。作者认为,有益的政治分析模式不能仅考虑是什么构建了理性,而是需要追溯"势"的特点,政治、历史、文化以及心理语境都对人的行为设置了条件,如果不是全部,至少部分地限定了理性的构成;韩非子对于人的行为思考和政治行为思想具有和当代理性选择理论相似的个人主义和工具主义构想。值得一提的是,小穆迪和其父在"The legalism of Han Fei-tzu and its affinities with modern political thought"(1979)一文中的论证视角极为相似。

同一年,美国学者阿拉贝拉·里昂(Arabella Lyon)发表《雅典民主中的修辞权威和韩非子的法家思想》("Rhetorical authority in Athenian democracy and the Chinese legalism of Han Fei")一文,作者试图通过西方的言语行为理论来分析《韩非子》的修辞艺术及含蓄的言语行为理论,认为韩非的作品有助于为行为与权威选择位置,因为《韩非子》对言语行为理论的思考有三种方式:法律的言语行为、传统的言语行为和无为。作者不认同中国缺乏法治意识的观点,相反,她认为中国自古以来就有法治意识,甚至在古代哲学派别(如儒家、道家、法家)中也非常明显。除了在修辞和政治哲学上的贡献,韩非在法律思想上的贡献也很明显:他关切法律面前一律平等;公开、清楚的法典惩罚比仁爱更重要;严苛的政策有利于人民;法律是社会秩序的安全保证等①。

21 世纪的第二个十年(2010—2019 年),《韩非子》显然已经成为西方学者更为热门的话题之一,研究内容不断深入,研究范式不断完善,限于篇幅,在此只列出 2010 年至 2015 年的主要成果名称及出版形式,见表3 - 3。

---

① Arabella Lyon. "Rhetorical authority in Athenian democracy and the Chinese legalism of Han Fei". *Philosophy and Rhetoric*, 2008, 41 (1):51 - 71.

表 3-3　2010—2015 年西方《韩非子》主要研究成果

序号	作者	成果名称及出版形式
1	Elif Akçetin	"Chapter Four: Two Prongs of the Debate", *Individualism in Early China, Human Agency and the Self in Thought and Politic.* University of Hawaii Press, 2010.
2	Wiebke Denecke	"Chapter Eight: The Self-Regulating State, Paranoia, and Rhetoric in Han Feizi", *The Dynamics of Masters Literature: Early Chinese Thought from Confucius to Han Feizi.* Harvard University Press, 2010.
3	Arabella Lyon	"Writing an Empire: Cross-Talk on Authority, Act, and Relationships with the Other in the *Analects, Daodejing*, and *Han Feizi*", *College English*, 2010, 72(4): 350 – 366.
4	Peter R. Moody	"Han Fei in his Context: Legalism on the Eve of the Qin Conquest", *Journal of Chinese Philosophy*, 2011, 38(1): 14 – 30.
5	O. Flanagan & H. U. Jing	"Han Fei Zi's Philosophical Psychology: Human Nature, Scarcity, and the Neo-Darwinian Consensus", *Journal of Chinese Philosophy*, 2011, 38(2): 293 – 316.
6	D. Elstein	"Han Feizi's Thought and Republicanism", *Dao*, 2011, 10(2): 167 – 185.
7	Philip J. Ivanhoe	"Hanfeizi and Moral Self-cultivation", *Journal of Chinese Philosophy*, 2011, 38(1): 31 – 45.
8	Eirik L. Harris	"Is the law in the Way? On the Source of Han Fei's Laws", *Journal of Chinese Philosophy*, 2011, 38(1): 73 – 87.
9	Henrique Schneider	"Legalism: Chinese—Style Constitutuionalism?" *Journal of Chinese Philosophy*, 2011, 38(1): 46 – 63.
10	Tongdong Bai	"Preliminary Remarks: Han Fei Zi—First Modern Political Philosopher?" *Journal of Chinese Philosophy*, 2011, 38(1): 4 – 13.
11	Sor-hoon Tan	"The Dao of Politics: Li (Rituals/Rites) and Laws as Pragmatic Tools of Government", *Philosophy East & West*, 2011, 61(3): 468 – 491.
12	Peng He	"The difference of Chinese legalism and western legalism", *Front Law China*, 2011, 6(4): 645 – 669.

序号	作者	成果名称及出版形式
13	A. P. Martinich	"The Sovereign in the Political Thought of Hanfeizi and Thomas Hobbes", *Journal of Chinese Philosophy*, 2011, 38 (1): 64 - 72.
14	C. Y. Cheng	"Preface: Understanding Legalism in Chinese Philosophy", *Journal of Chinese Philosophy*, 2011, 38(1): 1 - 3.
15	P. Fischer	(Review) "Erica Brindley, *Individualism in Early China: Human Agency and the Self in Thought and Politics*", *Journal of Religion*, 2012, 92(1): 158 - 159.
16	Soon-ja Yang	(Review) "Song Hongbing, *New Studies of Han Feizi's Political Thought*", *Dao*, 2012, 11(2): 263 - 266.
17	Morgen Witzel	"The leadership philosophy of Han Fei", *Asia Pacific Business Review*, 2012, 18(4): 1 - 15.
18	Sungmoon Kim	"Virtue Politics and Political Leadership: A Confucian Rejoinder to Hanfeizi", *Asian Philosophy*, 2012, 22(2): 177 - 197.
19	David Elstein	"Beyond the Five Relationships: Teachers and Worthies in Early Chinese Thought", *Philosophy East & West*, 2012, 62 (62): 375 - 391.
20	B. Nielsen	(Review) "Tongdong Bai, *China: The Political Philosophy of the Middle Kingdom*", *Dao*, 2014, 12(4): 545 - 549.
21	Alejandro Bárcenas	"Han Fei's Enlightened Ruler", *Asian Philosophy*, 2013, 23 (3): 236 - 259.
22	Paul R. Goldin	"Introduction: Han Fei and The *Han Feizi*", *Dao Companion to the Philosophy of Han Fei*, 2013: 1 - 21.
23	Eirik L. Harris	"The Role of Virtue in Xunzi's (Chinese Source) Political Philosophy", 2013.
24	Ian M. Sullivan	(Book Review) "Introduction to Classical Chinese Philosophy by Bryan W. Van Norden", *Journal of Chinese Philosophy*, 2013, 41(3 - 4): 1115 - 1116.
25	Guo Jue	"The Dynamics of *Masters Literature: Early Chinese Thought from Confucius to Han Fei Zi* by Wiebke Denecke (review)", *Philosophy East & West*, 2014, 64(1): 240 - 249.

序号	作者	成果名称及出版形式
26	Henrique Schneider	"Han Fei and Justice", *Cambridge Journal of China Studies*, 2014(4): 20−37.
27	Kevin Delapp	"Being worthy of persuasion: Political communication in the *Han Feizi*", *China Media Research*, 2014.
28	Eirik L. Harris	"Legalism: Introducing a Concept and Analyzing Aspects of Han Fei's Political Philosophy", *Philosophy Compass*, 2014, 9 (3): 155−164.
29	A. P. Martinich	"Political Theory and Linguistic Criteria in Han Feizi's Philosophy", *Dao*, 2014, 13(3): 379−393.
30	Lukáš Zádrapa	"A weapon in the battle of definitions: A special rhetorical strategy in Hánfēizǐ: Asiatische Studien-Études Asiatiques", *Annals of Botany*, 2015, 109(6): 1101−9.
31	Graziani Romain	"Monarch and Minister: The Problematic Partnership in the Building of Absolute Monarchy in the *Han Feizi*", *Ideology of Power and Power of Ideology in Early China*. Brill, 2015.
32	J. P. Blahuta	"Fortune and the Dao: A Comparative Study of *Machiavelli*, the *Daodejing*, and the *Han Feizi*", *History of Political Thought*, 2015.

纵观这些研究可以发现,西方学者对韩非研究最为突出的是其政治哲学思想,其中既有与中国古代其他哲学家及西方哲学家的横向对比,也有对韩非政治思想的现代意义及其学术价值的深入探讨,还包括对韩非人性论及其修辞艺术等方面的详细阐述。虽然有些研究的主题中并未出现"韩非"字样,但就其研究内容来说,总是与韩非或法家思想有关,有些学者甚至还提出了创造性的见解。在较短时间内,西方学者所呈现的研究成果足以说明,以《韩非子》所代表的法家思想在西方学者的研究中已经占有一席之地,加快中外学者在此领域的互动与交流,对于构建新时期对外话语体系,促进中国传统文化的国际传播能力具有一定的现实意义。

第四章 《管子》在英语世界的译介与传播

第一节 《管子》与管子

管子,即管仲(约公元前723年—前645年),名夷吾,字仲,谥号敬。春秋时期颍上(今安徽颍上)人,周穆王的后代。早年贫困,后经鲍叔牙举荐,于周庄王十二年(公元前685年)官至齐相,辅佐齐桓公四十年,致力齐国多方面的封建改革大业,成功推动齐桓公成为春秋时期第一位霸主。管仲是杰出的政治家、军事家、哲学家和经济学家,被誉为"法家先驱""圣人之师""华夏文明的保护者""华夏第一相"。[①]司马迁说:"齐桓公以霸,九合诸侯,一匡天下,管仲之谋也。"[②]梁启超称其为"伟大之政治家而兼为伟大之政治学者"。[③] 他的业绩和思想,在中国史书中多有记载,为时人和后人传颂。管仲的基本思想反映在《管子》一书中,其思想内容相当丰富。按传统诸子分类,它兼有儒、道、阴阳、法、名、墨、兵、农诸家,按现代科学分类,它包括了政治、经济、哲学、法学、军事、农学、地理、历法、教育等各种思想,成为先秦时期的一大思想宝库。

---

① 叶曼:《管子思想中的大智慧》,济南:山东电子音像出版社,2010版,第3页。
② 司马迁:《史记》,北京:北京燕山出版社,2007年版,第2192页。
③ 梁启超:《管子评传》,北京:世界书局,1935年版,第2页。

　　鉴于管子的历史地位和影响,战国及后来的学者,或记述管子的言行,或假托管子之名,阐发自己的思想主张,传抄积累,传承多年,汇集编成《管子》一书。《管子》虽然托名管仲,但是学术界并不认为它们全都是春秋时代的著作,而把成书年代推定在战国到西汉这段时间。一般认为,《管子》实际上是战国及其后世秦汉时代管仲学派的著作总汇,其书既有管仲遗说和管仲言论行为的记述,也有其他众多托名作者的思想集成。该书篇幅宏伟,内容复杂,领域广泛,思想丰富,语言精致,风格瑰丽。

　　宋代叶适称"《管子》非一人之笔,一时之书"。① 明朝求艮春说,"故其书杂者,半为稷下大夫坐议浮谈,而半乃韩非、李斯法家辈袭商君以党管氏,遂以借名行者也。"② 《四库全书总目》云,"今考其文,大抵后人附会多于仲之本书。"③ 因此,虽然《汉书·艺文志》及历代史志目录都著录《管子》为管仲所作,但古人早已认识到《管子》并非成书于管仲一人之手。当今学者认为,《管子》中的大部分篇章成书于战国时期,而且多数出自齐国稷下学宫的学者之手。④ 20 世纪 30 年代,学者罗根泽出版了《管子探源》⑤一书,书中对《管子》各卷本的著作年代和作者进行了逐篇考证,认为这些著作分别写于战国中期、战国末期、秦汉之间直到汉朝文景乃至武昭之时,其编著者或为政治思想家,或为法家,或为道家,或为儒家,或为阴阳家,或为杂家,或为医家,或为兵家。罗根泽的考证多数较为扎实,提供了很多可资参考的线索。不过由于资料的限制,以及考证资料系统性集成的缺乏,《管子探源》的有些结论还值得商榷。

　　《汉书·艺文志》将《管子》列入道家类,《隋书·经籍志》将《管子》列入法家类,《四库全书》将其列入子部法家类。余敦康编《中国哲学发展史》(先秦卷)中有"管仲学派"一章,认为战国时齐国人继承和发展管仲思想而形成管仲学派,《管子》中很多篇章是管仲学派的著作。学者王

---

①　叶适:《习学记言》卷四十五,文渊阁《四库全书》本。
②　求艮春:《管子榷·校管子旧序》,明万历四十年张维枢刻奉。
③　《四库全书总目》,北京:中华书局,1965 年版,第 847 页。
④　赵守正:《管子通解(上)》,北京:北京经济学院出版社,1998 年版,前言第 1 页。
⑤　罗根泽:《管子探源》,上海:中华书局,1931 年版。

德敏进一步提出:《管子》是管仲学派代代积累的论文总集。① 近些年来,一些学者利用出土文献来研究《管子》,如骈宇骞将银雀山汉墓简书《王兵篇》与《管子》进行比较,以此推测刘向编辑《管子》的情况。李学勤考证"轻重"书卷的年代,利用了银雀山汉墓简书《田法篇》《王兵篇》以及出土的田齐量器,结合出土的文献,进一步肯定了"轻重"卷成书于战国时期的观点,推动了《管子》成书问题的深入研究。

总览《管子》全书,可以发现其内容涵盖极为广泛庞杂,汇集了道、法、儒、名、兵、农、阴阳、轻重等百家之学,但其思想的主流是法家与黄老道家思想,其特点是将道家、法家思想有机结合起来,既为法治找到了哲学基础,又将道家思想落实到了社会人事当中。《汉书》把《管子》分在道家类,《隋志》以后的历史书却把它分在法家类。不同的归属恰好说明《管子》思想的交叉特色。同时,黄老道家兼容并包,积极吸收儒、墨等学派的思想长处,将礼义和等级名分的理论纳入自己的思想体系中,主张礼法结合,倡导确立严格的等级名分体系及以之为基础的社会道德规范。这些都适应了战国时期的时代要求,反映了齐国变法时期的政治实践情况。

《管子》有关法家的篇章,主要出于战国中、后期的齐国法家。对法律和法治的论述综合法家法、术、势三派,杂糅道、儒的特色,自成体系,是研究先秦法律思想的重要文献。管仲法家有其自己的思想特点:一方面强调法治,另一方面又肯定道德教化的重要性,兼重礼与法。所以它与商鞅、韩非一派片面强调法治而排斥道德教化有很大区别。《管子》一书中的《心术上》《心术下》《白心》《内业》《水地》《形势》《宙合》《枢言》《九守》《正》《形势解》《版法解》《势》等文章侧重用道家哲学来阐释法家政治,集中反映了道法结合、兼容并包的学术特点。在《心术上》中可以看出由道转移为法、法从道出的倾向。比如说,"虚无无形谓之道。化育万物谓之德。君臣父子人间之事谓之义。登降揖让,贵贱有等,亲疏有体,谓之礼。简物小米一道,杀惨禁诛,谓之法。"因而学界一般认为,《管子》

---

① 王德敏、刘斌:《管子十日谈》,合肥:安徽文艺出版社,1997年,第7页。

是有较浓厚的道家色彩的法家著作,代表战国时期由道家向法家变化的思想过程。管子提出,天道产生权,权产生法,以法治国;地德产生义,义产生礼,以德治人。《管子·权修》中详细阐述了道与法的观点,认为道德教化是治国安民的纲纪,道法二者缺一不可,并可互相补充。

《管子》也是世界上最早涉及并阐释管理学思想的著作,可谓"管理之祖"。《管子》最主要的特点是非常重视经济与管理问题,有三分之二以上都涉及经济发展与宏观管理,有几乎二分之一篇幅主要讨论经济问题,这在先秦诸子文献中是绝无仅有的。《管子》的经济思想是很超前的,就当时条件来说精湛而有洞见。孙中山认为《管子》一书是中国经济学之"滥觞",并指出其经济理论主要有富国富民论、重农论与国轨论等。[①]《管子》强调民富与国富相统一,国富不否定民富,民富才有国富,民富是国富的必要条件。民富可以多收税,税收增加,国家就会富裕。国家要兴盛,一定要民富。国富兵强,诸侯就服从国家的政令,藏富于民并不是以牺牲国富为条件。同时,民富就会安乡重家,从而必尊上畏刑,国家就易于治理。反之,民贫就会离乡轻家,就敢犯上违法,国家也就难以治理。

《管子》亦涉及国际间贸易,其提出的重要方法是密切关注各国市场行情,在各种相关物资的比价不断变化趋势中,充分利用价格政策,根据本国的需要鼓励进口或出口某项物资,从而使天下的资源财货皆能为我所用,即所谓"因天下以制天下"(见《轻重丁》)。如果国家需用某种物资鼓励进口时,就要在"天下高则高,天下下则下"的物价变化中,采取与之相悖的措施,实行"天下下我独高"的价格,这样,这种物资便会如流水一般输进国内。反过来,对于需要鼓励出口的物资,例如鱼、盐、器械等,则在适当的机会采取"天下高我独下"的价格政策,这样,通过国家间的贸易比较优势理论与实践,齐国的盐、铁等富余产品便可远销到"梁、赵、宋、卫濮阳之地"。《管子》的一系列强国富民政策的出发点,或者说理论依据,概括起来,就是"利益驱动"四个字。《禁藏》篇中有明确表述:"夫

---

① 李辉:《〈管子〉市场思想研究》,扬州大学 2010 年硕士学位论文,第 13 页。

凡人之性,见利莫能勿就,见害莫能勿避。其商人通贾,倍道兼行,夜以继日,千里而不远者,利在前也;渔人之入海,海深万仞,就波逆流,乘危百里,宿夜不出者,利在水也。故利之所在,虽千仞之山,无所不上,深渊之下,无所不入焉。"既然人的一切经济活动,都在于追逐利益,趋利避害,因而治理国家、强国富民的根本要务,或者说最有效的办法,就在于因势利导,用利益作杠杆,调动各方面的积极因素。

此外,《管子》还重视农业发展与土壤学知识,对农业生产与粮食问题高度关注。《牧民》篇强调开辟土地,扩大耕田,民众衣食满足,充实仓廪对治理国家的基础性作用;《地员》篇阐述了土壤与农作物的关系;《轻重己》篇讲述节令与农事安排的对应关系;《乘马》篇谈及征收赋税与土壤肥瘠的关系。众多篇章都对农业的基础性作用做出论述,阐述了农时不误、粮食政策、农业税制、水利工程、林业政策等。

总之,《管子》的书名来自管仲,内容以黄老道家为主,既提出以法治国的具体方案,又重视道德教育的基础作用;既强调以君主为核心的政治管理体制,又主张以人为本,促进农工商各业的均衡发展;既有雄奇的王霸之策,又有坚持正义仁慈的王道理想;既避免了三晋法家忽视道德人心的倾向,又补充了理想儒家缺乏实际政治经验的不足,在中国古代政治思想史上具有不可抹杀的重要地位。

第二节 《管子》外译溯源

作为中国古代一部重要的典籍,《管子》的翻译,从语言符号转换而言,涉及语内翻译(intralingual translation)与语际翻译(interlingual translation)两类情况。语内翻译指的是将古汉语的《管子》文本译成现代汉语白话文本,而语际翻译是将《管子》译成外国语言。《管子》的语内翻译版本很多,代表性的译作有赵守正的《管子注译》与郭沫若的《管子集校》。就《管子》的翻译而言,其语内翻译文本与语际翻译文本关系紧密,语内翻译文本可以在一定程度上辅助外语译者解决诸多古汉语典籍原本的文字理解难题,从而减少语际翻译过程中原文本研究的精力投入与意义确定的难度。本节主要概述《管子》对外译介的基本过程与概况,重点介绍《管子》的英译历史与现状。

相对于中国其他古代典籍如《论语》《孟子》《道德经》《庄子》等,迄今为止有关《管子》对外译介的文献与资料数量不多,其对外传播范围不广,学术与社会影响力也不是很强。总体来看,虽然西方学者早在 19 世纪末就开始了对《管子》研究与译介的尝试,对《管子》的系统性译介大约到 20 世纪中期才渐成气候。美国宾夕法尼亚大学教授艾伦·李克(Allyn Rickett)的《管子》英语全译本在 20 世纪末期正式出版,标志着西方《管子》译介尤其是英语翻译达到了里程碑性的高度。

大致而言,《管子》的对外译介与研究可分为四个阶段,即初始阶段、碎片阶段、整合阶段以及全本译介阶段。

《管子》对外译介的初始阶段,时间大约从 19 世纪末期延至 20 世纪20 年代。这一阶段的研究活动主要发生在德国和法国。这两个欧洲大国的汉学研究历来具有悠久的传统,它们对中国文化与文明的研究态度积极,崇尚中国汉学传统,积极研究并着力把中华典籍引进西方世界。这一时期译介的主要目的就是把《管子》主要思想介绍到西方,但缺乏系统性研究。在此阶段,汉学家重点以综述《管子》内容为主,还缺乏翻译意识与动机,零星少量的译介也是服务于研究专题而展开的,且所做的翻译工作显现出粗浅性与碎片化的特征。因为古汉语用词极其简省,意义艰深,解读困难,加上文化上的隔膜,这些早期翻译存在一定程度的误译在所难免。

在此阶段,德国莱比锡大学教授汉学家甘贝伦茨(Gabelentz)在 1886年以法文发表了《管子哲学著作》,文中简要介绍了《管子》一书。时至1896 年,法国汉学家哈勒茨(Halrez)发表了《公元前七世纪的一位中国宰相:齐国的管子与〈管子〉书》,载于《亚洲杂志》,简要介绍管仲事迹与《管子》一书,该书对《管子》前十篇的文章进行了初步译介,但很多段落被作者删除,内容上也存在不少表达错误。

1921 年,英国曼彻斯特大学汉学教授爱德华·派克(Edward Parker)

在《新中国观察》杂志上发表《管子》介绍文章,文中概述了管仲的生平和思想。这些早期的学者,成为《管子》在西方传播的创始者。这个时期学者多以推介《管子》著作为主,也夹杂《管子》论述的一些零星译介,但都不是以翻译为目的,而且译文不成体系,由于研究不够深入,出现不少漏译、误译现象。

20 世纪 20 年代后期,《管子》译介进入碎片化阶段。在此期间对外译介规模有所扩大,在进一步深入研究典籍思想内容的同时,也逐渐扩大了对《管子》章节内容的译介。但是翻译仍然不够全面与系统,翻译方式主要是选译和节译,翻译数量和质量都不够理想,但所积累的翻译文本为更大规模的《管子》译介提供了基础资料。这一阶段基本研究动机与译介取向多以个人志趣为主,译介内容更多呈现微观性碎片化的倾向。例如,1927 年德国汉学家福尔克(Forke)翻译了《管子》的若干片段,并在《中国古代哲学史》中对管仲做了简要介绍,此书是他撰写的关于中国哲学的权威著作之一。1933 年在剑桥大学任职的德国汉学家哈龙(Gustav Haloun)专注于中国的法家思想研究,他选择翻译了《管子》的若干片段,并在《大亚细亚》杂志上发表了《管子·杂篇》卷第 59 篇文章《弟子职》的译文。1951 年,哈龙将第 55 篇《九守》的译文以《法家著作片段》为题刊发于《大亚细亚》杂志①。英国学者休斯(Hughes)非常关注中国古典哲学与思想流派,1942 年休斯翻译了《水地》与《四时》两篇文章,收录在《古典时代的中国哲学》一书中,这是一本广为流传、影响很大的英译本中国哲学著作选集。此外,长期致力于中国科技史研究的英国科学技术史专家李约瑟(Joseph Needham)在其主编的《中国科学技术史》(第二卷)中也专门介绍了《水地》和《度地》等涉及自然科学方面的著作。这些专题译介为《管子》的后续研究与翻译打下了一定的基础。

20 世纪 50 年代进入了《管子》译介的第三阶段,即整合阶段。这个阶段对于《管子》研究与翻译进一步深入,并取得了一定的成果。1952 年,

---

① Gustav Haloun. "Legalist Fragments: Part I: Kuan-tsi 55 and Related Texts". *Asia Major*, 1951,2, pt. (1): 85 - 120.

剑桥大学学者皮特·梵·德龙(Piet Van Delon)在其作品《论〈管子〉的流传》(见英国 1952 年出版的《通报》第二卷第 41 期)中,运用文献学方法,从语言学与哲学思想角度细致地考察了《管子》的成书、流传和版本真伪,文章涉及对《管子》很多内容的语言学解释,这在一定意义上对翻译《管子》的思路方法具有启发与借鉴作用,对后续研究也有一定的影响。法国汉学家亨利·马斯波罗(Henry Maspero)则在其著作《古代中国》中论及《管子》,他考证认为今存《管子》是伪书,汉代编撰的《管子》已佚失。

这一时期,西方出现了第一部译介研究《管子》的专著——《古代中国的经济对话:〈管子〉选集》,该书在 1954 年由谭伯甫、温公文合作翻译出版。谭、温二人是在美国南伊利大学的中国留学生,翻译工作在经济学教授路易斯·马弗里克(Levis Maverick)指导下进行。他们对《管子》的经济思想十分赞赏,译著内容共涉及 32 篇关于经济与政治理论的内容,虽然没有全译《管子》,但是却是第一次专门从经济角度译介了《管子》,其目的是古为今用,中为外用,以古代《管子》政经思想为参照,以期服务于当今社会的现实价值利益诉求。

译者采用直译的方法和节译的方式,将文章片段化处理,尽可能使得英语译文与原文在形式风格上取得相似的效果。译文通俗易懂,在意义上符合原文的表述。需要指出的是,谭、温二人在翻译某一具体篇章时没有全文照译,而是在内容上有所筛选,译者主体意识对原语文本干预较大,比如对于第 81 篇《轻重乙》的翻译,每段都有删减,只选取和经济内容相关的部分翻译,这样处理有利于内容聚焦呈现,其弊端是破坏了文章的完整性。另外他们翻译的不足之处在于未能利用清代及其后的较详细的注释资料,译介古文缺少注释,背景信息不够也使得译文中不少讹误在所难免。如文中 57 - 59 页"尊贤授德则帝",在这里"帝"指的是"如尧舜般的圣王",译者将"帝"译为 feudal lord(诸侯或领主)意义不准。在《乘马》篇中,"乘马"意思是指对国家一些重大问题的计算筹划,将"乘马"直接译为 On Riding Horse 明显不知所云,与篇章主旨大相径庭。虽然存在误译与省略不译,但是就总体而言,其翻译的文本规模与成果为后来《管子》的全面系统译介及研究提供了有价值的参考和新的视角。在这一阶段,《管子》研究逐渐走向系统化、深入化,研究视野也得到拓展,为后续进一步研究和全面译介奠定了较为厚实的基础。

在同一时期,欧美还涌现了一些研究质量较高的《管子》研究者,主要有沃森(Watson)、罗森(Rosen)、罗伊(Roy)、莱格尔(Rregel)、包尔茨(Boltz)、撒切尔(Thaecher)、葛瑞汉(Graham)以及苏联东方学者史太因等人。但他们的论文论著中的翻译部分主要是节译或选译,离西方国家运用外语翻译介质系统了解《管子》中的政治文化思想尚有差距。

20 世纪 80 年代延续至今,《管子》对外译介进入第四个阶段,即全本译介阶段。在此阶段《管子》译介及研究进入深化与成熟期,译介主要动机是学术研究和文化交流的目的。在这一时期,哈罗德·罗斯(Harold D. Roth)在其出版的《原道》(*Original Tao*)中探讨了《心术上》《心术下》以及《内业》篇章中的道家思想[①]。此期间,专门研究并译介《管子》的巅峰代表人物当属美国宾夕法尼亚大学教授艾伦·李克。他对《管子》的研究与翻译始于 20 世纪 40 年代后期,此后一直笔耕不辍,断续推进。1965 年李克贡献了他的阶段性成果《管子:早期中国思想的宝库》(*Kuan-tzu: A Repository of Early Chinese Thought*),该书由香港大学出版社出版,包含《管子》12 个篇章的英译,其中有 8 个篇章来自他的博士论文中的翻译。

在此基础上,李克先后于 1985 年与 1998 年推出由普林斯顿大学出版社出版的《管子》第一卷和第二卷,译本的全名是《〈管子〉:古代中国的政治、经济与哲学论文》(*Guanzi, Political, Economic, and Philosophical Essays from Early China: A Study and Translation, Volume I – II*)。该译本是普林斯顿亚洲翻译丛书之一。自此西方国家终于产生唯一一部完整的《管子》英文全译本,这标志着《管子》在西方的译介成果跃升到了一个新的高度。李克全译本的出版使得《管子》在西方世界从局部零碎翻译走向全面系统的译介,《管子》翻译结出硕果。李克的《管子》全译本参考资

---

① Harold David Roth. "Psychology and Self-Cultivation in Early Taoistic Thought", *Harvard Journal of Asiatic Studies*, 1992, 51 (2): 599 – 650.

料丰富、考证深入细致,彻底改变了《管子》长期以来在西方世界受重视不够的局面,改善了《管子》对外传播影响微弱的局面。布朗大学教授哈罗德·罗斯在李克《管子》英译本第二卷的卷首语中对译本给予高度评价,认为李克《管子》全译本对汉学研究做出了重大贡献。此译本的诞生意味着学术界得以获取早期中国哲学研究的重要资源以及更加完整的哲学框架。罗斯指出李克的《管子》翻译工作具有里程碑意义,赞扬李克能够毕其一生,心无旁骛,专注研究翻译一本中国典籍,令人钦佩。《管子》典籍在西方被忽视,李克通过孜孜不倦精深长久的研究与精湛的翻译,当仁不让地成为当今西方《管子》学术的顶尖权威。① 总而言之,李克全译本的问世一方面为广大学者提供了更加完整丰富的学术资源,另一方面也进一步推动了《管子》在英语世界的研究。

研读李克的两卷本译文可以看出,其译本成文周期长,译者语言功底深厚,研究充分透彻,翻译态度认真严肃,翻译总体质量较高。先秦诸子百家的著作典籍时至今日大多已经有了各种西方译本,但是其中不少译本内容不是那么准确,究其原因:一是外国译者汉语水平不足,且对于中国历史与文化知识的了解程度不够;二是准备时间与译前研究不足,译文中常常出现讹误或不够精确。李克的《管子》译本,历经近五十年长期细致的准备与研究,是半个世纪磨一剑的精品。李克本人拥有深厚的汉学功底,并曾先后得到许维遹、冯友兰、钱钟书、朱德熙、马非百等著名中国专家学者的指导与帮助。从李克译本的总体介绍、各个篇章的序言说明、极为丰富广博的注解内容、海量的研究意见综合,以及几乎无一遗漏的字词校正,完全可以看出,李克译本绝对不是那种缺乏对于中国文化了解的草率之作,而是倾其一生为之的心血佳作。

此外,李克译本一个重要特点在于译者思想立场的客观中立性。其译本重在介绍,很少掺入个人评论。李克所译的《管子》在正式译文之前都撰写了长篇的引言,每一篇章译文之前,都毫无例外地附加一篇长篇引

---

① W. A. Rickett. *Guanzi: Political, Economic, and Philosophical Essays from Early China* (Vol. II). Princeton, New Jersey: Princeton University Press, 1998.

言,有内容翔实的背景说明与译文介绍。李克的引言和解说,没有凭空品头论足和随意发挥,而是以扎实的考证和背景材料为主,鲜有个人武断性的评论。李克翻译的意图并不是对《管子》做出某种评价,而是试图通过准确地翻译《管子》,使西方读者能够掌握研究中国古代思想文化便利可信的文献材料,为进一步研究奠定基础。

李克的《管子》英译本是一个融研究与翻译为一体的作品,译者治学的严谨与研究的深入,单从译前总序就可以得到证明。总序内容包括:(1)《管子》的内容与篇章结构;(2)《管子》成书的最早材料;(3)刘向的编辑工作;(4)《管子》与管仲的关联;(5)今本《管子》的源起;(6)唐代之前的版本传承;(7)唐朝至宋朝版本传承;(8)《管子》印本集汇;(9)各类《管子》注本;(10)术语与定名;(11)翻译方法总结。

研究《管子》,离不开考证。而作为外国学者与译者,李克能够对《管子》一书的形成、《管子》与管仲的关系等问题做比较深入的考证,是非常可贵的。值得注意的是,李克很重视20世纪70年代以来的马王堆和银雀山考古发现与《管子》的关系,而且提出了一些较有特色的看法。比如,李克基本上遵从罗根泽等人的观点,认为《管子》是不同时代、不同学派的著作总汇。此外,李克还认为,《管子》书中贯穿着一种基本观点,它既不同于典型的法家思想,又不同于荀子以外的典型的儒家理念。既然全书不是一人一时一派之作,而是出自不同时期、不同作者的作品,为什么整本书会有这种一贯性的思想脉络呢?李克解释说,答案在于除了法家和一些重思辨的道家之外,中国古代所有政治思想家都志在恢复西周经典所宣扬的黄金时代。但是,通过何种途径来实现这一目标,思想家们又存在差异,有理想主义,也有现实主义。由于管仲政治实践的成功,许多作者愿意将自己的作品托名为管子所作。李克认为,今本《管子》的中心部分成书于公元前250年前后的稷下学宫。他还认为,原先曾有大量论文同上述《管子》的核心文集松散地汇编在一起,其中有些是出自淮南王刘向门客之手,后来一部分与《淮南子》合并,但其他若干章节仍保留在《管子》中,还有一部分被编入其他著作,也有的佚失了。李克认为,这个假设可以说明以齐鲁文化为中心的《管子》中为何会有楚文化的影响。

总的看来,李克的这些看法经过了认真的考证,有一定的参考价值。不可否认,李克的《管子》翻译,是对先秦齐鲁思想文化和中国古代思想研究的重要贡献,也是中国文化对外传播的重大成果。

"大中华文库(汉英对照)"工程是我国历史上首次系统全面地向世界推出外文版中国文化典籍的国家重大出版工程,于1995年正式立项,为中华典籍外译的发展奠定了坚实基础。"大中华文库"几乎涵盖了中国五千年文化的精华,《论语》《孟子》《老子》《庄子》《荀子》《儒林外史》等一系列中华典籍被相继译成多种文本在全球出版,其中《管子》英译本由鲁东大学翟江月教授完成,并于2005年由广西师范大学出版社首次出版。这是第一部由中国本土译者独立完成的《管子》全译本,对《管子》思想与齐鲁文化的全球推广具有重要的意义。

第三节 《管子》主要英译者

近现代以来,《管子》的英译作品逐渐增多,但是译文要么是零星或片段性内容,要么是专题性内容,一直缺乏整体性翻译作品。直到20世纪后期及21世纪初期,两部《管子》全本英语译文才正式出版面世,翻译者有两位,一位是当代美国学者李克,另一位是当代中国学者翟江月。李克是位资深的《管子》研究专家,而翟江月是先秦两汉文学研究专家,翻译过《吕氏春秋》《战国策》等多部中华典籍。以下围绕《管子》的英译进一步对两位译者深入介绍。

一、美国译者李克

李克是美国历史学家与汉学家,宾夕法尼亚大学中国及亚洲及中东研究的退休名誉教授。作为卓有成就的美国汉学家之一,李克最为人称道的是翻译了中国先秦法家经典著作《管子》全集。实际上,从1948年在美国宾夕法尼亚大学师从汉学家布德(Derk Bodde)期间,李克就开始接触《管子》,2014 年接受美国费城管子学院的聘请任顾问兼首席高级研究员。李克以毕生精力及所学致力于《管子》的研究、翻译及推介,他在美国汉学界乃至世界范围内被尊为《管子》研究的权威。李克译介《管子》的历程大体上可分为三个阶段,即初始阶段、成熟阶段以及持续影响阶段。

（1）初始阶段（1948—1965 年）。李克对《管子》的研究、翻译工作开始于 1948 年至 1951 年他来到清华大学、燕京大学工作学习期间。1948 年,李克偕新婚夫人李又安（Adele Austin Richett, 1919—1994）在美国富布莱特奖学金的资助下来到北平系统学习中国哲学,同时在大学担任英语教师。正是从这一时期开始,李克得到中国著名专家学者许维遹、冯友兰、钱钟书、朱德熙、马非百、刘殿爵等人的指点与帮助,开始接触《管子》,并产生浓厚的兴趣,从此开启了穷其一生的《管子》研究、解读与翻译事业。1955 年李克返回美国后继续在宾夕法尼亚大学攻读博士学位,选取了《管子》中有代表性的八篇文章作为其博士论文的研究对象,于 1960 年出版了《〈管子〉中八篇代表性文章的注释翻译与研究》（The Kuan-tzu：An Annotated Translation and Study of Eight Representative Chapters）。同年,李克在《通报》（Toung Pao）第 48 卷第 1 期发表了《中国古代的一幅历图:〈管子·幼官〉》（An Early Chinese Calendar Chart：Kuan-tzu，Ⅲ，8，Yu Kuan）,用 50 余页的篇幅对《幼官》一文做出详尽的解读和翻译。在此基础上,李克于 1965 年由香港大学出版社出版《〈管子〉:古代中国思想的宝库》（Kuan-tzu：A Repository of Early Chinese Thought）。除了《通报》中单独发表的《幼官》外,其余篇目为《大匡》《度地》《法法》《问》《形势》《形势解》《内业》《心术上》《心术下》《兵法》《地图》,共计 12 篇,对每一篇都进行了较详细的注释与考证[1]。美国汉学家杜百胜（W. A. Dobson）1967 年在《亚洲研究期刊》（The Journal of Asian Studies）第 26 卷第 2 期撰写书评,肯定了李克的研究成果以及他对美国

---

[1]　冯禹:《欧美国家有关《管子》研究的主要论著》,《管子学刊》,1988 年,第 2 期,第 93 - 95 页。

汉学界做出的贡献。杜百胜指出,李克在这本书中受到博士论文格式化要求的影响,同时出于严谨治学的考虑,其翻译作品力求字对字的翻译,保留了汉语中词序、句子结构、风格形式、思维模式等方面的特点,方便了研究者对《管子》资料的查考与原文的理解。但是顾此即失彼,杜百胜也指出,李克译文字对字对等方式的翻译,削弱了原文的文学性,从而限制了普通人的阅读习惯。因此,他呼吁李克等人为无法阅读原作的一般读者增加相应的注释和译文评论①。

（2）成熟阶段(1966—2002年)。自1965年出版了《管子》中12篇文章的翻译之后,李克立志将《管子》现存的76个篇章全部翻译出来。但是,由于大学教学及行政工作的影响,李克无暇全身心投入《管子》的译介工作,研究只能缓慢推进,直到20年后的1985年,李克终于整理了《管子》英译本第一卷,即《〈管子〉:古代中国政治、经济、哲学论文集》(*Guanzi*: *Political*, *Economic and Philosophical Essays from Early China*),列入美国普林斯顿大学出版社"普林斯顿亚洲翻译丛书"项目出版。在本书的引言部分,李克用了40余页的篇幅介绍了《管子》的编排体例、《管子》与管仲的关系、各时期的版本变迁,以及文中使用的翻译程序、翻译方法与注释方法、《管子》刻印本源流等。此外,李克译本还附录了多份插图与图表,主要包括《管子》从公元前3世纪到宋代的流传历史;《管子》从宋代到当代的流传历史;玄宫图绘;朱熹《河图》与《幼官图》;三数魔方图与《洛书》;月令图与五行图等。

正文部分共收录了现存的34篇文章,每一篇的翻译之前都附介绍性的评论,篇幅长短不一,以考证和介绍背景材料为主,包括每一篇文章的历史背景、主要内容、修辞风格、成书时间与作者身份,以及与其他篇章的关系等。从大量的脚注以及对部分韵文的处理,可以看出李克深厚的研究积累、扎实的汉语功底和严谨精细的治学态度。同时,考虑到内容的衔接,李克将第6章、65章、66章的《形势解》《立政九败解》与《版法解》提

---

① W. A. Dobson. (Book Review) "Kuan-tzu, a translation and study of twelve chapters. Vol. I. Tran. and Ed. by W. Allyn Rickett". *Journal of Asian Studies*, 1967, 26(2): 301.

前,分别放在相应的《形势》《立政》与《版法》篇之后。需要指出的是,李克摒弃了前期译文使用的威妥玛格式拼音翻译法,全部采用汉语拼音直接标注,如将《管子》的翻译由 Kuan-tzu 改为 Guanzi,这既体现了译者对中国文化的尊重,又有利于欧美学者适应新的汉语注音方法。针对这一开拓性鸿篇译作的出版,国内学者冯禹于 1988 年撰写评论,认为李克潜心钻研四十年,又有马非百等专家相助,因此翻译质量很高,绝不是那种缺乏对于中国了解的草率之作。1988 年,国外学者罗宾·耶茨(Robin Yates)在《亚洲研究期刊》上对该译著给予了高度评价,认为译作对《管子》研究做出了杰出的贡献,而且在未来许多年内,它都将是第一流的权威著作。①《管子》英译本第一卷出版之后,李克因自身年事较高及夫人李又安病故的影响,直到 1996 年才最终完成《管子》第二卷的整理与翻译工作,并于 1998 年同样在普林斯顿大学出版社出版。第二卷实际收录 42 篇,其编排体例、翻译方法基本与第一卷相同,但是根据上述罗宾等人的评论和建议,为了兼顾译文的可读性,在不影响理解的情况下,取消了很多对古汉语原文中省略部分的说明与补充。同时,根据鲍尔茨(William Boltz)等人的建议,李克对"理""义"等部分术语在不同语境中的意义阐释做了一定程度上较为灵活的修正。②

　　除了《管子》第一卷、第二卷的英文翻译之外,李克还多次撰文,介绍管仲及《管子》中体现的哲学、经济、国家治理等多方面的内容。李克也非常关心中国国内《管子》研究期刊《管子学刊》的创刊及中国本土《管子》研究的相关进展。1989 年,李克在 Early China 第 14 卷第 1 期撰文向美国学术界介绍 1986 年在淄博召开的首届《管子》学术讨论会以及随之诞生的《管子学刊》。同年,李克在《管子学刊》上介绍西方《管子》的研究情况,并对将来的管子研究方向做了一定程度的预测。1990 年,李克将马非百的《管子·内业》研究遗稿交由《管子学刊》连续三期刊载,为国

---

① 罗宾:《评李克译注〈管子:古代中国政治、经济、哲学论文集〉》,《管子学刊》,1988 年,第 4 期,第 82－83 页。

② R. McNeal. "The Development of Naturalist Thought in Ancient China: A Review of W. Allyn Rickett's *Guanzi*." *Early China*, 2003(28):161－200.

内的管子研究提供了一份宝贵的资料。

（3）持续影响阶段（2002—至今）。《管子》英译本第一、第二卷出版之后，李克并未止步。他利用自己掌握的学术资料、多年研究的积累，继续介绍、推广、扩大对《管子》的深度研究。2003 年李克撰写了著作《管子》（*Guanzi: The Book of Master Guan*），介绍了《管子》的成书背景、作者、编者、编撰特点等，尤其重点分析了书中体现的儒家、黄老道家、法家等哲学思想以及对后世的影响。2008 年美国哥伦比亚大学出版社出版的《东亚传统之源》（*Sources of East Asian Tradition*）第一卷"法家和军事家"一节中，李克也介绍了《管子》相关方面的研究。在其他学者有关中国古代历史、哲学、文学等的论述中，但凡涉及《管子》，李克是必须提到的专家之一，某种程度上可以说是到了"言《管子》必称李克"的境界。汉学家葛瑞汉曾经指出，严格说来，西方的《管子》专家只有李克一人。李克从宾夕法尼亚大学荣誉退休后，定居新泽西州的 Medford。2014 年，93 岁高龄的李克教授接受位于美国费城的管子学院的聘任，担任顾问兼首席高级研究员。2015 年，李克将毕生收集、珍藏的《管子》相关典籍共六十余册捐赠给美国管子学院，其中一部分为国内少见的线装本古籍。李克不仅穷其一生研究、翻译《管子》，更是通过捐赠的方式将《管子》介绍给更多的人，为《管子》的海内外研究提供自己最大的帮助。虽说西方对《管子》的研究已有百余年的历史，但是真正能够全面系统地解读、介绍并翻译《管子》典籍的，李克教授是第一人，后学者很难超越。李克译介的《管子》是对管子、齐学和中国古代政治思想对外传播的重大贡献。虽然李克《管子》英译本硕果已现，但是迄今为止，对这本译作的深入系统研究与评论还没有得到应有的重视，现有国内外的评论大多是漫谈式或涉及个别章节的短小文章，真正的深透挖掘研究性文章寥寥无几，更缺乏整体性全面性的著作性成果，因此对于李克译作的研究仍有大量的工作值得去做。

二、中国译者翟江月

翟江月是中国国内第一位全文英译《管子》的学者。她目前就职于鲁东大学文学院,其研究领域为中国古典文献学。翟江月多年来致力于中国典籍翻译,先后出版"大中华文库"之《吕氏春秋(汉英对照)》(2005年)、《管子(汉英对照)》(2005年)、《战国策(汉英对照)》(2008年)、《淮南子(汉英对照)》(2010年)、《朱子语类(汉英对照)》(2012年),而且都是其本人独立完成的译作。

翟江月1993年至1996年在山东大学文学院攻读硕士学位,方向为中国古代文学先秦两汉文学。1996年至1999年在山东大学文学院攻读博士学位,方向为中国古代文学先秦两汉文学,1999年获得文学博士学位。2001年至2003年,在德国图宾根大学进修德语与德国文学。在工作经历方面,翟江月1999年在山东大学文学院古籍所工作;1999年至2005年在广西师范大学出版社工作;2005年至今,在山东鲁东大学汉语言文学院工作,主讲"中国古代文学""先秦诸子散文研究""中国古代哲学与智慧""世界美文与中华经典"等研究生课程。翟江月的《战国策(汉英对照)》获得第24届山东省优秀社会科学成果三等奖。

翟江月的《管子》英译本共有四册,2005年由广西师范大学出版发行。目前的文献缺乏有关该译本的翻译过程详情的披露,如翻译目的与动机、参考源本依据、时间跨度、困难与问题、翻译策略、翻译体会与总结等,这些都给翟译《管子》的评论带来一定的难度。目前对于该译作的评论主要限于国内《管子》学术界,还没有发现有关国外学者的评论文章。

第四节 《管子》英译对比研究

从上文可知,目前《管子》的英语全译本只有两部,其一是美国汉学家李克两卷本译作(以下简称李译或李本),其二是中国学者翟江月完成

的四卷本译作(以下简称翟译或翟本)。李克《管子》译本第一卷于 1985
年出版,第二卷于 1998 年出版。翟江月的《管子》全译本于 2005 年出版。
《管子》全书共存 86 篇文章,所有篇章分属 8 个经卷,分别是《经言》《外
言》《内言》《短语》《区言》《杂篇》《管子解》和《管子轻重》。这八个经卷
有长有短,思想内容各有侧重,成书时间与作者身份各有不同,语言风格
各有特色,李译与翟译对各经卷的翻译方式也不尽相同,需要逐篇对比研
究。总体而言,翟译多用归化策略,常用意译方法,以向目标语读者靠拢
为译介取向,常常采取英语读者所习惯的表达方式来传达汉语原文的内
容。该策略有助于降低外国读者阅读的难度,增加译本的可读性。然而,
翟译大多采用对原文的解释性翻译,译者的主观操控空间大,词语意义转
换形式从对等角度来说很不严谨。李克译本大多采用异化策略,常用直
译方法,对原文字面意义转换比较客观,尽量忠实并向汉语原语靠拢,翻
译过程尽可能对应原作者的表达形式与风格。这既体现了译者对中国文
化的尊重,为典籍英译的规范性树立了良好的范例,又有利于英语阅读者
获得异国文化原汁原味的信息,引发读者对中国传统文化的兴趣,促进中
外文化交流,让不同层次的国外读者获得益处。本节将从译本编排方式
与体例结构、文章篇目和标题翻译、译本内容翻译与风格翻译、经典卷本
的翻译述评等角度对比分析李译与翟译的翻译特点与规律。

一、编排与体例结构对比

翟江月四册英译本《管子》中,第一册译文内容包括《管子》典籍的前
16 篇,始于《牧民》第 1 篇,终于《法法》第 16 篇;第二册内容从第 17 篇
《兵法》开始,终于第 37 篇《心术下》,共 21 篇,其中有 3 篇佚失,即第 21
篇《王言》、第 25 篇《谋失》和第 34 四篇《正言》。第三册首篇接续为第
38 篇《白心》,以第 65 篇《立政九败解》收尾,共有 28 篇,含 4 篇佚失,即
第 60 篇《言昭》、第 61 篇《修身》、第 62 篇《问霸》和第 63 篇《牧民解》。
第四册从第 66 篇《版法解》开始,终结《管子》最后一篇,即第 86 篇《轻重
庚》,共有 21 篇,含 3 篇佚失,即第 70 篇《问乘马》、第 82 篇《轻重丙》和

第 86 篇《轻重庚》。

翟译正文的翻译单位按照原文自然段落划分编排。原文段落结束后附上该段的小标题。如《管子》的首篇《牧民》，第一段后加了该段的段落标题为"右国颂"；第二段后加段落标题"右四维"；第三段后加段落标题"右四顺"等，以此类推。

翟译的体例有三个固定部分，即古汉语原文、现代汉语译文与英语译文。李克的译本体例主要有两个部分，即译文与注释部分，或称为纯译文与副文本部分。值得一提的是，关于译文的注释，李本翻译注释非常细致详尽，尤其注重对概念字词的考据，而翟本缺乏译注内容，这也是两个译本很大的不同。下面着重描述李克译本的注释内容情况。

李译的注释内容大体有如下几个方面：一是概念术语的源流、解释与辨析；二是对字词的辨识与修订；三是就争议性语句的版本出处做出说明。李克译本注释部分大约占全文三分之一以上的篇幅，译文每页几乎都有脚注，注释数量与分量远比翟译多，并且李克的译注周全详尽，追本溯源。翟译本缺乏专门脚注部分，对于具有汉语文化负载特性的概念术语或字词基本采用音译加括号解释的简化方式处理，没有溯源性探析，现举一例加以说明。例如第 4 篇《立政》中有"分国以为五乡，乡为之师"，翟译为：Divide the state into five xiang and appoint one Xiang Shi(the official in charge of a xiang)，括号内注释就是对"乡师"的释义，这样的注释贯穿翟译的始终。

此外，在篇章顺序排列方面，翟译严格遵照汉语文本的篇目顺序编排。在李克译本中，其篇章编排顺序是译者根据全书的内容关联体系进行重新排列，主要体现为某篇章与其篇章"解"的合并翻译。例如，第 2 篇《形势》(On Conditions and Circumstances) 与第 64 篇《形势解》(Explanation of the Xing Shi) 的并联翻译。在《形势》篇中，每句话都可以在《形势解》中发现详细的阐述。譬如《形势》篇篇首有"山高而不崩，则祈羊至矣"这样一个陈述句，而这句话的意思却被放在《形势解》卷第一段中加以详细阐释，解释用词达 100 多个汉字，李本翻译格式如下：

[*XS*] If a mountain rises high and never crumbles, sacrificial sheep will be presented to it.

[*XSJ*] A mountain is the highest of all things ... Therefore, so long as standards remain unfailingly high, desires will be fulfilled. Otherwise they will not.

其中,[*XS*]表示《形势》,[*XSJ*]表示《形势解》。类似这样大跨度串珠性翻译,还可以发现更多的例子,比如第 4 篇《立政》(On Overseeing Government)与第 65 篇《立政九败解》(Explanation to the Section on Nine Ways to Failure)合并翻译;第 7 篇《版法》(Ban Fa)与第 66 篇《版法解》(Ban Fa Jie)合并翻译;第 46 篇《明法》(On Making the Law Clear)与第 67 篇《明法解》(Explanation of the Ming Fa)合并翻译。此外,篇目顺序打乱的翻译,如第 35 篇《侈靡》放在第 59 篇《弟子职》之后;第 37 篇《心术下》在第 36 篇《心术上》之前;第 49 篇《内业》放在第 36 篇《心术上》之前。除此以外,李译每个篇章正式译文前面,译者加了本章的绪论,对该篇做较为详细的内容介绍与评论,提供该篇章的写作时期与过程、行文风格、主要内容、结构框架以及作者等信息。其评介内容长短视该篇的重要性而定,对篇章的来源与成书时期也做了考察与说明。

李克《管子》译本第一卷始于第 1 篇《牧民》,终于第 34 篇《正言》,实际共 33 篇;第二卷始于第 35 篇《侈靡》,终于第 86 篇《轻重庚》,实际为 42 篇。如上文所述,在译文篇章顺序排列上,李克译本并不是完全遵循汉语版本自然顺序,而是将内容关联紧密的篇章译文合二为一进行编排。第 8 篇的《幼官》与第 9 篇的《幼官图》因为内容基本相同,李译对《幼官图》没有翻译,而翟译还是对第 9 篇《幼官图》的内容重复翻译了一次。

李克译本中应用了两套页码标注体系。罗马数字用来标注原文经卷顺序;阿拉伯数字用来标注原文篇章顺序。在段落小标题的位置编排上,翟本与李本的处理方式也不尽相同。翟本按照原文位置,排列在关联段落后面,如《牧民》原文第一段结束后,其对应段落标题为"右国颂"("右"意义为"以上"),翟本遵循原文顺序,译为 That is Guo Song （meaning "eulogy to the state"）；李本为了适应英语读者的阅读习惯与编辑惯例，篇章段落小标题全部放置于该段的前面，如上"右国颂"，李译为 Concepts of State（Guo Song），并置于段首而非段尾。

关于《管子》原文中的韵文，李克研究发现，《管子》很多篇章含有韵文段落，有的文本部分韵律明显，有些文本部分韵律不太规则。对于韵文的翻译，李克本着风格对等的原则，尽可能以诗行方式翻译出来，并在行末标注押韵词语符号（如：刑/geng；名/mjieng；阳/riang 等），对于不规则的韵文，一般以散文行列编排译出。而翟译本忽视原文的韵律特征，对所有韵文一律按照散文体例译出，牺牲了原文的韵律与诗性修辞之美，从翻译的文体风格对等来看，存在文体欠额问题。

二、篇目和标题翻译对比

现存《管子》共有 86 个篇目，多数篇目都是由两个汉字构成；由一个单字表达的篇目有 3 个，具体为《问》《势》和《正》；由 3 个字构成的篇目有 20 余篇；还有 2 篇分别由 4 个和 5 个字构成。此外有 9 个篇目含有数字化表达，如《七法》《五辅》等。篇目翻译决定一个篇章的主旨要义，因此正确理解与恰当翻译篇目对于整个译本的质量至关重要。李译与翟译篇目翻译的方式有所不同。李译采用拼音字母加汉字符号加英语翻译的模式，如第 1 篇《牧民》的篇目翻译结构形式为："*Mu Ming*—牧民—On Shepherding the People"。这样以汉语拼音译法处理文化词，体现译者对原语文化的尊重，且音译与意译相结合的双重译法，增加了译作的可读性，有助于各层次的《管子》研究者据此进行科学研究。翟译则直接使用释义方式，如"牧民"直接译为 On Governing the People。

总体来看，在篇目翻译中，李译与翟译在意义理解方面大体上没有重大差异，译文的差异主要体现在措辞的不同。例如，第 46 篇《明法》的翻译，翟译为 The Most Important Sayings，李译为 On Making the Law Clear；再如，第 12 篇《枢言》的翻译，翟译为 On Clarifying the Law，李译为 Cardinal Sayings。一般而言，李译更多追求文字的形式对等，翟译更多追求的是意义的功能对等,以第 1 篇《牧民》为例,在李译中,"牧民"中的"牧"字被字面忠实地译为 shepherd(牧放;牧羊),此译保留了原文的文化意象,而在翟译中,"牧民"中的"牧"字被释译为 govern(治理),舍弃了原文的文化意象而只译出其功能意义。

比较发现,李译与翟译篇目用语表达完全相同的有 3 篇,分别是第 39 篇《水地》译文 Water and Earth,第 40 篇《四时》译文 The Four Seasons,第 67 篇《地员》译文 Categories of Land。

此外,在全部 86 个篇目中,翟译对每个篇目都给出了相应的英语译文。但是在李克译本中,有 22 个篇目没有给出英译篇目,而是完全采用汉语拼音方式的音译,具体是第 7 篇《版法》(Ban Fa),第 8 篇《幼官》(You Guan),第 18 篇《大匡》(Da Kuang),第 19 篇《中匡》(Zhong Kuang),第 20 篇《小匡》(Xiao Kuang),第 70 篇《问乘马》(Wen Cheng Ma)等。从以上例子我们可以看出,李克在翻译《管子》篇目时,如果认为该专有名词难以理解,他选择只采用拼音译法。对篇目音译法的大量使用,并不表明译者对篇目翻译的忽视,而是恰恰建立在深入研究之后做出的一种无奈选择。只用音译法翻译篇目,一方面显示译者对意义把握的不确定所持的审慎态度,因为音译法没有意义表述,造成了读者的理解盲区,但同时可以打开再度阐释的空间。在翟译本中,《大匡》被译为 The Big Historical Document of the State of the Qi,对篇章内容给予了一定程度的提示,但是其意义准确度却差强人意。

在篇目意义理解方面,翟译与李译也存在一些分歧之处。如第 5 篇《乘马》,李译为 On Military Taxes,即为"论军事赋税",其义具体;而翟译为 The Most Important Economic and Political Affairs,意思是"最重要的政治与经济事务",其义比较宽泛。另一个例子是第 22 篇《霸形》,翟译为 On Establishing One of the Most Powerful States,其意为"论建立一个最强大霸权国家",意译味道浓厚,意义笼统;李译为"Conditions Distinguishing a Lord Protector",意为"王霸辨别的条件",意义具体。其他篇目的不同翻译还体现在第 32、33 篇的《小称》《四称》等。此外,对于 10 个正文佚失仅篇目存在的部分,李译与翟译都给出了对应的篇目英译。在翻译方法上,翟译多意译,意义较宽泛;李译多直译,意义较具体。另外在单词溢出数量方面,翟译篇目英译单词数量普遍多于李译,李译更趋向简洁通顺。

《管子》很多篇章中含有大量段落标题,对于这类二级标题的翻译,李译与翟译有相似之处,也有相异的地方。相似翻译如《立政》篇中的"三本",李译为 Three Fundamentals,翟译为 Three Essentials。相异翻译如《立政》篇中的"首宪",李译为 Organizational and Procedural Statutes,翟译为 Publicizing the Constitution。在《牧民》篇中,第 2 个段落标题提出了"四维"的概念。"维"原意是拴系渔网的绳子,在此段落中"四维"被明确标示为"礼、义、廉、耻"四个要素。对于"四维"的翻译,李译舍弃了"四维"的隐喻意象,采用归化译法,译为 Four Cardinal Virtues(四要德)。西方"四德"之说为成典,内容为审慎(prudence)、勇敢(courage)、节制(temperance)与公正(justice)。虽然西方"四德"内容与《管子》中的"四维"所指不同,但是李译用"四德"替代"四维",其联想意义很容易在西方读者中引起共鸣与认同。而在翟译中,"四维"被译为 Four reins,即四根绳子,采用的是直译法,保留了源语文化意象,这个翻译对于英语国家目标读者而言,比较费解,读者认同接受比较困难。

对于"四维"中"礼、义、廉、耻"四要点,李译分别译为 propriety、righteousness、integrity 和 a sense of shame。翟译分别译为 etiquette、righteousness、uprightness 和 a sense of honor。两相比较可以看出,前三项"礼、义、廉"的理解两译大体相同,只是在"耻"的理解上,李译与翟译出现相反的解读。李译的"耻"被字面理解为"耻辱感",而翟译本的"耻"被解释为"荣誉感"。因为"四维"前三项皆为褒义项,第四项其逻辑语义应该惯性延续为褒义词,所以,翟译的理解是符合语境意义的,而李译之"耻"的情感意义突变与前三项是不协调的。

段落标题意义的准确把握,往往需要译者的严谨考证,借鉴研究资料并结合语境来去伪存真,斟酌推定。如《牧民》篇的一个段落标题为"六亲五法"。翟译处理为音译加注释,即 Liu Qin and Wu Fa(the six principles and the five kinds of benignity),即"六项原则与五种仁慈"。李克译本,通过文献资料的考证并对照段落上下文,认为此处"六亲五法"应为"四观五法",因为"六亲"在相关段落中没有体现。李克研究发现,"六亲"在古体字的书写中应为"四观",因为在古体字中,四与六形态相似,而繁体字的"親"与"觀"形态相近,推测来看,"六亲"是"四观"的误抄,且"四观"恰好对应了标题指涉段落中的"家、乡、国、天下"。基于此,李译对"四观五法"的表达为 Four Categories to Be Observed and Five Rules,比照文本证据,李克的纠正是有道理的,其扎实细致的研究精神值得推广。

三、内容与风格翻译对比

在篇章正文内容的翻译中,首先要关注的是概念的意义转换问题,《管子》作为一部汇聚道、法、儒等多家思想体系的文集,必然充斥大量古代中国的思想与学科概念,而跨文化表达这些概念或术语是典籍翻译的难题,也是译者必须要解决的问题。比如,"道"与"德"是《管子》反复提及的一对术语,也是道家思想的核心概念。"道"的字面基本意义有道路、轨道、方法,引申意义有路径、惯例等。李译"道"为 the Way,翟译"道"为 Tao。李译之"道"用大写的 Way 而不是小写的 way 来表示,说明译者欲表达道家"道"之唯一性、超验性与终极性,而非经验性与普遍性之意义,所指是天地万物运行的总的方式与法则,而非一般生活实践意义的做事方法。翟译之"道"用的是音译 Tao,其意义无法确定,需要注释或阐释,这表明译者对"道"的意义不确定而采取了一种权宜之计。术语"德"在李、翟译本中常被译为 virtue,一般指个人的良善德行。对于儒家而言,"德"是指外在道德表现;而对于道家而言,"德"更多指涉心理力量或自然界整体或个人的本质属性,在此语境中,李克往往将"德"译为 the Power[1]。

---

[1] W. A. Rickett. *Guanzi: Political, Economic, and Philosophical Essays from Early China* (Vol. I). Princeton, New Jersey: Princeton University Press,1985: 43 – 44.

　　《管子》中有关国家统治者称谓的表述也是多种多样的,主要有"君""上""主""王""帝"等。在李译本中,"君"为 prince,"主"为 ruler,"上"为 sovereign 或 the throne,"王"为 king,"帝"为 emperor。在翟译本中,"君"与"上"均译为 sovereign,"王"也译为 king,但是"帝"却译为 Di,表明翟译对"帝"之意义把握的不确定性。先秦时期的"帝""王"在不同时期、不同场合具有不同含义。虽然《管子》中的"帝"和"王"大都指最高统治者,但其差别在于得天下的先后及治天下范围与手段不同,因此翻译时不能随意表达,emperor 在权辖范围方面隐含大于 king 的意义,也就是说"帝"大于"王"。

　　再如"士"的概念,在不同文章的语境中,"士"的意义也相应变化。李译本中,"士"被理解为持守礼法的中国古代社会精英与贵族阶层;有些"士"掌握特定的技能,兼有文职官位,而有些"士"就是将士。在《管子》中,依据语境的不同,"士"也有不同的译法。比如"士"可译为members of aristocracy 或 gentry(贵族),也可译为 gentleman(绅士),还可译为 scholar(学者)或 warrior knight(骑士),甚至可以译为 professional cutthroat(职业杀手)。而翟本将"士"经常译为 sensible people,即理智人士,从文化内涵的传递上看,其意义并没有表达透彻。

　　在翻译过程中,译者对概念意义的翻译不能固守不变,如有必要需动态调整,比如李克对"义"与"理"这对术语的翻译。在第一卷译文中,对于"理"与"义",李克一般采用其字典释义,将两词分别译为 principle 与 righteousness。在第一卷出版后,李克接受了评论者和读者的意见,在第二卷译文中,对"理"与"义"采用了切合语境意义的灵活表达。李克研究发现,朱熹新儒家时代之前的"理"不是行为伦理的"原则",而是等同于"里"(insides),指的是事物的内在机理(internal order),在此意义上,"理"与"治"(order)同义;而"义"在《管子》中的主要意义不是正义,而是"责任感"(the sense of duty)、"忠诚"(loyalty)与"职责"(obligation)等。在翟译中,"义"一直都翻成 righteousness,而"理"则被译成 situation。

　　对比李、翟两个译本,李克注重对概念意义的语境化表达,常使用括号注释标示出某词的明确内涵。比如《牧民》篇中的陈述句"上服度,则

143

六亲固", 李本译为 "If the sovereign complies with the <u>rules</u> [regarding proper dress and expenditure], the six relationships will be secure." 在此句中, 李本对"度"的具体内容通过方括号注释加以明确, 即君王"穿着与花费"方面的规则。这样的例子在第一卷中不胜枚举, 显示了两个译文处理概念意义的重大差别。显然, 李克在这方面是非常严谨的, 也做过大量的认真研究, 并体现在译文表达中。对于上句, 翟译为 "If the sovereign's conduct is all in accordance with the <u>regulations</u> of the state, all relatives of him will be coherent with one another." 对于"度"的语境意义不加阐发, 其结果是该词的概念内涵意义不够清晰。

需要指出的是, 尽管李译在词语意义翻译上比较严谨细致, 但是有些情况下, 李克在翻译方法上过度强调词语的字面对等, 译本也出现机械死译的现象。例如, 上例"上服度, 则六亲固"(《牧民》)一句的翻译, 李克将"六亲"译为 the six relationships, 翟译将"六亲"转换成 one another。两相比照, 翟译意义表达灵活, 而李译意义表达机械拘泥。再如"育六畜", 翟译为 raise livestock, 略去数字对译, 但意义自然到位, 而李译为 raise the six domestic animals, 字面数字直译, 说明李克对中国古代数字文化的泛指意义缺乏了解, 所以形成机械翻译, 意义呆板僵滞。

意义等值是翻译的首要考虑, 除此以外, 典籍翻译的风格对等也是优质译文的基本要求。《管子》文学性很强, 语言精练, 语句朗朗上口, 很多篇章以韵文写就, 因此在英语翻译中, 再现原文的语体修辞风格是对译者的一大挑战。原文古汉语简洁典雅的语体风格极具文学特色, 风格对等程度的高低决定了译文质量的高下。

就篇章段落结构而言, 李克译本的英语段落处理不受汉语原文段落的限制, 译文分段基本依据句群逻辑, 常常将原文一个大的自然段切分为多个短小自然段落。而翟江月译本基本维持原文的段落整体性, 不做切分降解处理。比如第 8 篇《幼官》, 原文第一段有 463 个字, 翟译本对这样一个大的段落没有做分解处理, 而是仍然保持一个英语整段不变。但在李克译本中, 这个大的段落被再分为 10 个小的段落。从文章编排与阅读效果来看, 大的段落显得单调呆板, 行数较多容易引起读者阅读倦怠与不耐烦,而小的段落对原文的逻辑结构重新布局,排列灵活,可读性强,阅读愉悦感与兴趣大于长段。李克译本在段落编排方面充分考虑了读者接受心理,且符合英文文章段落演进规律,其阅读感受效果优于翟译本。

在句式与词语处理方面,总体而言,李译处理比较简明严谨,翟译表达显得粗疏啰唆。例如第 17 篇《兵法》的开首句,原文是"明一者皇,察道者帝,通德者王,谋得兵胜者霸"。两个译本的处理分别如下:

> 李译:Those who understood the Unity of Nature became sovereigns. Those who discerned the Way became emperors. Those who comprehended the Power became kings. Those who schemed to gain military victories became lord protectors.
>
> 翟译:Sovereigns who know Tao can become Huang (the most powerful ruler of the world), who know the right rules for governing the world can become Di, who know how to take benevolent policies can unify the whole world, and who know how to gain victory in all military actions can establish the most powerful states of the world.

比较来看,李译句式风格简练,与原文对应清晰,翟译句式冗长拖沓,溢出性解释过多;其次,在原文两组基本概念转换上,李译认真地逐一表达,没有遗漏,其中第一组概念群中"一、道、德"分别译为 the Unity of Nature、the Way、the Power;第二组概念群中的"皇、帝、王、霸"对应英译为 sovereigns、emperors、kings、lord protectors;而在翟译中,以上两组七个概念中,只对"一(Tao)、皇(Huang)、帝(Di)"三个概念做了简单的音译处理,其他概念都是模糊化阐释。值得一提的是,此处翟译的英语句式甚至出现语法性错误,可见翟译比较粗糙。

全面比较李克与翟江月两个译本,可以发现,李译用词精练,句型简短,上下文衔接技巧纯熟,文字重复少,而翟译本的翻译基本套用原文句法,句式变通不明显,跟随原文过多使用重复法。试看《牧民》篇的首句,原文为"凡有地牧民者,务在四时,守在仓廪"。翟本和李本分别如下:

　　翟译：Whoever has the authority over some land and governs the people should pay attention to opportunities provided by the four seasons to have all farm work done on time to make sure that enough grain can be stored.

　　李译：All those who possess territory and shepherd people must pay heed to the four seasons and watch over the granaries.

翟译为 38 个单词，而李译只有 20 个单词。由此可以看出，李译文风偏向简洁，而翟译趋向繁复。在对古汉语这种非常简洁文体的英译处理中，词语溢出量的多寡可以在一定程度上衡量译者风格对等的水平与能力。观察发现，通过熟练运用句法衔接技术，李克译本的词语溢出量大多少于翟译本。

　　在典籍译介中，一个优秀译者不仅会追求意义的准确性，还须具备敏感的风格对等意识。李克译本比较重视篇章的文体与体裁的表达方式，往往使用灵活的篇章结构形态再现原文的风格因素。在第 18 篇《大匡》中，主要内容为齐桓公与鲍叔、管仲、召忽等人的对话，属于对话类体裁。李译打破了原文的大段落框架，而采用短小对答段落来突出对话者的内容，也就是说，每个发问者的话语与回答者的答语都自成一个自然段，这样的行文布局很切合英语对话文体段落布排规则，体现了风格对等意识的有效运用。

　　在《大匡》首段中，召忽与鲍叔展开对话，原文为散文排列，其文如下："管仲与召忽往见之曰：'何故不出？'鲍叔曰：'先人有言曰：知子莫若父，知臣莫若君'，今君知臣不肖也，是以使贱臣傅小白也。贱臣知弃矣。"召忽曰："子固辞无出，吾权任子以死亡，必免子。"在李克译文中，这段对话处理如下：

Guan Zhong went with Shao Hu to see him and asked, "Why won't you come out and accept?"

Bao Shu replied, "Our forefathers had a saying, 'No one

knows the son better than his father and no one knows the minister better than his prince. ' Now, the prince knows of my unworthiness and so has commissioned me to tutor Xiaobo. I realize that I have been rejected. "

"If you are firm in your refusal and will not come out of retirement, I'll vouch for your integrity even unto death," said Shao Hu. "The duke will certainly excuse you. "

可以看出,李克译文中,这轮对话,每个对话者的对话信息自成一个自然段。所以三轮对话排列为三个自然段,这样重构了原文的段落方式,使之符合西方对话的文体风格特征。比较翟译,其对话翻译整体地放在一个较大的自然段内,无法清晰地凸显对话文体,其段落编排方式不符合英语对话体裁的惯例。

如前所述,《管子》文章中有大量内容是以韵文体裁表达的,其韵律表现形式有的较规则,有的不规则,有的明显,有的不明显。李克对《管子》篇章中韵律文体的处理,一般本着尊重原文写作格式的原则,尽可能地在翻译中保留原语的韵文风格。李克对韵律文体的重视不仅体现在典型的诗韵文篇章中,也体现在散文体中夹杂的零星韵文段落或句群中。比如在第3篇《权修》中,有文如下,"我苟种之,如神用之,举事如神,唯王之门。"李克译文以诗歌四行体逐句翻译,并标示出尾韵特征:

Having once planted (tjewng) them,
Spiritlike I make use (riewng) of them.
To undertake affairs as would the spirits (zdjien),
Such is the gate (mwen) to kingliness.

同样这一句,翟译本忽视其语言的韵律特征,而以散文体格式翻译如下:

If I am concerned with edifying people, I will have

supernatural success. And only people who are capable of establishing a great power can manage to achieve supernatural success.

其诗化音韵特征在目标语中丧失殆尽。

四、经典案例分析——以《管子·经言》卷的翻译为例

《经言》(Canonical Statements)据认为是《管子》中最古老的文集,包含《管子》的前9篇文章,按原著顺序排列有《牧民》《形势》《权修》《立政》《乘马》《七法》《版法》《幼官》与《幼官图》。以下将分篇简要说明并剖析李译本与翟译本对篇目及正文某些要点的处理。

第1篇《牧民》的翻译。《牧民》是《管子》首篇文章,李译"牧民"为On Shepherding the People,翟译为On Governing the People。shepherd(牧羊)在英语中隐含基督教文化的护佑意义,而govern则体现法家的统治内涵。学界认为《牧民》是《管子》最重要的篇章,文章反映了儒家的现实主义思想,突出了"四维"道德属性的重要价值。"四维"具体内容如下:"国有四维,一维绝则倾,二维绝则危,三维绝则覆,四维绝则灭。"李译和翟译分别处理如下:

> 李译:The state has four cardinal virtues. If one is eliminated, [the state] will totter. If two, it will be in danger. If three, it will be overthrown. If all four are eliminated, it will be totally wiped out.
>
> 翟译:A state has four reins. If one of the four is destroyed, the state will not be stable; if two of the four are destroyed, the state will be in danger; if three of the four are destroyed, the state will be in overthrown; if all the four are destroyed, the state will be ruined.

两个译文均保留了原文中的平行结构,采用 if … ,the(a) state … 的结构,保持与古汉语结构的一致性以及译文的可读性。由于古汉语用词简短,因此两篇译文为了保证语法的完整性与表达的流畅性,就无法保证目标语的简洁性。即便如此,李译用了 38 个单词,而翟译却用了 55 个,比李译多 17 个单词,表明李译的词语溢出量少于翟译,李译在风格对等方面高于翟译。

对于第 2 篇《形势》,李克研究发现,《形势》篇内容艰深,段落之间缺乏清晰的逻辑关联,读者对主题的连贯性把握困难,文中充满各类短小警句与民谚表达,体裁上类似于印度与中东的智慧文体。李克对《形势》中的“形”与“势”做出了区分,译“形”为 conditions,译“势”为 circumstances。“形”为因,“势”为形之果。李克举例说明了这一点,如“山高而不崩,则祈羊至矣”。其中“山高而不崩”为形(前因),而“则祈羊至矣”为“势”(后果),因此“形势”在李译中被具体分译为 On Conditions and Circumstances,而在翟译中只用笼统的 The Situation 表达。

在本篇中,李译与翟译对词语的宗教含义理解上存在差距。比如对于句子“山高而不崩,则祈羊至矣”中的“祈羊”的理解,李译为 sacrificial sheep,即牺祭羊,意义传达确切,宗教意味到位,而翟译为 lambs,意义有缺省,对祭祀文化理解不深。再看另一个短语“祗山川”的理解。翟译为 worship mountains and valleys,而李译为 respect the mountain and river gods。翟译本意为“崇拜山脉与峡谷”,意义理解非常肤浅,没有达意;而李译深谙原文所指,译成“敬拜山神与河神”,意义显然深入到位,传递了原文的确切意指。

在《管子》的《形势》与以后的几个篇章中,频繁出现“常”这样一个概念,如“天不变其常”。“常”在李译中为 constant activities,在翟译中为 track。“常”在儒家与法家话语体系中意义并不一样。在儒家体系中,“常”表示上天恒定的伦理标准,是用以规范社会根基的尺度。而在法家看来,“常”是统治者建立的规则,是用以判定奖惩的基础。在道家体系中,“常”具有哲学本体意义,特指宇宙规律的不变性。

第 3 篇《权修》,无论在内容还是语言风格上,都与《牧民》非常相似,

"牧民"与"礼义廉耻"这些《牧民》中的关键概念在《权修》中常被引用。"权修"在李译中为 On the Cultivation of Political Power,在翟译中为 On Consolidating the Authority of the Throne,即王权的巩固,翟译比李译意义更加确切具体。在正文中,李译与翟译对词语意义的判定也存在一些差异,比如在"故末产不禁则野不辟"一句中,李译为"Now, if nonessential production is not prohibited, the countryside will not be brought under cultivation."而翟译表达为"Hence, if commerce and handicraft industry are not stopped, the wastelands of a state will not be reclaimed."对于"末产"的翻译,李译用 nonessential production 来表达,意义比较笼统,而翟译将"末产"具体转换为 commerce and handicraft industry,即商业与手工业,意义具体明晰。

第 4 篇《立政》由一篇序言和 9 个带有标题的段落组成。《尚书》也有一篇目相同的文章,《立政》主要论述地方政府的架构与运行方式。李克将《立政》篇与第 65 篇《立政九败解》合并翻译。"立政"在李译中为 On Overseeing Government,在翟译中为 On Establishing Right Policies。"立政九败解"李译为 Explanation to the Section on Nine Ways to Failure,翟译为 Comments on the Nine False Steps in Establishing Polices。在本篇的官衔术语翻译中,两译本有一定差异,如"司空"之职,翟译为 minister of agriculture,而李译为 minister of works。翟定名为农业主官,李定为工程修造主官,依据前文的"修火宪,决水潦,通沟渎,修障防,安水藏……",李克的翻译较符合语境和逻辑。

第 5 篇《乘马》的篇目在李译本中表述为 On Military Taxes,这是译者李克综合研究之后的译义选择,认为是该篇主旨。主流学者研究认为《乘马》篇讲的是政府财政议题(On Government Finances),翟译本将"乘马"表述为 The Most Important Economic and Political Affairs,意义过度宽泛,失去定题意义。李克研究发现,此处"乘马"之命名与《后汉书》中的"乘马之法"有关联,"乘马"指的是战车与战马,专门论述军事赋税问题。

第 6 篇《七法》中,"七法"李译为 The Seven Standards,翟译为 The Seven Main Principles,二者翻译意义相近。《七法》主要讨论军事谋略的运用,与《商君书》联系紧密。本篇的"七法"具体为:则、象、法、化、决塞、心术、计数。翟译对"七法"的处理为音译加括号注释,英文分别为 Ze (rules),Xiang(the images of things),Fa(weights and measures),Hua (moral education),Jue Sai(decisive measures),Xin Shu(schemes),Ji Shu(tactics)。李译"七法"与翟译方式相同,译文如下:Laws of nature (ze),physical qualities(xiang),standards for measurement(fa),forms of transformation(hua),permissive or inhibitory actions(jue se),patterns of mental behavior(xin shu),categories of mensuration(ji shu)——these constitute the seven standards。比较二者译文,翟译相对简洁,意义具体形而下;而李译词数量较多,意义抽象,形而上意味强。

第7篇《版法》论述君王顺应天意的必要性。李克将《版法》(BF)与第66篇《版法解》(BFJ)合并翻译。"版法"在翟本中译为 On Defining the Most Important Rules,意思是"最重要法则的界定"。李克译本认为篇目"版法"意义确定困难,所以只用音译 Ban Fa 标注。但是对"版法"意义的补偿,译者在译文序言部分做了一定的探析,"版"为木版、铜版等,是典章撰写其上的介质,"法"此处不是法律,而是"指南""模范",其动词用法为"模仿"。对于《版法解》篇章的翻译,李克安排了三个部分进行处理,第一部分是主体,提供对《版法》逐句的解析翻译,第二、第三部分添加了两个长度不大的附录(Addendum Ⅰ-Ⅱ)。李克综合其研究所得认为,这两个附录具有《版法解》的总结性质,且可能是原版错编其他部分,因为这两个附录通过齐桓公与管仲想象性对话方式对《版法解》内容做出直接评论,且语体风格与《版法解》相似,故被纳入译文。这也体现了李克严谨求真的翻译精神,是发挥副文本阐释功能的创新举措。

第8篇《幼官》与第9篇《幼官图》。《幼官》篇讨论五行历法的运行方式以及政治、军事活动与季节变化的关系。关于篇目"幼官"意义的英译,翟译用词较多,表达为 On Handling Government Affairs According to the Thoughts of the Five Main Elements,意思是"按照五行原理处理行政事务";李克只用了 You Guan 这个音译法。对于"幼官"意义,他在译序中提出了两种可能性解读:一是"幼官"应该为"玄宫"(the Dark Palace)的误写；二是"幼官"应该有一个替代性的题目"时令"（Seasonal Ordinances）。此外李克在译文中添加了 6 个玄宫方位与时令排布的图表，以便更好地理解译文。黎翔凤的《管子校注》认为，《幼官》分两个部分：本图与副图。篇章内部顺序体现了中国传统时令的特点：以中、东、南、西、北五方，对应中春夏秋冬。全文分 10 段，内容上可分为时令和政论两部分。李克将《幼官》与《幼官图》并联翻译，因为《幼官图》在内容上与《幼官》基本一致，只是段落顺序有所不同，所以省略了《幼官图》的翻译。在翟译本中，《幼官图》有完整的译文。

第五节 《管子》在英语世界的传播

时至今日，《管子》在英语世界的研究、译介与传播大约跨越一个世纪。从 20 世纪 20 年代算起，《管子》的翻译研究相继经历了零星片段阶段、一定程度规模化阶段，直至 20 世纪末 21 世纪初的全本翻译阶段。客观而言，《管子》在英语世界的传播面还不够广泛，主要局限于少数英美汉学家的学术研究，学术活动主要发生于一些汉学或东方哲学学府的研究机构中。《管子》在英语世界的社会大众传播影响面有待在 21 世纪加以拓展。依据现有的资料，下面将从两个方面评述《管子》在英语世界的传播与影响：一、互联网媒介平台的推介与评论；二、《管子》英语译介研究的评论。

一、互联网媒介平台的推介与评论

（一）维基百科英语网站对《管子》的介绍

维基百科（Wikipedia），是一个基于维基技术用多种语言编写的网络百科全书项目，名列全球十大最受欢迎的网站，在全球范围内有着广泛的学术影响。在维基百科英文网站，使用 Guanzi 条目搜索就可以进入对

《管子》的英语介绍,主要内容有《管子》概述、《管子》主要内容、参考文献链接等。维基首先引用美国汉学家李克相关文献对《管子》进行介绍,主要涵盖下述几个方面:《管子》是古代中国的政治和哲学典籍之一;《管子》全书超过135 000字,是古代中国最长的哲学典籍之一;该书可能在《韩非子》之后才开始编撰,汉代学者刘向在公元前26年左右编撰成书;《管子》题材广泛,作者众多,内容包含经济、地理、政治,思想体系,混合法、儒、道等众多学派,且与稷下学宫学者著述联系紧密;明代农业科学家徐光启经常引用《管子》中的文章;第一次对《管子》文集的引用发生在西汉初年道家倾向的《淮南子》书中,在汉朝更多的是把此书当作道家文献来对待等。

维基百科接着引用汉学家葛瑞汉的观点指出,《管子》在隋朝以后被定位为法家著作,大部分篇章的主题论述政府与君王治国之术,并特别指出,美国汉学家与翻译家艾伦·李克认为,与《商君书》严苛的法家思想不同,《管子》中的法家思想混合着现实主义儒家与道家思想,强调礼法结合的重要性。

此外,维基百科特别刊发了美国汉学家罗斯于1999年完成的一段英语译文,内容涉及《管子》第49篇《内业》中关于道教修身冥想技巧的最古老的记载,原文记录为"大心而敢,宽气而广,其形安而不移,能守一而弃万苛。见利不诱,见害不惧,宽舒而仁,独乐其身,是谓云气,意行似天"。罗斯以诗歌的格式加以处理,具有一定的音韵之美,其译文如下:

When you enlarge your mind and let go of it,

When you relax your [qi 气] vital breath and expand it,

When your body is calm and unmoving:

And you can maintain the One and discard the myriad disturbances.

You will see profit and not be enticed by it,

You will see harm and not be frightened by it.

Relaxed and unwound, yet acutely sensitive,

In solitude you delight in your own person.

This is called "revolving the vital breath":

Your thoughts and deeds seem heavenly. ①

（二）亚马逊图书网站读者评论

截至 2019 年 1 月 15 日,美国亚马逊网站对李克的《管子》英译版主要有两条美国读者评论。一条由 Lenny Lendon 于 2006 年 7 月 9 日发表,该读者认为,李克的英译版本过于学术性,并不适合每一个普通读者。他还认为李克译作在编辑方面处理不够完善,译文读起来并不那么有趣。此外该读者指出李克的第一卷并没有完全翻译《管子》中最精华的部分,但是李克在译文中所做的各种注释则比较受欢迎。② 另一条评论则是由 Matthias Richter 于 2008 年 8 月 18 日发表,该读者认为,李克的译本为西方读者做出了很大的贡献,他在译本中添加的大量翔实准确的注解便于读者阅读。③

对翟江月《管子》译本的评论只有一条,一个名为 Travis T. Anderson 的读者虽然给了翟译本一个四星评价,但非常直截了当地指出,这是因为其价格较李克译本便宜,在可读性方面远不如李克译文,最明显的缺陷是没有注释和索引等,对没有哲学或经济学基础的读者构成了挑战。④

---

① Harold Roth. *Original Tao: Inward training*（nei-yeh）*and the foundations of Taoist mysticism*. New York: Columbia University Press, 1999: 92.

② 英文原文为:It's not a book for everybody. It's an academic translation. The editor doesn't make any effort to make the book interesting. It's a partial translation. The best parts of the work haven't been translated. I would have liked much more notes and explications. Chinese classics deserve a better handling and treatment.

③ 英文原文为:Rickett's translation of *the Guanzi* in two volumes, of which the present is the first, has made a long underrated very important compilation of texts from early China available for the Western reader. Rickett has achieved an accurate and well annotated translation in a very readable, clear style.

④ 英文原文为:However, if you're new to Chinese Philosophy or economics, this is not a good translation to start with. It has neither index or notes, making it extremely difficult to understand unless you specialize in these areas. The translation itself is at times a bit sloppy as well, and typos abound.

纵观亚马逊网站,读者对于李克译本和翟江月译本的评论相对较少,这可能与《管子》原文和译文中一些晦涩难懂的语句有关。从上述三位读者的评论以及研究《管子》的学者所取得的成果可以看出,《管子》的英译在西方世界的传播还停留在狭窄的学术层面,要将其传播到广大读者中,还需要广大学者与更多有志的译者进一步努力。

(三) 其他学术网站对于《管子》英译的引用与评论

截至 2016 年 1 月 15 日,根据谷歌学术(google scholar)网站的统计情况,从 1987 年到 2014 年的 28 年间,美国汉学家李克的英译本共被引用138 次,引用文章的主题涵盖中国传统文化、中国史前文明、古代经济、东西方古代文化对比、道家思想研究等方面。

此外,中国的"新法家"(The New Legalist)网站自建立以来,连载了学者李学俊的一系列翻译研究作品,主要节译了《管子》中具有代表性的政治及经济观点,目前该网站可搜到李学俊 2012 至 2013 年间先后发表的 7 篇译作。① 这些都为《管子》英译的进一步研究奠定了坚实的基础。

二、《管子》在英语世界的影响

西方学者对《管子》的研究与译介始于 19 世纪末。在这一时期,先后出现了甲柏连孜(Georg von der Gabelentz)、威尔汉姆·格鲁勃

---

① 按照发表时间先后顺序,具体作品如下: 1. Guanzi(《管子》): Earliest Masterpiece on Political Economy in Human History (I) ,2012 – 10 – 03 ;2. Guanzi (《管子》)—Earliest Masterpiece on Political Economy in Human History (2) : Non-Hegemonic Theory On Market Economy, 2013 -01 - 01 ; 3. Guanzi (《管子》)—Earliest Masterpiece on Political Economy in History (3 – 5) : Non-Hegemonic Theory On Property Rights, Resources and Currency, 2013 – 03 – 03 ; 4. Guanzi (《管子》)—Earliest Masterpiece on Political Economy in Human History (6) : Non-Hegemonic Theory On Government, 2013 – 0401 ; 5. Guanzi (《管子》)—Non-Hegemonic Political Economy (7) : On Macro—Control—Goods, Currency and Administrative Regulation, 2013 – 05 – 01 ; 6. Guanzi (《管子》)—Non-Hegemonic Political Economy (8 – 11) : On Statism, Law, Finance, & Sustainability, 2013 – 06 – 01 ; 7. Guanzi (《管子》)—Non-Hegemonic Political Economy (12 – 15) : On Employment, Welfare, Market Revolution & Value Theory, 2013 – 07 – 02.

（Wilhelm Grube），爱德华·帕克（Edward Park）等介绍《管子》的学者。20 世纪 20 年代末，西方对《管子》的研究才真正开始，出现了诸如佛尔克（Forke）、亨利·马斯波罗（Henri Maspero）、佰恩哈德·卡尔格伦（Bernhard Karlgren）、皮特·梵·德龙（Piet Van Delon）、体斯（Hughes）等研究者，他们针对《管子》是否是"伪书"展开讨论，并各自做出细致的考证与研究①。关于《管子》的成书与流传，国外学者如马斯波罗、卡尔格伦、梵·德龙、李克、史太因（Viktor Shteyn）、金谷治等都有论述。到了 20 世纪 50 年代，西方出现了第一部研究《管子》的专著《古代中国的经济对话：〈管子〉选集》，该书由美籍华裔学者谭伯甫、温公文翻译出版，主要为节译与选译。进入 20 世纪后期，罗斯在其出版的 *Original Tao* 中探讨了《管子》的《心术》《内业》等章节中蕴含的思想。普林斯顿大学出版社于 1985 年和 1998 年分别出版了李克翻译的《管子》第一卷和第二卷。至此西方国家终于有了一部完整的《管子》英文权威全译本，这也是西方第一部全译本。中国国内《管子》的英语全译本由翟江月完成，并于 2005 年由广西师范大学出版社首次出版。

目前国内外学者对《管子》译介研究的主要表现形式为著作和论文。国内研究主要以论文形式体现，包括 1988 年冯禹的《〈管子〉英译本评价》和《欧美国家有关〈管子〉研究的主要论著》；1989 年宋立民译作的《〈管子〉（中国早期政治经济哲学散论）的研究和翻译》；1993 年李霞的《本世纪以来〈管子〉研究简介》；2014 年陈江宁的《〈管子〉语言简约风格的英译传达》；2014 年李宗政的《〈管子〉外译研究概述》等。此外，汉语《管子学刊》自 1987 年在中国创刊以来多次刊发了"《管子》在国外"栏目，主要评介了苏联、日本及美国汉学家对《管子》的研究，比如冯禹不仅评介了李克英译《管子》第一卷，还汇总了 1988 年以前欧美国家关于《管子》研究的主要论著②；陈书仪于 1996 年在《管子学刊》发表了一篇题为《齐文化研究在国外》的文章，系统介绍了《管子》与齐文化在国外的译

① 李宗政：《〈管子〉外译研究概述》，《管子学刊》，2014 年，第 2 期，第 111 – 115 页。
② 冯禹：《〈管子〉英译本评价》，《管子学刊》，1988 年，第 2 期，第 50 – 55 页。

介及研究状况①。

国外对于《管子》的译介研究主要集中于李克的《管子》英译。比如1988年美国学者鲍尔茨发表的《评李克译注〈管子〉第一卷》以及1988年另一名学者罗宾·耶茨所著的《评李克译注〈管子:古代中国政治、经济、哲学论文集〉》。

时至21世纪初,《管子》研究在英语国家不断推进。据目前所知,美国、加拿大都设立了管子学院,旨在开展管子思想研究以及齐文化海外交流。美国管子学院设址在费城,院长由管子后人管必红担任。2015年6月,宾夕法尼亚大学荣休教授李克向管子学院赠送管子系列典籍60余册,其中包括《管子》《管子·地员篇》《管子校义》《管子参解》《管子新释》《管子校正》《管子义证》《诸子新证》《诸子平议》及《本源流考》等中国国内少见的线装本古籍。这是李克夫妇1948至1955年期间在中国收集到的有关管子的典籍,对研究管子具有重要意义。

谈到《管子》在英语世界传播的一个典型影响,不得不提及美国意象派诗人庞德(Ezra Pound,1885—1972)。作为意象派诗歌的代表人物,庞德钟情中国古代文化,素以美国的儒家诗人著称。英国人富勒将军向其介绍了《管子》英译本后,庞德开始对《管子》产生了浓厚的兴趣。庞德对于《管子》进一步的认识是在20世纪50年代后期,当时他正创作《御座诗章》(Cantos)。在第98和99诗章中庞德用大量的文笔关注了康熙早年发布的《圣谕十六条》,庞德认为这些圣谕体现了儒家"御座"设计的一种管理良好、各得其所的社会生活状态。《御座诗章》106章频频引用法家经典《管子》。庞德在20世纪五六十年代的欧美诗坛为西方读者了解《管子》做出了自己的贡献。此外,《管子》英译除了对庞德在诗歌创作方面的影响之外,更为重要的是,使庞德的思想认识更为深刻,他认识到《管子》所蕴含的经济、政治、外交等各方面的内涵,并将其融入自己的作品之中。1957年,一位旅居美国的中国诗人赵自强寄给庞德一份《管子》英文选译摘抄,书名为《古代中国的经济对话》,由Lewis Maverick在1954

---

① 陈书仪:《齐文化研究在国外》,《管子学刊》,1996年,第2期,第88-94页。

年出版,庞德将此文在《刀锋》上发表①。这些活动对《管子》在英语世界的传播和影响都具有积极的推动作用。

---

① 钱兆明、管南异:《〈管子〉"西游记":赵自强和庞德〈诗章〉中的〈管子〉》,《中国比较文学》,2014 年第 2 期,第 114-126 页。

第五章 《吕氏春秋》在英语世界的译介与传播

第一节 《吕氏春秋》与吕不韦

一、《吕氏春秋》其书

《吕氏春秋》，又称《吕览》（以下简称"《吕》书"），是中国历史上第一部有组织按计划编写的文集，它融合了诸子百家各流派的学说，形成一套完整的国家治理学说，又保存了大量先秦文献和遗闻轶事，在哲学、史学、文学、经济学、军事学、教育学等领域都有很高的学术价值。司马迁称它"备天地万物古今之事"，在《报任安书》中，甚至把它与《周易》《春秋》《国语》《离骚》等相提并论。① 东汉高诱在给它作注时称它"大出诸子之右"。② 班固称其为一部"兼儒墨，介名法"，"于百家之道无不贯综"的旷世奇书。有关编撰这本书的原因，《史记》上的记载是"魏有信陵君，楚有

_____

① 原文为："盖西伯（文王）拘而演《周易》；仲尼厄而作《春秋》；屈原放逐，乃赋《离骚》；左丘失明，厥有《国语》；孙子膑脚，《兵法》修列；不韦迁蜀，世传《吕览》；韩非囚秦，《说难》《孤愤》；《诗》三百篇，大抵圣贤发愤之所为作也。"
② 原文为："家有此书，寻绎案省，大出诸子之右。既有脱误，小儒又以私意改定，犹虑传义失其本真，少能详。故复依先师旧训，辄乃为之解焉，以述古儒之旨。"

春申君,赵有平原君,齐有孟尝君,皆下士喜宾客以相倾。秦相吕不韦以
'秦之强,羞不如,亦招致士,厚遇之,至食客三千人'"。因为要和当时的
四君子相攀比,吕不韦于是招揽了三千门客,并请他们著书立说。

《吕》书成书时,周已经衰微,诸国连年混战,百姓深受战乱之苦。而
秦当时最强,俨然有一统天下之势。《吕》书"序意"篇中写道:"尝得学黄
帝之所以诲颛顼矣,爰有大圜在上,大矩在下,汝能法之,为民父母。盖闻
古之清世,是法天地。凡十二纪者,所以纪治乱存亡也,所以知寿夭吉凶
也。上揆之天,下验之地,中审之人,若此则是非、可不可无所遁矣。"吕
不韦显然是希望秦能像远古黄帝一样结束混战,统一天下,而编撰这本书
的目的就是要归纳出国邦兴亡的历史经验,挖掘寿夭吉凶的原因,理解分
析天地人之间的一切现象,为秦国的大统一提供一套完整理论。

基于这一意图,《吕》书就是以"法天地"为指导思想,以重建"古之清
世"为目标,构建一个以天人关系为核心的天下大一统国家的施政纲领。
从君主、士大夫阶层到普通百姓各阶层的职责,《吕》书一一道来。君主
要注重自身修养,取法天地之道,认为自己的德行好了,人民就能从善如
流。要任用贤人,不必事必躬亲,要做到赏罚分明。士大夫最重要的是
"义"字当先,奉行忠孝,谨言慎行,关键时刻要能舍生取义。然而,对于
普通百姓,吕氏是轻视的,虽然他意识到赢民心、顺民意的重要性。他的
观点是用"义"来训导,用利害关系去驱使,通过赏罚来使他们顺从。

《吕》书分为十二纪、八览、六论。十二纪每纪五篇共六十篇;八览每
览八篇("有始览"少一篇)共六十三篇;六论每论六篇共三十六篇;另有
《序意》一篇,共一百六十篇。其中十二纪是全书的大旨所在,按照春生、
夏长、秋杀、冬藏的自然变化逻辑排列,分为《春纪》《夏纪》《秋纪》《冬
纪》,属于应和天时的人世安排,体现了编者取法天地之道的思想。《春
纪》主要讨论养生之道,《夏纪》论述教学道理及音乐理论,《秋纪》主要讨
论军事问题,《冬纪》主要讨论人的品质问题。八览以人为中心,基本上
属于察览人情之作,围绕人的价值观念、人际关系、个人修养展开,从开天
辟地说起,一直说到做人务本之道、治国之道以及如何认识、分辨事物,如
何用民、为君等。六论以人的行为以及事理为主题,包含了人的行为尺

度、处事准则、情境条件以及地利等方面,杂论各家学说。

因为《吕》书内容驳杂,融会了儒、道、墨、法、兵、农、纵横、阴阳家等各家思想,所以《汉书·艺文志》等将其列入杂家,并说:"杂家者流,盖出于议官。兼儒、墨,合名、法,知国体之有此,见王治之无不贯,此其所长也。及荡者为之,则漫羡而无所归心。"但在杂家名下,又分为以冯友兰、方诗铭称的"杂合拼凑"派及以李家骧、刘元彦称的"杂而不杂"派。除了杂家说以外,主要是道家说和儒家说。

最早给《吕》书做注的东汉学者高诱认为此书应属于道家,他在注本序中写道:"此书所尚,以道德为标的,以无为为纲纪,以忠义为品式,以公方为检格,与孟轲、孙卿、淮南、扬雄相表里也,是以著在《录略》。"但反对者认为,道家基本主张无为,反对在政治、军事、经济和思想上有所作为,而《吕》书却主张要武力统一天下,要治国安邦、立法变法,要向民众积极灌输忠孝仁义等道德观念,所以道家说难以成立。

清《四库全书总目提要》所持的观点是"大抵以儒为主,而参以道家、墨家,故多引六籍之文于孔子、曾子之言"。晚清名家刘汝霖对《吕》书160篇进行了详细分析,认为《吕》书中富有法家色彩的篇章远远超过儒家:阐扬法家43篇,儒家26篇,道家17篇,墨家10篇。郭沫若也认为《吕》书以儒家为主,他从书中摘了44条语录分别列在符合儒家思想的条目下。

但近年来,有更多学者①提出法家学派才是《吕》书的真正思想倾向。他们认为《吕》书属于法家的理由如下:一是吕氏坚持了商鞅变法时确立的以法家思想为指导的基本国策,并在理论上有所扬弃。当时秦所立的基本国策是"武力统一天下"和"农战"。道家儒家都是反对武力统一天下的,但《吕》书坚持这一政策,在《执一》《荡兵》等篇里都有明确表述。只是它把"兵"的理论又进一步发展,提出"义兵",阐述秦武力统一天下

---

① 如栗劲:《论〈吕氏春秋〉的法家思想倾向(续)》,《当代法学》,1993年,第2期,第8—12页;乔沛:《〈吕氏春秋〉新法家思想研究》,山西大学2016年硕士学位论文;化国宇:《治国以农:〈吕氏春秋〉中的农家法律思想研究》,《河南财经政法大学学报》,2016年,第4期,第146—154页。

的合理性。商鞅的农战政策是出粟多、斩敌首多受重赏,反之则重罚。这个政策儒家道家都是激烈反对的,但是《吕》书对其充分肯定,认为合情合理。《用民》篇中有:"当禹之时,天下万国,至于汤而三千余国,今无存者矣,皆不能用其民也。民之不用,赏罚不充也,用民有纪有纲,一引其纪,万目皆起,一引其纲,万目皆张。"二是《吕》书坚持了法家理论中的"法""术""势"。关于"法",《吕》书强调法治的必要性,"故治国无法则乱","法"是统一人们行为的规范,是统治者处理行政事务的依据。关于"术",《吕》书没有像《韩非子》那样强调臣子随时篡夺君权,但是在用术防奸的实践上提供了很多操作规范,如《知度》《君守》等。而对于"势",《吕》书认为只有"王也者,势也"。"势"是行"法"与用"术"的根本保证,"君尊则令行,势足以行法"。综合以上学者的观点,本书将《吕》书列入法家文献,并对其在英语世界的译介与传播进行考察。

二、吕不韦其人

吕不韦(公元前292年—前235年),名不韦,卫国濮阳(今河南省安阳市滑县)人。战国末年著名商人、政治家、思想家,官至秦国丞相。吕不韦在赵国经商时,通过贱买贵卖,积聚了大量资产。但当时商人地位低下,虽有人身自由,却没有政治地位,深受社会歧视,形同"贱民"。吕不韦不满足于做个有钱的卑微商人,渴望获得更高的地位,而获得更高地位,就需要与贵族建立关系。

公元前258年,吕不韦到赵国首都邯郸经商,遇到在赵国为人质的秦国王孙子楚。当时子楚地位低下,"秦昭王四十年太子死。其四十二年以其次子安国君为太子。安国君有子二十余人……安国君中男名子楚,子楚母曰夏姬毋爱。子楚为秦质子于赵。秦数攻赵赵不甚礼子楚。"①子楚是安国君20多个儿子中的一个,而且生母也不受安国君宠爱。但吕不韦认为机会来了,因为"奇货可居",于是"归而谓其父曰:'今力田疾作,

① 司马迁:《史记》,北京:北京燕山出版社,2007年版,第2607页。

不得暖衣余食；今建国立君，泽可以遗世。愿往事之。'"①司马迁在史记中用"奇货可居"描述吕氏对子楚的态度，又说"孔子所谓'闻者'，其吕子乎？"孔子口中的"闻者"是指表面仁德其实奸佞的小人。司马迁的说法给人感觉吕氏不过是个重利狡猾的商人，是个投机的野心家。但是《战国策》记载的他与父亲对话里的"建国立君"揭示了吕氏的伟大抱负。其后，吕氏拜见并说服子楚，用重金为其运筹帷幄，使其顺利成为太子，最终于公元前249年即位成为秦庄襄王。从吕不韦的言语行为及成事能力，可以判断吕不韦受过很好的教育，口才很好。他对政治的关注应该是由来已久的，弃商从政并非临时决定，对秦国乃至当时天下的政治形势了然于胸，并且是一个很有政治智慧的人。

正因为吕不韦的助力，子楚摆脱了窘困悲惨的命运，上任后即拜吕不韦为相国，封为文信侯，自此吕不韦正式登上历史舞台。吕不韦亲自带兵出征，灭了王朝延续800多年的东周，帮助庄襄王大败三晋，瓦解信陵君的合纵抗秦活动，使秦国进一步强大而六国进一步衰微，开辟了邻近的大片疆土，使秦国的综合实力进一步增强。但庄襄王在位仅三年便离世，由13岁的太子政继位。吕以相国及"仲父"身份辅孤代政，重用老臣宿将，对内"抚社稷，安黔首"，对外则连年发动战事。吕不韦把持秦国朝政十二年，当秦国统一天下的趋势日渐明朗时，作为强秦政权的实际执掌者，同时又是一个成熟而有远见的政治家，吕不韦开始着手考虑统一天下后的治国大略了。

编撰《吕》书，吕不韦本意是希望汲取众家之长。在《吕》书《用众》里说得很清楚，"天下无粹白之狐，而有粹白之裘，取之众白也。夫取于众，此三皇五帝所以立功名也。"吕不韦对此书十分看重，从十二纪的结构来看，他显然事先为著成此书进行了周密的规划。他让门下凡能撰文的，每人把自己所闻所见和感想都写出来。这样收集上来的文章，五花八门，古往今来、天地万物、兴废治乱、三教九流，无所不包。吕不韦安排人手对这些文章进行筛选、删改，归类，最后综合成书。成书之后，吕不韦

---

① 刘向：《战国策》，缪文远、罗永莲、缪伟译注，北京：中华书局，2006年版，第93页。

"布咸阳市门,悬千金其上,延诸侯游士宾客有能增损一字者予千金"。他期待此书能成为秦统一新形势下的治国方略。然而这本耗费吕氏大量心血,集诸子百家之大成的巨著随着吕氏被秦王冷落,最后服鸩自尽,在秦统治集团的影响很快便无声无息了。

学者们对《吕》书的研究结论是,吕不韦在书中呈现的核心思想与秦始皇的执政思维迥然不同,"秦始皇与吕不韦,无论在思想上与政见上,都完全立于两绝端。"①秦国借助法家的理论实现国富兵强,最终打下天下。所以尽管商鞅死了,他的理论仍然被秦皇贯彻实施拿来治理天下。司马迁在《史记》中说:"秦王怀贪鄙之心,行自奋之智,不信功臣,不亲士民,废王道,立私权,禁文书而酷刑法,先诈力而后仁义,以暴虐为天下始。"②《史记》中记录了一个细节,说吕不韦亲自带兵灭东周后,主动给了东周君主一块地,让他延续祭祀。他这是仿效当年周武王灭纣之后的做法。所以,吕不韦虽然在统一天下大方向上与秦国国策一致,但他更注重政治上的道义,更主张民心和舆论的向背。然而,他的远见卓识没有得到秦王的回应。不仅如此,吕不韦权高位重,影响力大,是秦王亲政的障碍,又夹杂太后及嫪毐(秦王政母亲赵太后的男宠)的事情,让秦王恼恨。于是,不同的政治理念,再加上私人恩怨,秦王将吕氏清除出权力圈。吕不韦再无机会施展抱负,最终以一杯毒酒与他的《吕氏春秋》一起消失沉沦于历史长河中。

第二节 《吕氏春秋》英译溯源

《吕氏春秋》作为先秦的一部重要典籍,其在先秦及秦汉思想史上有不可替代的地位,对中国古代思想文化的发展演变产生了深远影响。但是由于种种原因,在中国学术思想史上,《吕》书的思想价值和历史地位

① 郭沫若:《郭沫若全集·历史编》(第2卷),北京:人民出版社,1982年版,第458页。
② 司马迁:《史记》,北京:北京燕山出版社,2007年版,第240页。

长期不被看好,研究者寥寥无几①。20世纪,在"西学"的刺激下,中国学术研究领域急剧震荡,迅速发生裂变、转型。学者们突破传统,用新的思想观念和理论方法来重新审视、研究古代典籍。在这股时代大潮中,《吕》书获得了新的生命,研究逐渐升温,其研究跨越了朴学一统(1900—1930)、新学初拓(1931—1949)、承前继进(1950—1973)、扭曲回复(1974—1979)、全面发展(1980—2000)诸阶段,完成了由传统研究方式向现代研究方式的学术转型。②《吕》书在西方世界的译介和研究虽然也有出现,但在英语世界的译介和传播姗姗来迟,直到21世纪初才出现了第一个完整的英译本,随后出现了更多的译介和研究。

1928年德国传教士卫礼贤(Richard Wilhelm)将《吕》书作为儒家典籍之一翻译成德文。卫礼贤希望通过对《吕》书的译介,使德语读者能够较为全面地理解儒家思想,进而较为全面地了解中国文化。尽管收效甚微,但在20世纪初的现实历史条件下,可谓难能可贵。汉学家奈森·席文(Nathan Sivin)在书评里说,西语的中国哲学史研究中很少提及《吕氏春秋》,偶有涉及也是主要集中于一些"嫌恶"(distaste)的主题,如本杰明·史华兹(Ben Jasmin I. Schwartz)在《古代中国的思想世界》一书中直接将其归类为可以勉强一读无需思考的书籍③。

不可否认,《吕》书在西方世界的尴尬处境也和它本身的复杂性有一定关系。正如汉学家约翰·诺布洛克(John Knoblock)所说,它是一本百科全书式的经典文集,体量庞大,超过12万字④,是最长的中国典籍之一,涉及天文、地理、阴阳五行、音乐、教育、军事、农业等方方面面,内容庞杂,术语繁多,又是古汉语书写,中国人理解尚且困难,再翻译成英文,难度更大。所以,迄今为止,其英译本数量与其他典籍相比仍然很少。目前

---

① 陈宏敬:《〈吕氏春秋〉研究综述》,《中华文化论坛》,2001年,第2期,第64-72页。

② 俞长保:《20世纪〈吕氏春秋〉研究综述》,《江苏师范大学学报》(哲社版),2002年,第4期,第20-25页。

③ Nathan Sivin. (Book Review) "*The Annals of Lü Buwei: A Complete Translation and Study*", *China Review International*, 2001(8): 407-413.

④ *The Annals of Lü Buwei: A Complete Translation and Study*, 2000: ix.

已知的全译版本有美国学者约翰·诺布洛克和杰弗瑞·瑞杰尔(Jeffrey Riegel)共同完成的译本及国内学者翟江月和汤博文的译本。另有,国外学者在他们的学术著作中零星地翻译了部分篇章,如约翰·马歇尔·路顿(John Marshall Louton)翻译了《十二纪》中的《孟春》《仲春》《季春》和《八览》中的《恃君览》等①。詹姆斯·塞尔曼(James D. Sellmann)翻译了《应同》和《荡兵》等篇章②。以下重点介绍汉学家诺布洛克和瑞杰尔的首译及中国学者翟江月和汤博文的再译。

一、诺布洛克和瑞杰尔的首译

约翰·诺布诺克是美国迈阿密大学的哲学教授、哲学系主任,多年来一直从事中国古典哲学研究,发表了一系列关于中国哲学、美学的文章。从 1988 年起,他陆续出版了《荀子全译和研究》英译三卷本。杰弗瑞·瑞杰尔,加州大学伯克利分校东亚语言系主任,汉学家。2000 年斯坦福大学出版社出版了他们二人的译本 *The Annals of Lü Buwei：A Complete Translation and Study*(以下简称诺译或诺本),这是《吕》书在西方世界的第一部完整英译本。

在前言中,译者提到他们的目标是"以方便的形式提供一个完整译本以满足一般读者,同时也为学者们提供必要的信息以使他们理解在翻译过程中做的抉择。"③所以,两位译者不只是翻译《吕》书全书,他们的目的是提供一个全方位的研究型英译。为此,两位译者以严谨的态度做了大量细致深入的文献研究,以深度翻译的方式融资料、考据、研究和翻译于一体,为读者提供了一部研究型译本。比如对吕不韦的介绍,译者不是

---

① 参见 J. M. Louton. *The "Lushi Chunqiu"：An Ancient Chinese Political Cosmology*. University of Washington, 1981.

② 参见 J. D. Sellman. *Timing and Rulership in Master Lü's Spring and Autumn Annals (Lushi Chunqiu)*. Albany：State University of New York Press, 2001.

③ 英文原文为："We aim here to provide a complete translation in a convenient form that will serve the needs of the general reader while providing the scholar with the information necessary to understand the decisions we have made in translating the text."

泛泛罗列,而是用了 26 页的篇幅详细介绍了吕不韦生平和《吕》书编撰的时代背景。在这 26 页文稿中,译者引经论典,从《史记》《战国策》等典籍里提取相关材料,互相印证,推断真伪,又援引后世学者们的多方观点,对资料加以分析和推理,尽可能多维度地为读者呈现一个真实的吕不韦。

与后来的几个全译本对比,可以看到诺本无论结构上还是内容上都更为丰富和全面。译本除正文外,还包括前言、编者介绍、总序、注释、附录等。《十二纪》《八览》《六论》,共 26 卷,译者在每一卷前都附了详细的导言,概述该部分哲学观点及其与其他哲学家思想的联系,方便读者理解。不仅如此,译者还建有专门网站为读者解释相关术语。在内容上,除了对原文正文的翻译,还增加了大量源语中的文化典故和背景、当时思想界及古代中国一些基本社会概念,另外,还提供了大量中文、日文及西文的文本批评与评注。附录中包括了高诱注本的《吕》书前言翻译、《吕》书部分存疑章节、《十二纪》中典礼仪式细节陈述、学者陈奇猷关于各章节涉及的学术派别等。这些内容使读者置身于源语宏大的文化背景之中,为读者理解原作提供了多维的学术视角。附录和参考文献大约占整本著作的 30.5%,其中参考文献长达 22 页之多。

对于诺布洛克和瑞杰尔的译本,奈森·席文评价说它"在任何方面都堪称一流"(The quality of the book is high in every respect)。他们不仅为研究中国早期思想文化的研究者提供了丰富的学术研究资源,而且也促进了《吕》书在英语世界的传播。正是因为这个英语全译本的出现,《吕》书才有机会第一次以完整的形态走进英语世界,为更多人所知。可以说,他们的翻译和研究对于西方汉学界乃至整个世界的读者了解和研究中国典籍及古代哲学思想都有重要意义。

二、翟江月和汤博文的重译

在中国文化"走出去"的大背景下,中国典籍英译受到高度重视,逐渐上升为国家战略工程。国家先后启动了"大中华文库(汉英对照)工程""经典中国国际出版工程""中国图书对外推广计划""中国文化著作翻译出版工程"等项目①,这对于推动中国典籍英译事业的蓬勃发展起到了至关重要的作用。其中,"大中华文库(汉英对照)工程"从我国先秦至近代文化、历史、哲学、经济、军事、科技等领域最具代表性的经典著作中选出 100 种,由专家对选题和版本详细校勘、整理,由古文译成白话文,再从白话文译成英文,力图全面展示中国文化的基本面貌和辉煌成就。"经典中国国际出版工程"是我国为鼓励和支持适合国外市场需求的外向型优秀图书选题的出版,有效推动中国图书"走出去"而落实的一项重点骨干工程。该工程于 2009 年 10 月启动,资助 2 000 多种图书的翻译出版。在这两个出版项目里,包含了《吕氏春秋》2000 年的翟江月译本和 2010 年的汤博文译本。

翟江月《吕》书英译本(以下简称翟译或翟本)总共三册,包含了古汉语原文、现代汉语和英语三种语言。正文前有 3 页的中文前言、17 页英文的《吕氏春秋》整体介绍,主要包括成书目的、核心内容、成书时间及文稿散佚错乱等情况。译本没有附录及参考书目,仅在前言中用汉语提及参考了《诸子集成》高诱注、毕沅校本,许维遹的《吕氏春秋集释》及陈奇猷的《吕氏春秋校释》等资料。整套译本有 1 200 多页,与有大量注释和附录的诸本相比,翟本虽然厚重,但却没有译者专门、详细的注解说明,对于文化负载含义深厚的术语一般在译本正文中以括号内标注形式处理。

汤博文为外文出版社英文资深译审,中国著名翻译家,译有《笔中情》《智截玉香笼》《梨园传奇》《庄子文选》《汉语成语》《中国皇帝故事》《中国陶瓷》《走进颐和园》与《冯友兰自传》等众多历史、文学、哲学作品。在该译本序言中,任继愈先生指出,人类文化分两个层面:"生活文化",涉及衣食住行,通过融合、同化和模仿,生活文化在不同民族间深化友谊和加强了彼此的理解;另一种文化是更深层次的"观念文化",这种文化比起生活文化,更加深藏不露,而且根深蒂固。要完整地理解一个国家一个民族,首先需要理解和尊重它的"观念文化"。就翻译传统文化来

---

① 王宏:《中国典籍英译:成绩、问题与对策》,《外语教学理论与实践》,2012 年,第 3 期,第 9 - 14 页。

说,民族越古老,编译注解就越难。所以,比起其他外来翻译者,本土翻译者总体上可以最小化对中国文化认知的局限性。① 汤博文的英译本(以下简称汤译或汤本)非常简洁,没有如诺版那样的大量注释和详尽介绍,只是在译本正文后附了304条注解,原文的相关背景、原文采用版本及参考书目都未曾提及。

第三节 《吕氏春秋》英译对比研究

《吕氏春秋》的翻译是一项非常艰难的工程。首先,《吕》书是一本巨著,正如诺本序言所称,其长度是"《荀子》的两倍,《孟子》的四倍,《论语》的十倍。② 其次,它是一本百科全书式的巨著,内容庞杂,术语繁多。再者,随着历史变迁,《吕》书原版本内容缺失遗漏较多,虽然后世有很多注释本,但信息上的缺漏仍然不能完全弥补③。除此之外,原文的文体特点、词汇中蕴含的丰富文化信息,对译者也都构成了巨大的挑战。因此,就《吕》书的翻译而言,译者的文化学术背景、翻译目的、翻译策略选择等主体性因素必然会对译本的质量产生影响。

在迄今为止的《吕》书三个全译本中,汤博文的译本只有英文正文,参考的源文本不明,诺本及翟本都包含了源文本,而且,诺本的两位译者是英语母语的中国哲学(文化)研究者,翟本译者为汉语母语者的中国古代先秦文学博士。因此,本部分选取诺译与翟译两个译本作为研究对象,从翻译目的、译本结构、翻译策略及翻译技巧等方面,通过全面系统的比较和分析,来探讨译者主体性对译本质量的影响。

---

① 参见:*Lü's Commentaries of History*,Foreign Languages Press,2010,Preface.

② 英文原文为:Translating a work the size of the *Lüshi chunqiu*—some 120,000 characters, twice the size of *the Xunzi*, four times that of *the Mencius*, and ten times that of *the Lunyu*—posed a difficult challenge. 参见:*The Annals of Lü Buwei:A Complete Translation and Study*,2000:ix.

③ 参见翟江月译,《吕氏春秋》(汉英对照),广西师范大学出版社2005版,序言.

一、翻译目的比较

诺本的译者诺布洛克和瑞杰尔二人,一位是著名的中国古典哲学专家,一位是著名的中国文化研究专家,都对中华文化和思想有着浓厚兴趣。从诺布洛克在《吕》书译本的译者前言中可以感受到译者对《吕》书的基本态度:"《吕氏春秋》是一部在中国思想界享有独特重要性的著作……保留了很多不为人所知的中国早期哲学家的思想,从头至尾有一个统一的概念。"①因为对《吕》书如此推崇,他们极力要把它介绍给西方的读者,"以方便的形式提供一个完整译本以满足一般读者的需求,同时也为学者们提供必要的信息以使他们理解我们在翻译过程中做的抉择。"诺本目标读者群既有普通读者,又有专家学者,满足这两类读者的需求决定了诺本必然是一个复杂的系统工程。

翟江月的译本属于"大中华文库(汉英对照)工程"项目的一部分。该文库总序中称,"各国人民的优秀文化正日益迅速地为中国文化所汲取,而无论西方和东方,也都需要从中国文化中汲取养分。正是基于这一认识,我们组织出版汉英对照版《大中华文库》,全面系统地翻译介绍中国传统文化典籍。"从这一段文字,可以看出该工程的总体目标读者是一般大众,是为了让更多的普通人通过阅读,了解中国优秀的传统文化。针对这样的目标读者群,译文显然就不可能特别强调学术性,而会偏重可读性。这一点也决定了翟本译者在具体的翻译实践中更着重行文的流畅和语义的传递。

二、译本结构比较

诺本和翟本都提到《吕》书成书后流传过程中原文缺失的问题,有的

---

① 英文原文为:The *Lüshi Chunqiu* is a work of unique importance in Chinese thought ... thus preserves, the thought of earlier philosophers, many of whom are otherwise unknown, a close study of the work demonstrates that from beginning to end there is a unity of conception.

篇章结构可能出错,有的经过了后人的删减修改。司马迁在《史记·吕不韦传》中写道:"吕不韦乃使其客人人著所闻。集论以为八览、六论、十二纪,二十余万言",但根据汉代高诱所言,"家有此书,寻绎案省,大出诸子之右。既有脱误,小儒又以私意改定,犹虑传义失其本真,少能详之。故复依先师旧训,辄乃为之解焉,以述古儒之旨。凡十七万三千五十四言。"由此可知,原本到汉代就散佚了三万多字,而诺译在前言中提到他们所翻译的源文本"差不多 120 000 字",与最初原本相比,后代的《吕》书缺失非常严重。《吕》书从成书到现在,有很多校注本。纵观后世校注本,影响较大的有高诱、毕沅、陈奇猷和许维遹等的校注本。译者对不同注本的选择及对缺失的源文本的处理态度,必然会导致译本结构上的差异。

(一) 源本选择差异

诺译的源文本主要采用了陈奇猷的批注版本。译本前言中提及了选择陈氏版本的理由:"陈不仅研究了所有前辈学者的著作,还贡献了很多原创见解。"个别引用其他版本之处,诺氏也在译文正文中以注释方式予以标识。翟氏所选源文本比较杂,正如她在前言中说:"主要参考了世界书局《诸子集成》高诱注、毕沅校本,许维遹的《吕氏春秋集释》以及陈奇猷的《吕氏春秋校释》等版本"。这样宽泛的陈述让读者无从判断这几个注本在翟译中的主次地位。比较二译本使用的源文本,发现多处存在差异,英译自然也不同①,以下试举三例说明:

> 昔先圣王之治天下也,必先公。公则天下平矣。平得于公。尝试观于上志,<u>有得天下者众矣,</u>其得之以公,其失之必以偏。凡主之立也,生于公。(翟本《贵公》)
> 昔先圣王之治天下也,必先公。公则天下平矣。平得于公。尝试观于上志,<u>其得天下者,(失天下)者众矣,</u>其得之以公,其

---

① 为减少篇幅,此处三例皆省略英译部分。

失之必以偏。凡主之立也,生于公。(诺本《贵公》)

这一段源文本文字里的画线部分,差异较大。诺氏标注所选是陈奇猷版,其结构对称,语义完整。该段大意是:"得天下失天下的都很多。得天下的是通过公正的手段实现的。失天下的,是由于偏袒。"而翟本没有明确所选择的具体源文本,画线部分的大意是"得到天下的人很多,他们取得天下是由于公正无私,而丧失天下必定是由于偏私"。很显然,如果只谈"得到天下"的人,后面"而丧失天下必定是由于偏私"是多余的,意思比较突兀。因此,从上下文的句意衔接来看,翟本选取的源文版本此处确有缺失,而诺本所选择的陈奇猷版本补充较为合理。再如:

凡说者,兑之也,非说之也。今世之说者,多弗能兑,而反说之。夫弗能兑而反说,是拯溺而硾之以石也,是救病而饮之以堇也。(翟本《劝学》)
凡说者,锐之也,非悦之也。今世之说者,多弗能锐,而反悦之。夫弗能锐而反悦,是拯溺而硾之以石也,是救病而饮之以堇也。(诺本《劝学》)

这一段文字的差异在于"兑""说"和"锐""悦"。诺氏采纳的是陈奇猷和高亨的注释。从上下文看,这里需要的两个字应该是一对互为反义的词。对照诺译本和翟译本,发现因为源文本的差异,译本也产生巨大差异。在翟译中,"兑"被翻译成 a correct, interesting manner,这是一个在任何词典中也找不到出处的诠解。至于 so that his teachings will be accepted and remembered by the pupils 则是译者额外增加的信息。在汉语辞典中"兑"并无"正确,有趣"之意,但有一个注释,"兑"通"锐",意为"锋利"。而"说"被译为 endearing himself to them and catering to their interests,显然翟译中也是把"说"做"悦","取悦"意(这与诺氏的诠释基本一致),但"正确有趣"与"取悦"不能构成一对反义。与翟译对比,诺氏的 sharply critical 与 please their listeners 明显具有反义特征,符合源文本的语义表述。再如：

> 五帝先道而后德，故德莫盛焉；三王先教而后杀，故事莫功焉；五伯先事而后兵，故兵莫强焉。（翟本《先己》）
>
> 五帝先道而后德，故德莫盛焉；三王先德而后事，故功莫大焉；五伯先事而后兵，故兵莫强焉。（诺本《先己》）

《先己》这一段节选，文字不长，诺本清楚标记源于孙蜀丞的《吕氏春秋举正》，孙氏原文出处引自《北堂书钞》《太平御览》及《艺文类聚》。比较两个注本，诺氏所选注本的三节通过"德""事"与"兵"等每一句首尾相接，并逐层递减，形成"层递"的修辞效果，译文中也相应借助 power、undertaking、accomplish（accomplishment）、military（army）等构成结构和意义上的衔接与递减。与诺本比较，翟本选取的注本中"三王先教而后杀"，"教""杀"与首尾没有任何关联，所以整体意义相差不大，但在修辞效果上不如前者。

（二）源本缺失处理

诺本和翟本在前言中均认为《吕》书博取众家之长，是杂糅之作。在翻译过程中，翟氏所做的仅是对所选材料进行翻译，对于所选源文注本有无错漏，并不在意。相比翟本而言，诺本所做的不仅是一项翻译工作，更是对文献的研究。从译本的附录和参考资料中，可以推断诺本译者不仅研究过《吕》书的多个注本，并广泛阅读了大量相关的中西方研究资料，同时，由于译者多年从事中国哲学和中国文化的研究，具有深厚的中国传统文化研究的积淀，这使得他们在面对不完整的源文本时，能合理地查漏补缺，并指出《吕》书中包含的各种学派源头。以下仅举三例说明：

> 非独国有染也。孔子学于老聃、孟苏、夔靖叔。鲁惠公使宰让请郊庙之礼于天子，桓王使史角往，惠公止之。（翟本《当染》）

　　　　非独国有染也。<u>士亦有染</u>。孔子学于老聃、孟苏、夔靖叔。
鲁惠公使宰让请郊庙之礼于天子,桓王使史角往,惠公止之。
(诺本《当染》)

诺本的这一段源文本多了"士亦有染"这一句,没有指出任何出处,为诺
本译者自行添加,但这种添加并非没有原因,因为其后诺本指出《墨子·
所染》中有"非独国有染也,士亦有染。其友皆好仁义,淳谨畏令",故而
加之。再如,

　　　　齐桓公染于管仲、鲍叔,晋文公染于咎犯、郤偃,荆庄王染于
孙叔敖、沈尹蒸,吴王阖庐染于伍员、文之仪,越王勾践染于范
蠡、大夫种。此五君者,所染当,故霸诸侯,功名传于后世。(翟
本《当染》)
　　　　齐桓公染于管仲、鲍叔,晋文公染于咎犯、郤偃,荆庄王染于
孙叔敖、沈尹蒸,吴王阖庐染于伍员、文之仪,越王勾践染于范
蠡、大夫种。此五君者,所染当,故霸诸侯,功名传于后世。<u>举天
下之……,必称此五君者</u>。(诺本《当染》)

画线部分不属于任何前人的校注本,是诺本译者添加。在《当染》这一节
里,前文有"此四王者,所染不当,故国残身死,为天下僇。<u>举天下之不义
辱人,必称此四王者</u>",后文有"此六君者,所染不当,故国皆残亡,身或死
辱,宗庙不血食,绝其后类,君臣离散,民人流亡。<u>举天下之贪暴可羞人,
必称此六君者</u>",唯独中间是"此五君者,所染当,故霸诸侯,功名传于后
世"。与上下文结构对比,源本明显有缺损。诺氏对此处补充给出的理
由是"本着平行的原则予以重构"。古文讲究行文对仗,所以从文章结构
来说,显然诺氏的补充有一定道理。再如:

　　　　故知知一,则应物变化,阔大渊深,不可测也;德行昭美,比
于日月,不可息也;豪士时之,远方来宾,不可塞也;意气宣通,无

所束缚,不可收也。故知知一,则复归于朴,嗜欲易足,取养节薄,不可得也;离世自乐,中情洁白,不可量也;威不能惧,严不能恐,不可服也。故知知一,则可动作当务,与时周旋,不可极也;举错以数,取与遵理,不可惑也;言无遗者,集肌肤,不可革也。谗人困穷,贤者遂兴,不可匿也。故知知一,则若天地然,则何事之不胜?何物之不应?譬之若御者,反诸己,则车轻马利,致远复食而不倦。昔上世之亡主,以罪为在人,故日杀戮而不止,以至于亡而不悟。三代之兴王,以罪为在己,故日功而不衰,以至于王。(翟本《论人》)

这一段节选,很明显是四个"故知知一",但是很遗憾,对于如此明显的错误,翟本对引用的源文本没有注明,不知其引用的校注本到底是哪一位,但是在诺译中,清楚标识了在王念孙、陈奇猷和许维遹的注本中都已明确指出这一讹误。

从对源文本的缺失处理方式来看,诺本的两位译者对《吕》书源文本及后世的各种注本都进行了深入的研究,能清楚判断引文的出处,并针对遗漏和错误选择合理的注本或进行修订。仅以《孟春纪》为例,译者选用的注释本就涉及陈奇猷的《吕氏春秋校释》、王念孙的《读书杂志》、范耕研的《吕氏春秋补注》、许维遹的《吕氏春秋集释》、孙蜀丞的《吕氏春秋举正》等。

(三)译本体例差异

诺本的目标读者既有普通读者又有专家学者,这决定了要为读者提供尽可能多的信息,所以该译本体例所包含的内容极为丰富,包括了序、前言、双语(原文和英文)正文、正文注释、附录和参考资料等。

在"序"中,诺本译者概述了《吕》书的性质及成书原因,对翻译目的和引用版本做了详细说明。在"前言"部分,译者用 55 页的篇幅,重点谈了两部分内容。第一部分介绍了吕不韦的生平和《吕》书成书过程。译者引用多个史料互相印证,帮助读者推理还原出那段历史真实的面貌。第二部分介绍了《吕》书的框架结构、主要内容及他们所理解的《吕》书成书的理论基础"阴阳五行"。

诺译本正文中所有 26 卷的开头都增加了简要介绍,概述该卷章节相关历史背景、与其他章节的内在联系、具体细节的考证及年代测定等。比如第 11 卷《仲冬纪》的正文前即有以下说明:

By this month, winter has become severe. The nightingale, being a mountain bird, is a creature of the Yang ether; since the Yin ether becomes completely dominant in this month, it no longer sings. The tiger is another Yang creature, and it now seeks its own kind. In this month it is important to keep the Yang ethers concealed and stored in the ground, and the Yin ethers congealed and frozen. Any kind of activity involving the earth or large masses ofpeople would interfere with this and cause difficulties. Hence, untroubled by government demands on their time and energy, the people call this month "pleasant" because of the leisure it affords.

Summer is the period when the Fire ether blazes from above; if its ordinances are put into effect during this month, the state will suffer drought, the clear and muddy will be in conflict, the ethers will form dense gloomy fogs, and as the summer ethers escape from their concealment, thunder will be produced. Autumn is the period of the Metal ether, the mother of the Water ether. So if the ordinances for autumn are adopted, there will be an excess of moisture, resulting in wet weather. As Metal being used for the tasks of life conflicts with Water …

Chapter 2 deals with the difficulty contemporary rulers have accepting advice which is truly loyal and in their own best interests. Rulers who hate to hear loyal advice destroy their own vital essence. The most loyal acts are done in secret and frequently bring about the deaths of those who perform them. Chapter 3 deals with the knightly code of honor, integrity, and loyalty, shown in the disinterest in emolument and high office that characterized "righteous knights ...

原书第 11 卷由《仲冬》《至忠》《忠廉》《当务》和《长见》5 章组成。上面说明性文字粗看起来只是五章内容的提炼,其中前两部分都与《仲冬》部分相关,后面是其他章节的摘要。但是如果对照《吕氏春秋·仲冬》的原文仔细研究,会注意到原文里涉及鸟和老虎的文字只有一句,"鹖鴠不鸣,虎始交"。诺译文里也是"the nightingale no longer sings, and tigers begin to pair",与原文完全匹配。但是在章节的介绍中,译者新增了"阴阳"的信息:"The nightingale, being a mountain bird, is a creature of the Yang ether; since the Yin ether becomes completely dominant in this month, it no longer sings. The tiger is another Yang creature, and it now seeks its own kind." 因为鹖鴠和老虎都是阳气旺的生物,在仲冬这个月份,阴气盛,所以阳气旺的动物开始收敛活动,鸟不再鸣叫,虎则寻找同类。同时在谈到这个季节的政令时,译者增加了很多"火""金""木""水""土"等五行相生相克的内容。如果译者不增加这些五行信息,直接如原文所言,"仲冬行夏令,则其国乃旱",对中国传统文化没有了解的读者必然会感到迷惑,无法理解其中的逻辑,即为什么冬季施行夏令,就会影响气候导致大旱。但是,经过译者提纲挈领的开篇介绍,知道"夏季五行属火",而"水""火"相克,就会理解为什么"仲冬行夏令,则其国乃旱"。

诺本中类似的增添信息在《十二纪》卷前的介绍中频频可见。如第一卷《孟春纪》的介绍里就有大段文字阐释一年四季的阴阳和五行。两位译者深受陈奇猷影响,完全接受《吕氏春秋》是阴阳家为主的著作。在前言中,他们已经花了大量篇幅介绍阴阳学说,所以在后面的章节介绍里再次提及,并不突兀。事实上,《吕》书十二纪每一纪的首篇,均包含大量阴阳五行的内容。因此,对于中国传统阴阳五行文化不甚明了的读者,诺译的补充信息无疑有助于他们更好地把握原文简洁文字里所蕴藏的丰富的文化内涵。

　　附录部分,译者增加了高诱《吕》书注本的前言部分,还有陈奇猷对《吕》书各篇章的学术派别归类。值得一提的是,在附录中还有专门一章诠释四季的重要典礼仪式。译者引经论典,以翔实的资料,阐述了《十二纪》中提到的祭祀典礼和其他重要仪式,如"迎春""耕作""婚配"等。

　　在参考资料里,值得注意的是附加注释部分。该部分更像一个尾注,对正文里提到的一些有特定文化含义的术语或典故做了更深入的阐释。如《贵生》的"嗜肉者,非腐鼠之谓也",意思是"喜欢吃肉,但却不是连'腐鼠'也吃"。这中间提到的"腐鼠"出自《庄子·秋水》的一个著名典故"鸱得腐鼠",译者在此详细阐述了这个典故的来源。参考资料中同样引人注目的还有大量互文性材料,译者将提及《吕氏春秋》中具体事件的其他文史资料罗列出来,供读者参考。如《顺民》一章里说到文王放弃千里之地为民请免炮烙之刑,互文材料里就列出《韩非子·难二》中的相关材料,该处涉及 130 多个条目,20 多部典籍。这样内容丰富翔实的译本结构,足以体现译者严谨的治学态度及深厚的中国传统文化学识,同时也满足了专家读者对《吕》书及中国文化进行深入研究的愿望。

　　与诸本比较,翟本体例结构较为简单,只包括双语前言部分和译本正文,前言部分概述了《吕》书的主要内容和成书情况,提出吕不韦组织编撰此书的目的是"'究天人之变',为即将出现的大一统局势提供方法论上的借鉴"。翟本最大特色是译本的正文除了古汉语原文之外还包含了译者本人翻译的现代汉语版。原文晦涩的古代汉语本身就难以理解,再加上涉及大量文化负载词,即使是一个熟悉中文的读者也会觉得吃力。有了流畅易懂的现代汉语对照版本,为掌握现代汉语的读者提供了极大的便利和阅读的愉悦感。

　　翟本这样的结构安排可能是因为"大中华文库(汉英对照)"系列书籍主要是面对大众读者,而诸本除了满足大众阅读,还能为专家学者们进一步研究《吕》书提供丰富的研究资料和文献线索,翻译目的的差异非常直观地体现在译本结构上。

三、翻译策略比较

不同的翻译目的,也决定了翻译实践中不同的翻译策略。《吕》书的这两个译本因为翻译目的不同,因而在具体的翻译中采用了不同的翻译方法,具体来说,诺本采取的是深度翻译,而翟本是阐释性翻译。

(一) 诺本的深度翻译

诺布洛克在翻译《吕》书之前已经出版了《荀子》英译本,在该译作中他主要采用了"深度翻译"(thick translation)的策略,即添加序言、注释、评注等各种解释性材料,将译本置于丰富的文化和语言环境中,使读者能更准确完整地理解作品①。他的译本《荀子》在英语世界获得众多好评,对中国典籍及先秦哲学思想在西方世界的传播具有重要意义。《吕》书涉及的内容更为广泛复杂,诺本仍然沿用了深度翻译的策略,补充大量背景信息及国内外学者对特定概念的相关研究。诺本的深度翻译在内容上主要体现在以下三个方面:

(1) 大量增加背景信息。首先是在前言中用了大量篇幅介绍吕不韦生平、《吕》书的成书过程、当时的相关历史人物及事件,帮助读者借助《吕》书的编撰背景来深刻理解这部百科全书式典籍的历史地位。同时,译者还在前言里介绍了中国传统文化里特有的阴阳、五行哲学,帮助读者了解文字后的深层文化含义,传递中国古典哲学中的核心理论。例如,在《十二纪》的每一纪开篇都会提到星辰位置变换、花鸟虫鱼举动,然后君臣出行、政令禁忌等,对中国文化不熟悉的人看到这样的安排可能难以理解这其中的逻辑。诺本在前言中提道:"每个月的重要观测涉及天气、植物、鸟类和动物,它们是相当可靠的天气指标,是阴阳之气变化的征兆,解释了气候的季节变化。这些元素定义了天地的常道,人们期望皇帝——

---

① 蒋坚松:《文本与文化——评诺布洛克英译本〈荀子〉》,《外语与外语教学》,1999 年,第 1 期,第 40-43 页。

天子,能通过顺应天道的行为来保持与天道中各因素的回应。"①通过这一段说明,读者们能够认识到,十二纪一成不变之以星辰变化开篇的陈述方式实际上隐含着中国文化中"法天地""天人合一"的传统哲学。

（2）关键术语深度解析。《吕》书内容广泛,术语众多。译本正文因文本或篇幅等限制,不能完全展开阐释。诺本在译本正文后,增加了多达30页的术语注释部分,有效地解决了译文正文中无法充分传递文化信息的问题。例如,《孟春》篇中有"东风解冻,虫始振,鱼上冰,獭祭鱼,候雁北"。文中的"獭祭鱼",诺本译为 otters sacrifice fish。如果只有这三个词的译文,这一部分是令人费解的。在附录的注解中,译者解释这是水獭把捉的鱼摊在爪子上或者放在河堤上,看起来像在以鱼献祭。②术语解析包含了文中出现的历史人物、地名、概念术语等,有助于读者了解文化负载词汇,并增加了原文的可读性。

（3）及时提供互文信息。除了在参考资料里罗列其他相关文献名称,诺本在阐述某些概念时,及时提供其他学者的相关研究,供感兴趣的读者进一步研究参考。如在讨论十二纪中物候变换时,译者概述了360天"神历"（ritual year）的8种时间分段法③。译者陈述道,该时间划分法

---

① 英文原文为:The essential observations of each month concern the weather, as well as the plants, birds, and animals that are reasonably reliable indicators of weather and therefore emblematic of the changes in the Yin and Yang qi 气, ethers that account for seasonal variations in climate. These elements define the normal conditions of Heaven and Earth which the emperor, the ritual assessor of Heaven and Earth as the Son of Heaven, is expected to maintain through carefully coordinated activities, conducted in response to the elements of the cosmological scheme.

② 英文原文为:What the almanac describes as "otters sacrificing fish" may refer to the resemblance between the ritual offering of fish and the way otters hold their catch in their paws or place it on the riverbanks. 参见:*The Annals of Lü Buwei: A Complete Translation and Study*, 2000:711.

③ 2 periods of 180 days each, one with the Yang ethers ascendant and dominant, one with Yin ethers ascendant and dominant; 4 seasons of 90 days each, defined by the four possible relations between the Yin and Yang ethers; 5 periods of 72 days each, each dominated by one of the Five Processes; 8 periods of 45 days each, defined by the prevailing winds; 12 solar months of 30 days each, defined by the position of the sun; 24 qi 气 "fortnights" of 15 days each, which helped coordinate the solar and lunar calendars; 36 xun 旬 "weeks" of 10 days each, which defined normal court activities; 72 hou 候 "observations" of 5 days each, which defined the slight changes in nature that advised farmers and others what to do next. 参见 *The Annals of Lü Buwei: A Complete Translation and Study*, 2000:36.

在《吕》书中未见官方确认,但是还有六本《吕氏春秋》之前的书,也记载了十二纪中提到的天相和地相。随后,作者一一列举这些著作:"First, the Xia Xiaozheng, or Lesser Annuary According to the Xia Calendar, now Book 47 of the Da Dai Liji, consists of a cryptic 'canon' followed by an 'explanation'... The Shixun, Instructions for the Seasons, now book 52 of the Ti Zhoushu is built around the five-day hou observational periods and the fifteen-day qi fortnights ... "。通过这些外围的相关文献,译者充分展示了中国古人对季节变化与人类活动相协调的重视,以保证生存所需的粮食丰收与和谐发展。

为方便读者深刻理解十二纪中蕴含的天地秩序,译者还提供了国外的一些研究资料,如 Michel Foucault 的《事务的秩序》,引用了"The universe was folded in upon itself: the earth echoing the sky, faces seeing themselves reflected in the stars, and plants holding within their stems the secrets that were of use to man",指出中国古人对世间万物的解读,并得出结论:《吕氏春秋》之所以有别于早期著作在于它是最系统最复杂的文本材料,它的目标是阐述一个完整的宇宙论体系,这个体系将人的世界与天上星辰变换及地上季节轮回交织在一起。①这样的互文方式,一方面提供了更多的背景资料帮助读者深刻理解译文中的异域文化,另一方面也为感兴趣的读者提供了继续研读的线索。

(二)翟本的阐释性翻译

翟江月教授多年来致力于中国典籍的翻译,自 2005 年以来,先后翻译了《吕氏春秋》《管子》《淮南子》和《战国策》等。翟江月的研究领域为中国古典文献学,对古典文献的阐释是她擅长的工作领域,因此《吕》书的英译过程中也充分体现了"阐释"这一特征。乔治·斯坦纳(George

---

① 英文原文为:What distinguishes *The Annals of Lü Buwei* from earlier texts is that it is the most systematic and the most sophisticated of all these documents: it aims at a total cosmological scheme, intertwining the world of man with the course of Heaven and the sequences of the seasons on Earth.

Steiner)把阐释翻译分成四个步骤:信赖、侵入、吸收和补偿①。"信赖"是对源文本价值的判断与衡量。翟译《吕》书隶属"大中华文库(汉英对照)"工程,该项目旨在"全面系统翻译介绍中国传统文化典籍"。从这一目的来说,源文本的价值是得到认可和信赖的。

"侵入"和"吸收",是理解、提取和表达原文核心精神的步骤。翟本的阅读对象是普通读者,其翻译目的是传播文化,目标读者是普通大众,译本对文本的可读性更为注重。《吕》书源文本内容庞杂、术语典故繁多,且语言结构多排比对仗,如果在翻译过程中对等转换,译本势必篇幅庞大,且在一定程度上会损失文本的流畅性和可读性。因此,翟江月在翻译的过程中倾向于意译,提炼源文本,舍弃其中语言结构及部分细节,只将源文本的核心思想以贴近目的语的方式加以阐释。例如,《先己》篇中引用了《诗经》的"淑人君子,其仪不忒。其仪不忒,正是四国"。翟本译为"Upright and sensible people will behave decently and correctly. Thus they can set good examples for the rest of the world."原句中的"淑人君子"本是两个名词的并列,翟本转换为两个形容词的并列。原文借助重复"其仪不忒"的修辞手段,将两句衔接,而翟本舍弃重复,借助连词"thus"以因果逻辑关系将两句衔接。源文本中多处涉及官职、植物的种类,翟本常常予以精简。例如,"行秋令,则民大疫,疾风暴雨数至,藜莠蓬蒿并兴",其中"藜莠蓬蒿"为四种野草,翟本以 weeds 一词概括。

"补偿",是为了弥补翻译过程中源文本信息的损失。《吕》书源文本中存在大量文化负载词汇。忽略"藜莠蓬蒿"不会影响对全文的理解,但有一些细节是不能忽视的。对于一些原语读者视为当然而译语读者不了解但又必须了解的信息,翟本主要通过替代、加注或增益的补偿手段予以阐释。例如,《孟春》篇中有"其日甲乙,其帝太皞……其臭膻。其祀户,祭先脾"。这其中有一个特别的词"膻",该词汉语独有,专门用以描述羊

---

① 英文原文为:"four-beat model of the hermeneutics motion"—"a narrative of process"—(1) initiative trust (2) aggression (or penetration) (3) incorporation (4) reciprocity or restitution. 参见: George Steiner. *After Babel*: *Aspects of Language and Translation*. Shanghai Foreign Language Education Press, 2001: xvi.

肉独具的味道,英文中缺少对应词汇。翟本采用增益的方式,以 somewhat like the odour of sheep 生动传递了原文的含义,并与后文"食麦与羊"(He normally eats wheat and mutton)遥相呼应。再如《明理》篇中有"其星有荧惑,有彗星……有若水之波,有若山之楫;春则黄,夏则黑,秋则苍,冬则赤"。翟本译为:

> As for the planets, there are Mars and comets known ... Some are like water waves. Some are like mountain peaks. Sometimes the main color of the spring season is yellow (it should be green instead of yellow since green is the color of wood and during the spring season, the Element of Wood is predominant). Sometimes the main color of the summer season is black (it should be red instead of black since red is the color of fire and during the summer season, the Element of Fire is to the fore). Sometimes the main color of the autumn season is green (it should be white instead of green since white is the color of metal and during the autumn season, the Element of Metal is foremost). And sometimes the main color of the winter season is red (it should be black instead of red since black is the color of water and during the winter season, the Element of Water is in command).

这一段文字描述的是"混乱"的状况。中国的"五行"文化中,四季与五行结合,皆有应当的颜色。若是灾祸临头,则四季颜色错乱。源文本中没有明示,只有"春则黄,夏则黑,秋则苍,冬则赤"。字面含义是"春天黄色,夏天黑色,秋天青色,冬天红色"。缺少中国传统文化背景,对这一段文字的意义是无法理解的。翟本通过括号内加注,将每个季节的属性和应当的颜色逐一列出,增加"五行"相关知识,弥补了原文中缺省的信息,从而使读者获取文中真正含义。

阐释翻译理论的核心是"理解即翻译"。翟本的阐释翻译将深奥的中国典籍文本转化为浅显易懂的目的语文本,使读者读译本时仿佛在读母语,从而促进了中国文化的传播。

四、翻译技巧比较

翟本和诺本因为翻译目的的不同,不仅在文本宏观的翻译策略上体现出不同的特征,在具体的翻译实践中,采用的技巧也存在明显差异。虽然两个译本均灵活使用归化和异化策略,但从侧重来看,翟本倾向于归化,保留意义、省略形式,对于影响理解的文化信息缺损采取增益加注等补偿手法;诺本倾向于异化,尽量保留原汁原味,传播中国文化意象,并借助增加注释、评注文化背景介绍等深度翻译的方法,弥补文化隔阂,补偿译文正本中缺失的信息。异化的具体翻译技巧包括音译法和直译法,归化则包括意译、替换、增译和省译等。下文以标题、句式、修辞和文化负载词四个方面为例探讨两个译本在微观层面的不同翻译技巧。

(一)标题的翻译

诺本的标题翻译包括拼音、汉字和英译三个部分,如《孟春》篇,诺本的标题构成是"Meng chun 孟春 Almanac for the First Month of Spring",比翟译多了拼音部分。这样的做法表达了译者对源文本的尊重,也使英语读者可以知道原文标题的读音,多了些异域文化的趣味。两个译本不仅在标题翻译上做法不同,在形式和内容上也存在较大差异。以下选取两个译本中《十二纪》部分标题进行比较,见表5-1。

表5-1 《吕》书两译本部分标题比较

原文标题	诺译	翟译
重己	Stressing the Self	The Value of life
贵公	Honoring Impartiality	On Getting Rid of Partiality
贵生	Valuing Life	On Attaching Importance to Life
当染	On the Proper Kind of Dyeing	On Being Influenced by Others

原文标题	诺译	翟译
尽数	Fulfill the Number	On Enjoying Life
先己	Placing the Self First	On Cultivating One's Own Mind First
荡兵	Rattling Weapons	On the Origin of Military Forces
振乱	Ending Disorder	On Putting A Chaotic Situation in Order
爱士	Loving Knights	On Taking Good Care of Intellectuals
当务	On Being Appropriate to the Circumstances	On Acting Reasonably

原文标题均为二字结构,用词简洁,以动宾结构为主。比较以上标题译本样例,可以部分窥见两个译本迥然不同的风格。首先从形式上看,诺本用词简洁明了,逐字直译,在译文上追求形式对等,原标题的很多动宾结构在译文中得到了充分体现,而翟氏倾向于意义对等,标题的用词较诺本拖沓,如"贵公"的"贵",诺本为 honoring,翟本 getting rid of;"爱士"的"爱",诺本为 loving,翟本 taking good care of,形式上多以 on 引出主题,结构略显累赘。

总体而言,两个译本在文章内容意义理解上没有重大差异,但在篇目标题的翻译处理上存在一些分歧。如"重己",仅从字面理解,诺本 Stressing the Self 从结构到意义完全匹配源标题,言简意赅。翟本的 the value of life 似乎与"重己"相差较远,但是综观本篇完整内容,其主题是谈论顺应天性,并节制欲望以颐养生命。"先己"也存在同样的问题。文中开头,"汤问于伊尹曰:'欲取天下,若何?'伊尹对曰:'欲取天下,天下不可取;可取,身将先取。'"其大意是,要取天下,首先要修养自己的心性。随后,文中又说,"昔者,先圣王成其身而天下成,治其身而天下治。"其意为"古代圣明的帝王进行自我修养,能够修养好自身,就能治理天下了"。所以,这一篇的主题是谈君主的个人修养。"先己"这里应该理解为"先从自己做起"。比较两个译本,虽然诺本 Placing the Self First 从字面上与"先己"对应,但其意是"把自己放首位",与原文主题有一定差距。比较诺本,翟本标题含义是"先从修养自身开始",与主题基本吻合。

两个译本对"尽数"的翻译也迥然不同。"数"在古汉语中有多种含义,常用的除了指数目之外,还做"命运"解释。本篇主题是养生,所以此处"尽数"是尽享天年的含义。诺本的 number 是 number of age,与原文标题一样,现代读者只有在看过全篇之后才能理解标题含义。而翟本翻译重在解释主题,方便读者立刻理解此篇与生命有关,但 enjoy life 中的 enjoy 是享受之意,与原文"去害养生"的主题存在分歧。

总体而言,在标题翻译上,两个译本各有千秋,基本都能传递原意,诺本在形式上更为契合,但在主题上,翟本似乎更能传神达意。

(二) 句式的翻译

古汉语含蓄精练,但语法宽松,语义的产生不靠语法形态的变化,而依赖语序和语境,是意合式语言。言简意赅的特色,考验着译者的语言功底。这方面,诺译和翟译差异也很明显。例如,《去私》篇有一段晋平公与祁黄羊的对话:

> 晋平公问于祁黄羊曰:"南阳无令,其谁可而为之?"祁黄羊对曰:"解狐可。"平公曰:"解狐非子之雠邪?"对曰:"君问可,非问臣之雠也。"平公曰:"善。"遂用之。国人称善焉。居有间,平公又问祁黄羊曰:"国无尉,其谁可而为之?"对曰:"午可。"平公曰:"午非子之子邪?"对曰:"君问可,非问臣之子也。"平公曰:"善。"又遂用之。国人称善焉。

为方便比较,下面只截取文章对话的英译部分,列表如表 5-2:

表 5-2 《去私》两译本对比

原文对话	诺译	翟译
南阳无令,其谁可而为之?	Nanyang is without a commandant. Whom should I appoint?	I need someone to take charge of Nan Yang. Whom do you think I should appoint to this position?
解狐可。	Xie Hu would be suitable.	I think you can use Xie Hu.

（续表）

原文对话	诺译	翟译
解狐非子之雠邪？	Is not Xie Hu an enemy of yours, sir?	Isn't Xie Hu your personal enemy?
君问可，非问臣之雠也。	Your grace asked who would be appropriate for the office not whether he was the enemy of your servant.	Well, you asked me who was capable of governing Nan Yang instead of who was at odds with me.
善。	Excellent!	Great!
国无尉，其谁可而为之？	The state lacks a military guardian. Whom should I appoint?	I need an officer to take charge of military affairs. Whom do you think I should use?
午可。	Wu would be appropriate.	I think you can use Wu.
午非子之子邪？	Is not Wu your own son, sir?	Isn't Wu your own son?
君问可，非问臣之子也。	Your grace asked who would be appropriate for the office not whether he was my son.	You asked me who was capable of taking charge of military affairs for the state rather than who my son was.
善。	Excellent!	Great!

对比这一段对话的翻译可以发现，诺本句子结构简单，用词简洁精练，而翟本偏于复杂，使用词组或长句较多。如"南阳无令"，诺本是 Nanyang is without a commandant，使用介词 without，采用了与源文本完全一致的句子结构。翟译本是 I need someone to take charge of Nan Yang，改变了源文结构，趋向于翻译源文的现代汉语诠释版。对于"午可"一句，诺本采用契合原文结构的简单的"主系表"简单句结构，而翟本用了复杂的宾语从句。关于"可"的翻译，诺本分别用了 suitable 和 appropriate，翟本的 be capable of governing 和 be capable of taking charge of 比较冗长，源文本中省略的"尉"的内容，诺氏以 the office 替代，在翟译中没有省略，仍然是 military affairs for the state。

再如《尊师》篇中的"不学，其闻不若聋；使其目可以见，不学，其见不若盲；使其口可以言，不学，其言不若爽；使其心可以知，不学，其知不若狂"。两个译本的处理方式分别如下：

诺本：A normal man uses his ears that he might hear；but if he does not study，he might as well be deaf. He uses his eyes that he might see；but if he does not study，he might as well be blind. He uses his mouth that he might speak；but if he does not study，he might as well be dumb. He uses his mind to think；but if he does not study，he might as well be demented.

翟本：They are born with ears so that they can hear，but if they do not pursue knowledge with the help of their hearing，they are no better than the deaf even though they can hear？they are born with eyes so that they can see，but if they do not pursue knowledge with the help of eyesight，they are no better than the blind even though they can see；they are born with mouths so that they are capable of speaking，but if they do not pursue knowledge withthe help of language，they are no better than the mute even though they can speak；they are born with hearts so that they can perceive things，but if they do not pursue knowledge with the help of cognition，they are no better than the maniac even though they have intelligence.

比较两段译文可以发现，诺本为 80 词，翟本 140 词，翟本词汇溢出量远远超出诺本。诺本译文表意清晰，且结构与源文本基本一致。将翟译与源文本对照，发现增加了 with the help of their hearing、even though they can hear、with the help of eyesight、even though they can see、with the help of language、even though they can speak、with the help of cognition、even though they have intelligence。如将翟译这些附加成分去掉，成文如下：

they are born with ears so that they can hear, but if they do not pursue knowledge, they are no better than the deaf; they are born with eyes so that they can see, but if they do not pursue knowledge, they are no better than the blind; they are born with mouths so that they are capable of speaking, but if they do not pursue knowledge, they are no better than the mute; they are born with hearts so that they can perceive things, but if they do not pursue knowledge, they are no better than the maniac.

篇幅减少到了 100 词,句意、结构都与源文本相符,读者对译文的理解也完全没有障碍。由此可见,翟译本为了读者的理解,可谓不遗余力。两个译本不同的语言风格在对古汉语中所谓的"四字格"处理上更为分明,如《情欲》篇中的"耳不乐声,目不乐色,口不甘味,与死无择",两个译本的处理方式分别如下:

> 诺本:When his ears do not enjoy music, his eyes find no pleasure in beauty, and his mouth finds no taste sweet, there is nothing that distinguishes him from the dead.
>
> 翟本:After they get into trouble, they will not feel pleased even when they are listening to wonderful tunes, will not feel happy even when they are appreciating the most beautiful colours, nor will they feel satisfied even when they are eating the most delicious food. Even though they are alive, they can be considered as nothing but walking corpses.

源文本四组"四字格",仅 16 字,但含义丰富,诺本和翟本分别为 30 词和 59 词,几乎相差一倍。究其缘由,翟本一是在结构上使用了大量英语中常见的复合句结构,如时间状语从句、让步状语从句等;二是增加了源文本中没有明示的内容,如"声""色""味"等,源文本中对于这些词汇并无修饰词加以界定,翟本中分别增加了 wonderful、most beautiful、most delicious 这些修饰语。

德国语言学家洪堡曾评价:"任何人都无法否认古典汉语具有一种惊人的高雅之美,这种美表现于它抛弃了一切无用的(语法)关系,以语言本身而不必凭借语法形式来充分表达纯粹的思想。"①从以上几例来看,翟本采用归化策略,抛弃了源文本内在的简洁含蓄,语言风格口语化,浅显易懂,结构略显拖沓,语言组织不够精练。比较两者可知,诺本在传递文化内涵时,仍尽力保留了原文的形式与结构,与源文本的语言风格契合度高,体现出对原作的尊重,也有效地呈现出原文的文体美。

(三)修辞的翻译

古汉语除了语汇言简意赅,在修辞上也颇有讲究。汉语是意会语言,形式上的衔接手段较少,多采用重复手段来构成语义上的衔接与连贯,其中以排比、反复和对照最为显著。因此,修辞风格迥异的英汉两种语言,必然给翻译实践带来极大挑战。以下从排比、反复和对偶三个方面来比较诺本和翟本的差异。

(1)排比的翻译。排比是结构上的重复。借助结构上的重复,文本可以获得节奏感,增强表达的效果和气势,深化中心。例如,《功名》中有"善钓者,出鱼乎十仞之下,饵香也;善弋者,下鸟乎百仞之上,弓良也;善为君者,蛮夷反舌殊俗异习皆服之,德厚也"。诺本和翟本的处理分别如下:

> 诺本:A skilled fisherman can bring up fish from a depth of ten yards because his bait is fragrant. A skilled marksman can bring down a bird from a height of a hundred yards because his bow is excellent. A skilled lord can cause the backward-tongued Man and Yi barbarians, for all their extraordinary customs and exotic

---

① 转引自王海燕:《从符号学"间性"理论看书面汉语"欧化"现象》,中国海洋大学 2008 年硕士学位论文。

practices, to offer submission because his inner power is substantial.

翟本：An excellent fisherman can catch fish from waters as deep as ten ren when the bait he uses is inviting. An excellent archer can shoot a bird flying as high as one hundred ren in the sky when the bow he uses is unparalleled. And an excellent sovereign can make people of the remotest areas with the strangest customs submit to his authority when his virtues are incomparable.

分析原文结构可知，三个分句结构都是"善＋动词＋者……名词＋形容词＋也"，尤其是前两句，"善钓者，出鱼乎十仞之下，饵香也；善弋者，下鸟乎百仞之上，弓良也"。结构完全一致，且"出鱼""下鸟"，"十仞之下"和"百仞之上"皆形成对仗。比较两个译本可以发现，诺本三个分句的结构是一致的，都是"A skilled X can do something, because his ＋ N is ＋ *adj*"。其中前两句 bring up fish 与 bring down a bird，a depth of ten yards 与 a height of a hundred yards，fragrant 与 excellent 也形成对仗，与原文结构完全吻合。翟本主体结构由三个 excellent 引出，以三个 when 从句收尾，整体上也有效地体现出排比风格，但在部分细节上，未能如诺本一样高质量传递源文本的结构特点。两者在《去私》中的"声禁重，色禁重，衣禁重，香禁重，味禁重，室禁重"的处理上差异更明显：

诺本：In sounds, prohibit excess；

In sex, forbid excess；

In clothing, prohibit excess；

In fragrances, forbid excess；

In flavors, prohibit excess；

In dwellings, forbid excess.

翟本："Do not listen to overly decadent tunes. Do not be addicted to overly splendid colours. Do not wear overly extravagant clothes. Do not indulge in overly fragrant odours. Do not be addicted to overly luscious delicacies. Do not live in overly luxurious buildings."

这段原文 6 节 18 字,结构都是"X 禁重"。这 6 个"禁重"因为语境分别是"声、色、衣、香、味、室",所以意义不同。比较两个译本,翟本以意译为主,呈现的是解释性翻译,陈述了各语境中"重"的不同意义:淫靡的(音乐)、炫目的(色彩)、繁多的(衣饰)、浓烈的(香味)、厚重的(饮食)和奢靡的(宫室),另外还增加了相应的动词结构,如 listen to、be addicted to 等。结构上用了 6 个 Do not,与原文的六"禁"对应。与翟本相比,诺本首先是排版方式的不同,采用了诗行格式排版,而翟本采用了散文格式。诺本整齐的行列使得结构一目了然,其语法结构也极为齐整,通篇为:in X, prohibit/forbid excess。对于复杂的六"重"含义,诺本用 excess(过度)译出。两者相较,翟本虽然传达了源文本的含义,但损失了原文的结构美,且语言表述拖沓累赘;诺本不仅传达了原文的含义,且每一句字数结构对等,节奏一致,达到形意皆佳的境界。最后,再以《重己》篇中的"以此治身,必死必殃;以此治国,必残必亡"对比两个英译本:

诺本:Trying to govern one's own self this way invariably leads to death and ruination. Trying to govern a country in this way invariably leads to its destruction and annihilation.

翟本:Behaving themselves that way, they will definitely get into serious trouble and lose their lives. Governed that way, a state will surely be invaded and ruined.

原文是结构简洁的排比韵文,比较"以此""治身"与"治国"导致的后果,虽然二者都有"治",但含义上有差异。翟本此句译文采用了不同的词来解释这两个"治":Behaving themselves that way 和 Governed that way,两句重复部分只有 this way,且结构不同,前句主动语态,后句被动语态。诺本两句结构一致,均为 Trying to govern X this way invariably leads to Y。从语义传达来说,无论翟本还是诺本都较完整地传达了原文含义,但是在结构上,诺本显然更能体现源文本特色。

（2）反复的翻译。反复是语言内容层面上的重复,也是极具汉语特色的修辞方式之一。借助同一语句反复吟咏的方式,获得句意的衔接,格式的整齐有序及强烈的情绪表达。《吕》书也含有大量的反复表达,如上文提到的《论人》篇中的"<u>故知知一</u>,则应物变化,阔大渊深……<u>故知知一</u>,则复归于朴,嗜欲易足……<u>故知知一</u>,则可动作当务,与时周旋……<u>故知知一</u>,则若天地然,则何事之不胜?何物之不应?"这里重复使用了四个"故知知一",反复吟咏,逐层递进,构成了强大的渲染力量。诺本和翟本对这四个重复的"故知知一"进行了不同的处理:

> 诺译:Thus, if you understand "knowing the One"...
>
> Thus, if you understand "knowing the One"...
>
> Therefore, if you understand "knowing the One"...
>
> Thus, if you understand "know the One"...
>
> 翟译:Therefore, if Tao is mastered ... So, if he has obtained
>
> Tao ... So, when Tao has been obtained ... So, if he has obtained
>
> Tao ...

对比两个版本,诺本基本使用了完全相同的句式:"Thus/Therefore, if you understand 'knowing the One'..."与源文句式极为贴近,也呈现出反复句式,在文本版式的安排上,每一个"故知知一"另起段落,一句一行,凸显出反复吟咏的特征。四个"Thus/Therefore, if you understand 'knowing the One'..."的反复及特殊的排版方式也构成语义上的衔接,使整个段落浑然一体。与诺译相比,翟译对这四个"故知知一"采用了不同的词汇和句式,主动被动混用,无法形成统一的结构,自然无法体现反复吟咏之特色,也因此无法传递源文本的铿锵有力之气势。

（3）对偶的翻译。对偶,又称对仗,是指形式上对称均衡,意义上互相关联的两个句子或词组。与排比和反复相比,它的要求更高,不仅是结构上的一致,词汇意义和性质上也要对立或对等。典型例子如"大漠孤烟直,长河落日圆"。古代汉语的对偶句形式上工整匀称,节奏鲜明;意义上前后呼应,对比鲜明。《吕》书中这样的例子有很多,翻译这种对偶句,不仅要关注"意",还要关注"形",对译者来说极具挑战性。例如,《去私》篇中有"孔子闻之曰:'外举不避雠,内举不避子'",诺本和翟本分别做如下翻译:

> 诺本:When Confucius learned of it, he said, "When recommending those from without, he did not avoid even personal enemies, and when recommending from within, he did not avoid even his own son."
>
> 翟本:When Confucius heard of that, he said, "He is so selfless that he could recommend both his personal enemy and his own son."

源文是典型的对应表达:"外"对"内","雠"对"子"。诺本中,without对应within,personal enemies对应his own son,与源文本结构一致,表意一致,体现了从形式到内容对源文本的忠实。相较而言,翟氏将原文对仗的两句合并一处,以意译方式处理,言简意赅,但是从审美角度来说,失去了原文结构上的对仗美。

成功的修辞翻译应该是兼顾源语修辞与目的语修辞的特点。如果二者存在较大共性,翻译实践中就应充分利用这种共性,努力再现源文本的修辞方式。汉语中的对偶结构,大致相当于英语中的平衡句(balanced structure)①。在汉英两种语言的修辞具有共性的情况下,利用英语平衡句在译文中再现原文的修辞特点与神韵,应是翻译修辞策略的最佳选择。

---

① 孟建安:《失败的修辞与成功的修辞之比较分析》,《当代修辞学》,2009年,第1期,第64-69页。

（四）文化负载词的翻译

与其他典籍相比,《吕》书集百家之大全,记录大量历史资料,涉及领域广泛,因此词汇极为丰富[①],这其中包含了大量文化负载词,其独特性与复杂性给译者的翻译实践带来了诸多挑战。

奈达将语言文化因素分为五类:生态文化、物质文化、宗教文化、社会文化和语言文化。[②] 由于文化负载词所表示的事物、思想、文化、习俗等一些文化内涵只在本民族的社会生活中存在,具体到特定的翻译活动中,就涉及两种语言的转换。对于文化负载词,翻译策略通常有直译、音译、文献式翻译、替代、添加、省略等。《吕》书中以物质、社会、宗教类文化负载词汇最为丰富,下文将以这三类词汇为例,比较两个译本在文化负载词方面的翻译特色。

（1）物质文化词的翻译。物质文化是指不同文化里特有的物质产品,涉及人类生活衣食住行,包含生产生活各类用品工具,如独特的食物、衣着、乐器用具。例如,《重己》篇中有:"人不爱昆山之玉、江汉之珠,而爱己之一苍璧小玑,有之利故也。"这一句中,"昆山之玉""江汉之珠"是特有的具有地域特征的物质文化词。首先,玉在中国文化中享有独特地位,历史上常常将玉与人性相融,比如在《诗经》中就有"言念君子,温其如玉"的说法,再往后,又有了"君子无故,玉不去身"之说。其次,玉的种类也繁多,称呼上有璧、琼、圭、璋、璜、琥等,不同称呼,暗示着不同的含义,其中璧是中间有小孔的玉。秦汉时,璧或做祭祀的礼器,或做日常装饰、配饰品。根据上下文,这里应该指的是小配饰品。根据《周礼·春官·大宗伯》记载:"以苍璧礼天,以黄琮礼地",苍是天空的颜色。因此,该文本的"苍璧"本意是"跟天一样颜色的带孔的玉饰品"。诸本和翟本对此句的翻译分别如下:

---

① 张双棣:《吕氏春秋词汇研究》(修订本),北京:商务印书馆,2008年版,第52页。
② E. A. Nida. *Towards a Science of Translating*. Leiden: Brill, 1964: 167 – 168.

诺本：A man loves his own azure bi jade insignia and irregular pearls more than the jade of Mount Kun or the pearls of the Han and Yangzi Rivers because he benefits from what he himself possesses.

翟本：Similarly, people do not love jade produced by Kun Lun Mountain or pearls produced by the Yangtze River or the Han River, but love their less precious jade and smaller pearls.

诺本采用了直译加意译的方式 azure bi jade insignia,给出了具体的文化意象,而翟本将"苍璧"这个具有深刻文化内涵的物体简化为一个简单的 jade。在正文中,两个译本均采用了直译和音译的方式,但是诺本在文后的附录中补充了一个词条,进一步解释了"昆山之玉""江汉之珠"——"昆山之玉能在火炉里烤三天,不掉光泽,江汉之珠在晚上都能发光"。① 都是好东西,但是人们只爱自己的珠子,哪怕形状不规则;只爱自己的玉佩,哪怕上面只有一点真的玉石,因为那是自己的东西。另外译者在参考资料词汇表中也列出了"昆山之玉"词条。从行文上说,翟本简单直白,通俗易懂,但在文化传递上,诺本的工作做得更为细致。

（2）社会文化词的翻译。社会文化包罗万象,涉及人们生活的方方面面,如传统习俗、伦理道德、历史人物、意识形态等。《吕》书《十二纪》中每个月份都以祭祀活动开启,其中涉及大量中国特有文化的词汇,而这些看起来简洁的词后面都隐藏着深厚的社会文化背景。例如《孟春》篇中有:"其日甲乙,其帝太皞,其神句芒,其虫鳞,其音角,律中太蔟,其数八,其味酸,其臭膻,其祀户,祭先脾。"诺本和翟本的翻译分别如下:

诺本：The correlates of this month are the days jia and yi, the

---

① 英文原文为:The jade from Mt. Kun could withstand being burned in a furnace for three days without losing its luster or color, and the freshwater pearls of the Yangzi and Han rivers shone brightly even at night. 参见 *The Annals of Lü Buwei: A Complete Translation and Study*, 2000: 711.

Sovereign Taihao, his assisting spirit Goumang, creatures that are scaly, the musical note jue, the pitch-standard named Great Budding, the number eight, tastes that are sour, smells that are rank, and the offering at the door. At sacrifice, the spleen is given the preeminent position.

翟本：The Heavenly Branches of this time are Jia and Yi（it refers to the thought on the Five Main Elements in ancient China. Jia and Yi represent the Element of Wood）. The god in charge of this period is Tai Hao, and the assistant of Tai Hao is Gou Mang. The representative creatures of this time are animals with scales. The note is Jue（Jue is "3" in numbered musical notation）. The corresponding pitch is Tai Cu（#D）. The number is eight. The corresponding flavour of this time is acerbity, and the smell of it is somewhat like the odour of sheep. At this time, sacrifice is held at the door, and the main offering should be animal spleen.

这一段文字涉及很多中国特有的社会文化词。如：甲乙、太皞、句芒、角、太蔟、祀户等。对这些特有名称，两个译本均以"异化"策略中的"音译"为主，但针对"甲乙""角"等词汇的翻译，翟本还使用了增译。比如在"甲乙"的译文中加了"天干"，并配以备注，向读者指出此处的"甲乙"源于天干，与古代中国的"五行"学说有关，"甲乙"代表"木"元素。在"角"的翻译中增加了对"这是乐谱中的数字3"等说明性文字，对应现代音乐调式。诺本采取了不同的翻译策略，比如从"太蔟"的含义入手，采用意译，将之翻译为 Great Budding，意为"伟大的萌芽"。再如《重己》篇中的"使乌获疾引牛尾，尾绝力勯，而牛不可行，逆也。使五尺竖子引其棬，而牛恣所以之，顺也。"两者处理方法也大不相同：

诺本：Were the strongman Wuhuo to pull the tail of an ox so hard that the tail broke off and he exhausted all his strength, he would not be able to move the ox because he would be contravening the natural direction of the ox. But were a lad a mere five cubits tall to pull the ox by its nose ring, the ox would follow where he led because he would be according with the natural direction of the ox.

翟本:Suppose that Wu Huo were there pulling the tail of a cow, the animal would not move at all even if its tail were broken and Wu Huo himself were exhausted, because that went against the innate nature of the cow. However, if a small boy were to hold the ring embedded in the nose of the cow, the animal would go everywhere according to the will of the boy, because that was in accordance with the innate nature of the cow.

"乌获"是战国时期秦国著名的大力士,《战国策·燕策一》中记载"今夫乌获举千钧之重"。此处翟本直译其名,对于不知道"乌获"是大力士这个情况的读者来说,乌获拽牛尾是突兀的。诺本在这个名字前增加了strongman,表明其身份特征,使原文假设"乌获"与五尺竖子拽牛的对比情节显得生动。秦朝时的"五尺"折合成现在的尺寸大概 1.2 米,中国古文里的数值常常虚指,表达一种情绪,并非实意,如"飞流直下三千尺",并非真的 3 000 尺,只是为了表达对高度的赞叹。所以原文的意思是身材矮小的小孩子,深化与前文拽牛尾的大力士的对比。但此段中翟本省略了"五尺"这个尺寸,只用 a small boy 传递其大意。与此相比,诺本的 a lad a mere five cubits tall 则生动形象地传递了原文中身材矮小小孩子这个意象。

在《吕》书中还有许多涉及称谓的词汇,这些词汇语义单一,有些只存在于当时的语境中,对于今天普通的中国人和西方读者都是陌生的词汇,翻译时需要特别处理。比如《孟春》篇中有:"立春之日,天子亲率三公、九卿、诸侯、大夫,以迎春于东郊;还,乃赏公卿、诸侯、大夫于朝。"诺本和翟本分别做如下处理:

诺本：On the day beginning "Establishing Spring," the Son of Heaven personally leads the Three Dukes, the Nine Ministers, the feudal lords, and the grand officers in welcoming spring at the eastern suburban altar. On returning, he rewards the dukes, ministers, feudal lords, and grand officers in the court.

翟本：On the day of the Beginning of Spring, the Son of Heaven leads all the dukes, high-ranking court officials andsovereigns of all feudatories to welcome the spring on the eastern outskirts of the capital. When they come back, he rewards them all at the court.

"公""卿""侯""大夫"等是古代中国的官职称谓，其中"公"是封爵之首，古代朝中最高官位的通称，"三公"即是最尊贵的三个官职的合称。"卿"是高级长官或爵位的称谓。"诸侯"与"大夫"官阶又依次低于前二者。两个译本对这些官职均采取了归化策略，使用了英文读者熟悉的词汇。其中诺本用 Duke, Minister, the feudal lord, and the grand officers 译出原文的四个等级。而翟本较为随意，原文的三公、九卿、诸侯、大夫四个等级在翟本里只有三个词组 the dukes, high-ranking court officials and sovereigns of all feudatories，意译方式未能严格译出原文的官阶等级。另外需要指出的一点是，原文中的"三公九卿"并非指具体的三个公，九个卿，而是虚指各级别的官员。所以诺本这里虽然结构和内容严格遵照原文，但存在望文生义的问题。再如《去私》篇中的"君问可，非问臣之雠也"中的"君"和"臣"的翻译：

诺本：Your grace asked who would be appropriate for the office not whether he was the enemy of your servant.

翟本：Well, you asked me who was capable of governing Nan Yang instead of who was at odds with me.

这一段君臣对话中,对话双方的称呼在两个译本中存在显著差异。诺本 Your grace 为"君",your servant 为"臣",保留对话者身份上的差异及臣子对君王恭谨谦卑的态度。翟本用 you 和 me 来翻译"君"与"臣"是不妥当的,未能体现出身份的尊卑,可能的原因是她认为这样翻译符合英语世界中的平等观念。

（3）宗教文化词的翻译。宗教文化是人类文化重要组成部分。春秋战国时期,道教的宇宙本体论和阴阳五行及讲究"仁、礼、义"的儒教对社会生活影响深远,在《吕》书中也留下了深刻印记,相关的词汇不断出现,如《孟春》篇中有"天子居青阳左个,乘鸾辂,驾苍龙,载青旗,衣青衣,服青玉,食麦与羊,其器疏以达。"诺本和翟本的译文如下:

诺本:The Son of Heaven resides in the left apartment of the Green Yang Brightness side of the Hall of Light. He rides in a chariot with luan phoenix bells, pulled by gray-green dragon-horses and bearing green streamers. He is clothed in green robes and wears green jade ornaments. He eats millet accompanied by mutton. His vessels arecarved with openwork and are thus porous.

翟本:The Son of Heaven stays in a room located at the northeastern end of the east-facing hall (it refers to the orientation of the Element of Wood) named "Qing Yang". He takes a green carriage decorated with the figure of a phoenix-like miracle bird when he goes out and dark green horses are used to pull the carriage. The banner on the carriage is also green. The Son of Heaven wears a green robe and green jade as well (according to the principles of the Five Main Elements, green is the colour of the Element of Wood). He normally eats wheat and mutton. Vessels used for rites are simply decorated and transparent.

这一小段文字两个译本的篇幅相差近一倍,诺氏 64 词,翟氏 113 词。其差异主要集中在"青阳左个"及"青"的翻译上。翟本用文献式的翻译补充了目的语读者可能缺乏的文化认知。天子衣食住行需要符合阴阳五行之道,"青阳"一词在中国传统文化中指的是方位,并非只是名称。同样,这里的"青",也绝非只是色彩的约定俗成,而是对"木"的尊重,对天道的顺从。在这一段中,还有对"驾苍龙"的不同理解。龙在中国的宗教信仰中最早作为图腾出现,寓意着神一样的力量,后与帝王崇拜结合在一起,如"龙袍""龙椅""龙辇"等。"驾苍龙"中的"龙",是为皇帝服务的马,并非真的龙。诺本中的 dragon-horses 容易引起歧义。因为"龙马"另有含义,在中国古代神话传说中它是一种兼具龙和马形态的生物,被认为是吉祥的象征。

翟本译者为研究先秦古代汉语文学出身,对中国传统文化了解深入,与诺译的两位译者相比,对这样的文化负载词理解显然更占优势。在翟译本中,读者不仅可以知道习俗,更能知道习俗蕴含的文化含义。她的翻译能贴近原文,因而有助于中国传统文化的传播。再如《大乐》篇中的"音乐之所由来者远矣。生于度量,本于太一。太一出两仪,两仪出阴阳。阴阳变化,一上一下,合而成章。浑浑沌沌,离则复合,合则复离,是谓天常。天地车轮,终则复始,极则复反,莫不咸当。"两者翻译如下:

诺本:The origins of music

Lie in the distant past:

Born of measurement.

Founded by Grand One,

Grand One brought forth the Dyadic Couple;

The Dyadic Couple brought forth Yin and Yang.

Yin and Yang metamorphize and transform,

The one rising, the other falling,

Joined together in a perfect pattern.

Spinning and pulsing,

If dispersed, they rejoin,

And joined, disperse again.

This is called the "Invariable Principle of Nature."

Heaven and Earth turn like the wheel of a carriage.

Reaching the end, it begins again;

Reaching its limit, it reverts again,

Everything fitting the overall scheme.

翟本：Music has a very long history. It is composed according to precise rules based on Tao. Tai Yi develops Two Yi. Two Yi develops Yin and Yang. Yin ascends and Yang descends constantly, thus, everything in the world is created by the interaction of these two forms of vitality. They exist in chaos. Sometimes they combine together, but at other times they are separate from each other, and this is the Tao of Heaven. Existing in an endless cycle of repetition, the universe is somewhat similar to a cartwheel. However, every one of its actions is apt.

源文本的这一段阐述的是"道家"的基本理论，里面有很多道家术语，如"太一""两仪""阴阳"等。其中"太一"一词在《吕氏春秋》全文中出现三次，"万物所出，造于太一，化于阴阳"，"道也者，至精也，不可为形，不可为名，强为之，谓之太一"，"神合乎太一，生无所屈，而意不可障；精通乎鬼神，深微玄妙"。从这些语句很容易得出结论："太一"就是宇宙的本原，是万物所出之处。"太"也作"大"解释，一是根本，所以诺本翻译Grand One 虽是直译，但仍然达意。翟本则直接将"太一"转成"道"，译成已经约定俗成的 Tao。道家的术语"两仪"是个难点，其含义丰富，难以用简洁的语言阐述。在这里，翟本采用直译 + 音译方法解决。诺本尝试用直译法翻译"两仪"，其中 couple 本意有"成双成对"之意，暗合了"两仪"中的阴阳对应。

除了这些术语之外，对于其中的阴阳转换、极则复反的道家理论，两个译本差别较大。诺本"The one rising, the other falling"，"If dispersed, they rejoin, And joined, disperse again"和"Reaching the end, it begins again; Reaching its limit, it reverts again"这些译文无不巧妙地体现出"此升彼降""此消彼长""周而复始"的有序轮回。相比之下,翟本的"Yin ascends and Yang descends constantly","Sometimes they combine together, but at other times they are separate from each other"等,翻译较为直白普通,源文的有序在译本中变成随意和无序。

在古代中国,春夏秋冬四季都需要行祭祀之礼。《礼记·月令》将"春祀户,夏祀灶,中央祀中溜,秋祀门,冬祀行"合称"五祀"。"十二纪"中提到了祀户、祀灶、祀门、祀行这四项祭祀活动。对此,诺本的翻译分别是:"the offering at the door","the offering at the furnace","the offering at the gate"和"the offering at the path"。翟本分别是:"sacrifice is held at the door","sacrifice should be held in the kitchen","sacrifice should be held at the door or gate"和"sacrifice is held indoors"。两个译本的共同点是以不同的地点词来翻译这些活动。然而,根据《汉语大词典》对"五祀"的词条解释,"五祀是祭祀住宅内外的五种神"。《礼记·月令》中提道:"(孟冬之月)天子乃祈来年于天宗,大割祀于公社及门闾,腊先祖五祀。"古人以此五者均有神以主之,故将其列为祀典。① 典籍之中,有关五祀的记载见于《周礼》《仪礼》《礼记》及《白虎通义·五祀篇》,据郑注本《吕氏春秋》十二月纪之首章,经礼家好事者抄合,成文于战国时期,正可与战国楚简及云梦睡虎地秦简《日书》中记录的"五祀"相征。② 所以,两个译本的译者都错误理解了这几个文化负载词,实际上,"户""灶""门""行"都是"神"的称谓。

从文化负载词的翻译效果来看,诺本和翟本基本都能较为准确地传递源文本词汇内涵。两者都采用异化与归化相结合的策略,但诺本更偏重异化,以直译方式,努力保留源文本中词汇的风格和语言特色。同时,

---

① [清]孙希旦:《礼记集解》(上册),北京:中华书局,1998 年版,第 408 页。

② 于成龙:《战国楚卜筮祈祷简中的"五祀"》,《故宫博物院院刊》,2009 年,第 2 期,第27-38 页。

诺本借助正文后的附加笔记和词汇表补充资料,阐释文中出现的文化负载词,为译文正本做了有效的信息补充。而翟本以归化为主,以贴近目的语读者为目标,用词简单直白,对部分文化负载细节采取省略处理,因此,在传达效果上略显简单。"一部作品,包括理论著作,如果不经过翻译的中介,也许会早早地终结自己的生命。只有经历了翻译,而且不止一次的翻译,它才能始终充满生命力。也许它每一次被翻译成另一种语言,都有可能失去一些东西,或者经历被曲解、被误读的过程,但最终它却有可能在另一种文化语境中产生出一些令原作者所始料不及的新东西。"①所以,在放弃追求完美的前提下,无论译者是着力于从形式到内容的亦步亦趋,以求给目的语读者输入原汁原味的异国情调,还是顺应目的语的表达习惯,用自然流畅甚至再加工的语言来迎合目的语读者的阅读口味,只要译作实现了译者的主观愿望,且内容和风格又大体无损于原作的精神,那就是一个成功的译本。从这一点来看,诺布洛克及瑞杰尔和翟江月都是成功的译者。

第四节　《吕氏春秋》在英语世界的传播

《吕氏春秋》在西方一直少有人问津,首先是因为它的西语译本少。除了1928年卫礼贤的德文译本,目前已知的英译全本影响力较大的也只有诺布洛克和瑞杰尔的版本,而中国两位译者翟江月和汤博文的译本目前影响尚微②。再者,因为《吕氏春秋》是一本百科全书式的经典文集,涉及面广,包含很多中国古代文化习俗,即使有译本,不熟悉中国传统文化的西方学者也很难理解。与《易经》《论语》和《孟子》等中国典籍相比,西方学者针对《吕》书的研究屈指可数。正如学者奈森·席文所言,"上

---

① 王宁:《翻译与跨文化阐释》,《中国翻译》,2014年,第2期,第5—13页。

② 可参见美国亚马逊购书网站(www. amazon. com)对诺本、翟本的评价,对汤本的评价目前还无法查阅。

个世纪大部分时间，它［《吕氏春秋》］处境窘迫，不过是个文献资料而已。"①

　　20 世纪 80 年代后，中西方文化交流增多，情况逐渐发生转变。一些美国高校学生开始研读《吕》书，以《吕》书中的语言风格及政治思想理念为专题撰写学位论文，而且翻译其中的部分篇章（如 Michael Carson②，John Louton③ 等）。80 年代末，英国汉学家葛瑞汉在其著作《论道者：中国古代哲学论辩》中认为《吕》书和后世的儒学著作是中华帝国不衰的秘密。他的推崇让西方学界开始重新审视这本书的价值。90 年代，汉学家鲁惟一在他主编的《中国古代典籍导论》中谈及《吕》书时说道"在早期的作品中《吕氏春秋》是独一无二的，它组织有序，内容全面，包含了大量音乐和农业等主题的篇章，而这些内容从别处是无法得知的。"④学者塞尔曼从 80 年代开始，陆续发表了多篇《吕》书的相关学术文章，引起学界对《吕》书的进一步关注。

　　2000 年，诺布洛克和瑞杰尔合作的《吕》书英文全译本出版。该全译本的出现填补了《吕》书在英语世界的空白，为其在英语学界的传播创造了有利条件，而《吕》书的价值也逐渐得到了学界认可。《吕》书作为"一部中国早期思想和文明的无价汇编"，正如奈森·席文所言，"今日，人们再难否认《吕氏春秋》在候选书单上的一席之地了。"⑤下文摘取对《吕》书研究有重大贡献的几位西方学者重点介绍，以期对《吕》书在英语世界的传播做一简单描述。

---

　　①　Nathan Sivin. （Book Review） "*The Annals of Lü Buwei: A Complete Translation and Study*", *China Review International*, 2001(8): 407.

　　②　Michael F. Carson. *The language of the Lü Shih Ch'un Ch'iu: some characteristic features of grammar and style in a third century B. C. text.* University of Washington, 1980.

　　③　John M. Louton. *The "Lushi Chunqiu": An Ancient Chinese Political Cosmology.* University of Washington, 1981.

　　④　Michael Loewe. *Early Chinese Texts: A Bibliographical Guide.* Berkeley: Society for the Study of Early China; Institute of East Asian Studies, University of California Berkeley, 1993: 324.

　　⑤　Nathan Sivin. （Book Review） "*The Annals of Lü Buwei: A Complete Translation and Study*". *China Review International*, 2001(8): 407.

（一）约翰·路顿

约翰·路顿(John Marshall Louton)是较早研究《吕氏春秋》的学者之一。他的博士论文《吕氏春秋:一部古代中国的政治宇宙论》(1981)对后世学者的研究产生了一定的影响。通过梳理整个《吕》书的研究传承及各方学者的评论,他认为《吕》书将儒道思想与阴阳五行结合,"不是第一也必然是现存最古老的企图创立思想上、政治上大一统帝国的政治宇宙论"。

路顿比较了中国史书中关于吕不韦的各个版本,推导出较可靠的吕不韦真实面貌,认为吕不韦是一个有远见的机会主义者,梦想是"建国立君","立君"这一点吕不韦用了18年做到了,但关于"建国",他认为是值得研究的。因为秦当时已经是一个国,路顿认为,吕不韦所说的"国"另有深意。当时各国之间战事连连不断,百姓颠沛流离,深受战争之苦。吕不韦口中的"国"应是一个结束战国时期混乱局面的大一统的"国"。他认为,《吕》书的作者们是期望这本书能包含所有人类的见解和知识,这些知识和见解可以用来终结自古以来就存在的无休止的战乱。所以,他们基于伦理与道德实用主义,兼收并蓄当时多家哲学门派,把整合过的政治哲学纳入历法框架里。路顿得出的结论是,《吕》书不可能仅是一个后周哲学派别的汇总,任何给《吕》书里的观点划分哲学门派的企图必然是徒劳无功的。

路顿以《恃君》为例,认为《吕》书中的观点很少专属于某一门派。《恃君》中宣扬君主个人品德正直的重要性,宣传君主要"无为而治"。人们普遍认为"无为"是受道家影响,但是作者引用美国汉学家顾立雅的研究成果,认为应归于法家的申不害。① 作者进一步指出,不仅法家、道家支持君主的"无为",儒家也提过"无为而治者,其舜也与! 夫何为哉? 恭

---

① 英文原文为:As Professor Creel has attempted to show, the idea of the ruler practicing "non-action", and letting chosen subordinates do the work, might better be attributed to Shen Buhai, and he was associated with the Fajia, or "Legalist School".

己正南面而已矣"。所以"无为"之论并非一家之言。

路顿认为,《吕》书深受邹衍"阴阳五行"理论影响,包含着宏大的政治宇宙观。这一点首先体现在编者将阴阳五行的理论与历法结合,构成了《吕》书的基本结构框架。再则,阴阳五行理论构成了《吕》书政治宇宙观的理论基础,并且还为实施"法天地"提供了一个具体的行动计划。他以《应同》为例来阐述自己的观点。在这一篇中,《吕》书的作者们阐述了五行因素对朝代更替的影响,主题思想就是天子必须要"与元同气"。有了这样一个政治观,《吕》书的作者们只需回答如何"与元同气"了。从这一篇里,可以看到作者们认为前朝王朝起落都是受五行影响,与五行力量相比,一统天下的王的力量都是微不足道的,所以一定要遵循五行循环之道,"法天地"。路顿认为这个"阴阳五行"的宇宙观是贯穿整部《吕》书的中心线。

纵观全文,显然,路顿先生赞同陈奇猷的观点,即《吕》书的主导学术思想是阴阳家学说①。

(二) 奥格斯·葛瑞汉

真正使西方读者对《吕氏春秋》产生兴趣的,或许要归功于当代英国著名汉学家与哲学家奥格斯·葛瑞汉。葛瑞汉在《论道者:中国古代哲学论辩》(1989)一书中说,"中国历史上的统一帝国到一定时候就会分崩离析,但总是复归于统一",这其中的缘由是"中国发现了帝国不衰,社会组织不灭的秘密"。② 这个秘密在葛瑞汉眼中就是中国"轴心时代"的哲学——《吕氏春秋》的杂家和后来的儒家。他的这个评价终于使得世人重新审视《吕氏春秋》。

葛瑞汉认为,《吕》书是一部"哲学百科全书,为后世杂家开辟了一条

---

① 《吕氏春秋》虽说是杂家,集各家各派之说而成,但细读全书,很自然地会注意到,阴阳家的学说是全书的重点,这从书中阴阳说所据的位置与篇章的多寡可以证明。参见陈奇猷:《〈吕氏春秋〉成书的年代与书名的确立》,《复旦学报》(社会科学版),1979 年,第 5 期,第 103 - 104 页。

② 葛瑞汉:《论道者:中国古代哲学论辩》,北京:中国社会科学出版社,2003 年版,导言。

道路,即从法家的国家学说分离出统治术的要素,再使之与儒家和最低限度的墨家道德主义结合,并全部置于阴阳宇宙论的框架之内"。① 葛瑞汉还总结道,"一种赋予统治阶级成员抵抗从政的势不可挡的道德压力的哲学,在中华帝国保持了永久的需要。"在《论道者》中,葛瑞汉详细阐述了杨朱学派的三个主要概念:"全性""全真"和"不以物累形"。他指出《吕》书深受杨朱学派影响,并列举出《吕》书中"本生""重己""贵生"和"审为"里的大量段落,来证实《吕》书的系统化学说"属于杨朱学派,那里,对君臣而言,王权只不过是一己生命之存养与完善的一种手段。"②

葛瑞汉在《论道书》里提到邹衍的"阴阳五行"。邹衍认为王朝兴衰由"五德"相克次序,即"五行"的德性或能量所致。这个观点对秦始皇产生重要影响,在《吕》书中也有体现,但这一点葛瑞汉没有具体展开。葛瑞汉显然把《吕》书归类为杂家,他引用《汉书·艺文志》的评价,"长处是'兼儒墨,合名法',知国体之有此,见王治只无不贯",而短处是有些"漫羡而无所归心"。

(三)詹姆斯·塞尔曼

对《吕》书研究最重要最深入的西方学者应该是詹姆斯·塞尔曼。塞尔曼是关岛大学哲学教授,以研究东方哲学为主。1983 年他发表了第一篇关于《吕》书研究的文章《谈荡兵:〈吕氏春秋〉"义兵论"的论证方式》③。这之后,塞尔曼陆续发表了一系列与《吕氏春秋》相关的文章和著作,如 1985 年的《〈吕氏春秋〉:以孝道论统治》④,1990 年完成的博士论

---

① 葛瑞汉:《论道者:中国古代哲学论辩》,北京:中国社会科学出版社,2003 年版,第 428 页。

② 葛瑞汉:《论道者:中国古代哲学论辩》,北京:中国社会科学出版社,2003 年版,第 428 页。

③ J. Sellmann. "On Mobilizing the Military: Arguments for a Just War Theory from the *Lü-shih ch'un-ch'iu*", *Asian Culture Quarterly*, Vol. XI, no. 4, Winter, 1983: 26 – 43.

④ J. Sellmann. "The *Lü-shih ch'un-ch'iu's* Proposal of Governing by Filial Piety", *Asian Culture Quarterly*, Vol. XIII, no. 1, Spring, 1985: 43 – 62.

文《〈吕氏春秋〉中的时机与社会政治秩序》[①],同年的《〈吕氏春秋〉中
"性"形成的季节效应》[②],1999 年的《从〈吕氏春秋〉谈国家的起源与角
色》[③]及《〈吕氏春秋〉:统治者对时机的运用》[④]等。

塞尔曼对《吕》书的深入研究,使他成为英语世界中极具影响力的
《吕》书研究专家之一。在 1995 年出版的《东方世界伟大思想家》[⑤]一书
中,他受邀介绍了《吕氏春秋》。塞尔曼列举了《吕》书中的重要内容,如
政治上的秩序取决于统治者恰当履行时令仪式;传统思想的教育需要按
时令而行;统治者要尊重爱惜自己的性命;君主要以公众受益的态度来统
治国家。塞尔曼总结认为,《吕》书中的《十二纪》汲取了各家理论,但总
体上每一个季节以一个哲学门派为主,《八览》中"包含了很多有趣的哲
学"。"孝道"是君主需要践行的,这样民众会学习模仿,从孝顺父母,延
伸到效忠君主,从而有利于国家的统治。关于《吕》书的属性问题,塞尔
曼否认了"吕氏春秋是反法家"这一观点,他说这本书本质上就是汲取众
家之长,从各门派中汲取有关统治艺术的有用因素为己所用。他列举了
《察今》的例子,说后来秦丞相李斯,这个法家的坚定执行者,也秉持和这
篇文章同样的观点,塞尔曼认为很可能《察今》就是李斯本人所写,因为
《吕》书编撰时,李斯是吕不韦的 3000 门客之一。2002 年,塞尔曼出版了
西方世界第一本研究《吕》书的专著《时机与统治》,这部书是他 20 多年
研究《吕》书的成果总结。在书里,塞尔曼对他前期的一些学术观点,尤
其是"时机""性"(人性)和"国家"进行了更深入的阐述。作者提出,
《吕》书绝非是先秦各种思潮著作的大杂烩,而是以"时间"和"时机"为

---

① 后改编为专著出版,参见 J. Sellman. *Timing and Rulership in Master Lü's Spring and Autumn Annals* (*Lüshi chunqiu*). Albany: State University of New York Press, 2002.

② J. Sellmann. "Seasonality in the Achievement of Hsing in the *Lü-shih ch'un-ch'iu*", *Asian Culture Quarterly*, Vol. XVIII, no. 2, Summer, 1990: 42 – 68.

③ J. Sellmann. "The Origin and Role of the State According to the *Lüshi Chunqiu*", *Asian Philosophy*, Vol. 9, No. 3, November, 1999.

④ J. Sellman. *Timing and Rulership in Master Lü's Spring and Autumn Annals* (*Lüshi chunqiu*). Albany: State University of New York Press, 2002.

⑤ Ian P. McGreal. *Great Things of the Eastern World*. New York: Harper Collins Publishers, 1995: 39 – 43.

主线,围绕君主"性"的自我修养为基础的统治术,务实地选取不同门派中的观点加以融会贯通,实现天、地、人相和谐的治国手册。他认为《吕》书在内容和结构上通篇都体现了这一主题。为证明这个假设,他以《吕》书中的《十二纪》为例,从"时"和"性"两个维度进行了拆解分析。"性"在《吕》书中是一个复合概念。人性本质不是一成不变的,它因时因势而变,它不是天赐的,而是一个过程性产物。《十二纪》是按一年四季的顺序编排,他从每一季中提炼出《吕》书作者们选择的哲学门派诠释"性"的关键词,以及围绕这些关键词而主张的个人修养和统治术。

塞尔曼在书中总结道:《吕》书的"性"是一个发展的过程,为适应不断变换的环境,"性"是不断更新迭代的,随着时间时机的变化,实施不同的政策,采纳不同的思想。《吕》书的每一部分都如同一本历书或钟,督促人们采取应时恰当的行动。所以,尽管《吕》书中包含的一些思想看起来有些不一致,如果同时实施甚至会互相冲突,但是当从时间性视角来考虑,不同的思想和政策因为被采用的时间段不同,会变得连贯和谐。塞尔曼认为,是"时间性扩展了连贯的可能,并在某种程度上弥合了观点的分歧"。

塞尔曼的《时机与统治》成书时间在诺布洛克和瑞杰尔全译本出版之前,他能全方位、系统地理解古汉语版《吕》书,本身就非易事。塞尔曼的这本著作对后来的《吕》书研究影响极大,成为很多《吕》书研究者和学习者的必备资料。

第六章 法家其他典籍在英语世界的译介与传播

第一节 《慎子》在英语世界的译介

一、《慎子》与慎子

慎子,即慎到(约公元前390年—公元前315年),战国时期赵国邯郸人。早年曾习"黄老之术",后从道家分出,成为法家重"势"一派的代表思想家。慎到的思想集中反映在《慎子》一书中。司马迁在《史记·孟子荀卿列传》中说《慎子》有"十二论"。徐广注释道:"今《慎子》,刘向所定,有四十一篇。"班固《汉书·艺文志》著录为四十二篇,宋代的《崇文总目》记为三十七篇。明人慎懋赏录有《慎子传》及《慎子内外篇》。清朝时,钱熙祚合编为七篇,刻入《守山阁丛书》。《慎子》一书现存有钱本《威德》《因循》《民杂》《德立》《君人》五篇,《群书治要》里有《知忠》《君臣》两篇,近代出土慎到佚篇《慎子曰恭俭》。

慎到以道论法,将法家所主张的"法"和道家所主张的"道"或"理"等同起来。他并不赞同道家所持的"惟道是从""无为而治"等观点,推崇法治,"治国无其法则乱",认为不仅百姓和朝廷官员,人君也应"事断于法"。慎到所说的法"非从天下,非从地出,发于人间,合乎人性"而非"法自君出"。可以说,慎到的思想避免了老庄道学纯粹任自然而不要法治和法家主张绝对的法治而不必因循自然的两种极端。此外,他认为立法当为公,"官不私亲,法不遗爱"。他还特别重视守法和执法的问题,提出天子、国君以及各级官吏必须"任法""守法""唯法所在"。这些人的职位都是为了服务于天下、国家而设立的,正所谓"立天子以为天下,非立天下以为天子也,立国君以为国,非立国以为君也,立官长以为官,非立官以为长也",所以天子、国君也应"任法",以法约束自身,以防"行私"。臣下必须"以死守法""守职",不得以忠君为名僭越法律。但慎到并非认为应一味固守法律,"守法而不变则衰"。换言之,君主应顺应时势,及时推行变法。

在慎到看来,法治的功用在于"定赏分财,定分止争"和"莫大于使私不行"。此外,《慎子》建议势、法、术互相制约、互相补充。法之行,赖于君主有威势,始能令行禁止,从而达于至治。慎到的思想对先秦后世法家具有重要的启蒙意义,其重势之说更为韩非吸收继承。清代的《四库全书总目提要》评论《慎子》说:"今考其书大旨,欲因物理之当然,各定一法而守之。不求于法之外,亦不宽于法之中,则上下相安,可以清静而治。然法所不行,势必刑以齐之,道德之为刑名,此其转关,所以申、韩多称之也。"

二、《慎子》的研究与外译溯源

由于《慎子》大多失传,后世在对待《慎子》一书的研究上相当谨慎。冯友兰就是其中一位。他在其《中国哲学史》中提到《慎子》,"原本今不得见……文献不足"。[①] 法国汉学家马伯乐(Henri Maspero)1927年宣称《慎子》一书乃六朝时期的伪造。梁启超和罗根泽皆力证《慎子内外篇》为后人伪造。罗根泽还认为《守山阁丛书》"虽非伪,而断简残篇,亦非秦

---

① Fung Yu-lan. *A History of Chinese Philosophy*, *the Period of Philosophers* (from the beginning to circa 100 BC). Derk Bodde Trans. Princeton: Princeton University Press, 1952: 158 – 159.

汉旧观"。① 不过从 20 世纪 50 年代开始,《守山阁丛书》的真实性逐渐为学界公认。冯友兰也在 1962 年认可此版,称其收录的《慎子》内容最为完整,并在 1963 年出版的《中国哲学史新编》一书中大量引用《守山阁丛书》中《慎子》的相关部分。

早在 1937 年,美国汉学家布德在撰写博士论文时,即着手翻译冯友兰的《中国哲学史》。鉴于冯友兰对《慎子》流传文稿一向持怀疑态度,布德也认为现存文稿很有可能出自他人之手。② 布德的译文可算是英语世界对《慎子》一书的首次关注,不过因为冯友兰在《中国哲学史》中对慎到着墨不多,仅仅在第七章战国时之"百家之学"中将其与彭蒙、田骈并列讨论,因此此版《慎子》的相关译文相当有限。

英国汉学家谭朴森(Paul Mulligan Thompson)于 1979 年发表了他的博士论文《慎到研究》(The Shen Tzu Fragments),对《慎子》的研究和翻译做出了很大的贡献。谭朴森出生于中国,童年曾在中国接受教育,1960年获华盛顿大学学士学位,之后在德国汉学家卫德明(Hellmut Wilhelm)指导下研究《慎子》相关文献,1970 年开始在伦敦大学亚非学院工作。20世纪七八十年代他是该学院中国哲学研究领域的核心人物,与刘殿爵(D. C. Lau)、葛瑞汉、艾兰(Sarah Allan)等并肩工作,让亚非学院成为蜚声国际的汉学研究中心。《慎到研究》是谭朴森一生主要的学术成就。他做了大量的考证,深入研究,证实了中国战国时期确有《慎子》一书,后虽失传,但目前中国古代文献上《慎子》相关的文字内容大抵真实可信。谭朴森的论文是西方世界《慎子》研究史上里程碑式的成果,为对中国法家思想尤其是慎到哲学思想感兴趣的西方学者提供了宝贵的第一手研究资料,也有利于"西方世界重新了解和探讨慎到的法家思想"。③

谭朴森认为《群书治要》中收录的《慎子》佚文真实可信,因此选入了

---

① 罗根泽,《诸子考察》,北京:人民出版社,1958 年版,第 511 页。

② Fung Yu-lan. *A History of Chinese Philosophy*, *the Period of Philosophers* (from the beginning to circa 100 B. C.). Derk Bodde Trans. Princeton: Princeton University Press, 1952.

③ Eirik Lang Harris. "Aspects of Shen Dao's Political Philosophy", *History of Philosophy Quarterly*, Vol. 32, 2015(3): 219.

其中的七篇（应为钱熙祚合编本《慎子》）和其他散存于古籍中的佚文，总共 123 篇。他还从几百条散见于各典籍文献的引文中重构了《慎子》一书的评述版，并在论文的附录部分提供了自己翻译的《慎子》佚文供参考。相比之前的布德译文，该译文无疑更全面，能让英语读者更深入理解《慎子》一书的思想。

2012 年另一位美国学者独立士（John Emerson）再次将《慎子》一书译成英文。独立士学识渊博，涉猎的研究领域较广。他对慎到和老子的学说兴趣颇浓。译文之后的译后记中，独立士做了五点说明：第一，翻译目的。因为之前的谭朴森译文并未正式出版，仅供研究中国典籍的学者参考，所以他的译文力求让更多英语读者有机会领略《慎子》一书的思想。第二，与谭朴森译文的关系。独立士坦言自己的译文借鉴了谭朴森重构的述评版，但其中加入了自己的理解，与谭译有出入。第三，翻译中的问题。主要有两大类，其一为背景资料的匮乏，其二为中国古代典籍语言的晦涩。第四，翻译的特点。其译文以英语普通读者为目标群体，因而可读性更高。第五，他采纳了谭朴森之前对现存《慎子》佚文切为小段文字的做法，且使用了相同的数字代码，但根据自己的理解，在每段文字和数字前加上了英文字母 ABCDEFG 等，以表示每段文字在主题上的不同。同时他采信了多段慎懋赏编撰的《慎子内外篇》中的保留文字，在这些文字上加了罗马数字 Ⅰ，Ⅱ，Ⅲ，Ⅳ，Ⅴ，Ⅵ等，其他文献来源的文字前则没有罗马数字。由于该译文没有页码显示，所以独立士以图表的方式直观展示了自己的编排，方便读者查找。

三、《慎子》英译对比研究

钱熙祚合编本《慎子》收录七篇以及若干散见于其他典籍的佚文。大体来说，佚文以议论文体为主，文风朴素、清隽、逻辑缜密、语言精练；说理时基调鲜明，言必有据，且论据凝练，论证透彻。《文心雕龙·诸子》评"慎到析密理之巧"。慎到对黄老法治势治思想均寄寓在《慎子》一书中。如何既传达原作的精妙思想、作品的风格和文化内涵，又考虑译文的文化

背景和阅读群体,对译者而言,难度不小。具体说来,谭朴森译文和独立
士译文在关键概念、文化负载词方面都有自己的独到之处。从修辞角度
来看,谭译和独译又各有特色。

(一) 关键概念的翻译

《慎子》残存的七篇和部分佚文仍然可以让人领略到慎到的核心思
想"因循、重势、法"。那么如何把与此相关的关键概念呈现给英语读者,
是摆在译者面前的一道难题。从谭朴森选择的词汇来看,他对"因循"一
词的表达可谓谨慎持重,直接采取了音译。"重势"则按照自己的理解舍
弃了"重",重点向读者传递"势"。独立士将前两个概念都译为工整的形
容词/名词 + 名词形式,形式上更为统一。当然二人也都没有拘泥于同一
种表达,而是适度选择了一些替换词,这应该是受英语词汇表达丰富的行
文特点影响。

谭朴森译文中"因循""重势""法"分别译作"Yin Hsin"(替换词
accommodation)、circumstances and position、law。独立士则译成 self
interest、favorable situation and high position、rule 和 law。慎到援道论法,
"因循"本属黄老思想,为慎到采纳。"因也者,因人之情",因循即为因人
之情。人情莫过于"自为"。可见,self interest 取下文"因人之情"之意,
让读者更能领会"因循"所指——人莫不自为也。accommodation 为直译,
也较合适。"势"为《慎子》学说中独有概念。先秦时期"势"既有"自然
之趋",又有权势之意。《孙子兵法》云:"激水之疾,至于漂石者,势也。"
《韩非子》云:"国者,君之车也;势者,君之马也。"《吕氏春秋》又云:"王
也者,势也;王也者,势无敌也。"二位译者虽都将自然之势、人为之势考
虑在内,独立士增加的形容词传递的信息更准确。至于"法"目前较为通
用的译法包括 Fa、law、legal 等,视上下文而定。独立士在注释中解释
"法"一词亦可译为 rule 和 method,所以他根据上下文选择他个人认为正
确的译法。law 自然没有问题,rule 是否准确有待商榷。具体见下例:

法虽不善,犹愈于无法。(《威德》)

　　谭译：Even though laws are not good, they still are preferable
to no laws.

　　独译：Even bad rules are preferable to no rules at all.

慎到崇尚法治,坚信唯有法治才能定国富国,有时难免走极端。荀子曾批
其"尚法而无法"①。慎到认为"君主治国,必须依靠法治"。此处"法"即
为"法治",译成 law 中规中矩,信息传递基本无误,而 rule 则可能引起误
解,独立士在注释中进行了一番辩解,称 fa 除了表示 law 的意思,也可表
示 rule 或者 method。据他所知,law、rule 和 method 三者是已存在的标准
译法,由译者根据情景具体判断使用。上文为慎到谈对法之功用的看法,
译为 rule 并不十分妥帖,或可考虑改成 rule of law。

(二)文化负载词的翻译

　　《慎子》承载着深厚的文化内涵,其间涉及的很多文化词为中国古典
文化所独有,英语读者自然不熟悉。鉴于此,译者需要将这些附加的文化
信息传递给目的语读者,帮助他们理解慎到思想。谭朴森和独立士的译
文在文化负载词方面的处理不尽相同。例如:

　　故立天子以为天下也,非立天下以为天子也。(《威德》)
　　谭译：Thus, it is the case that the Son of Heaven is established
for the sake of the whole world, not that the whole world is
established for the sake of the Son of the Heaven.
　　独译：So the emperor is enthroned for sake of the empire; the
empire is not established for the sake of the emperor.

慎到此句体现了他鲜明的"民本"倾向。"天子"即为最高统治者,但译语
读者可能不了解。谭译本选用了 the Son of Heaven,可能是受到其他译者

---

　　① 王先谦:《荀子集解》,北京:中华书局,1954 年版,第 58 - 59 页。

的影响;独立士译为 emperor,可能是基于自己的理解,但并不符合当时的时代背景。此外由于谭还将"天下"译成 world,虽然不甚准确,但比起独立士的译文 empire 更贴近原文。再如:

> 是以分马者之用策,分田者之用钩也,非以钩策为过人智也;所以去私塞怨也。(《君人》)
>
> 谭译:Therefore, the reason those who apportion horses make use of whips, and those who apportion fields make use of buckles, is not because buckles and whips surpass mankind in intelligence; they are means by which to banish private interest and to prevent resentment from arising.
>
> 独译:So when lots are used when dividing up horses, and dice are used when apportioning land, it is not because the lots and dice are wiser than men, but because this is a way to exclude favoritism and preclude grievances.

"钩"本意为悬挂或探取东西用的器具,而"策"是古代一种顶部有尖刺的马鞭子。"钩""策"均可用于度量。谭朴森译文亦步亦趋,直译为 buckles and whips,可能会让不了解中国文化的英语读者生疑,而且"钩"译成 buckle 也不正确。独立士译文采用了归化的方式,把"钩""策"直接翻译成英语读者熟悉的 lots and dice,似乎更易为读者接受。再如:

> 燕鼎之重乎千钧,乘于吴舟则可以济;所托者浮道也。(《逸文》)
>
> 谭译:A tripod from Yen, even if it weights more than 30,000 catties, can, if carried on a boat from Wu, be taken over a body of water. What it depends on to make this possible is a floating road.
>
> 独译:A tripod in Yan weighs thousands of pounds, but loaded on a Wu boat it can cross the water. What bears it up is "the

floating road".

对于"鼎"这一文化负载词,双方都使用了通用的译法,即 tripod。至于"千钧"一词,谭译很细致,因为一钧合三十斤,得出 30,000 catties(三万斤)的译法,但未能译出其所蕴含的文化意味。汉语中的"千钧"常为泛指,用来形容器物之重或力量之大。与《慎子》同时代的《商君书·错法》曾言:"乌获举千钧之重,而不能以多力易人。"独立士译文选用了英语读者熟悉的 pounds,thousands of pounds 也泛指重量,略胜直译一筹。

(三)修辞风格的翻译

《慎子》一书为实用文体,"此务为治者","而皆务于治",但也不乏文学性,文字鲜活生动,如何译出其思想精髓又不失修辞美感,让读者知之、好之、乐之,从意义的对等到风格的对等,这对译者的中英文功底都提出了很高的要求。以下从比喻、对偶、排比、正反对比角度对谭译和独译进行对比。

(1)比喻的翻译。慎到善用修辞,比喻即为其中一种常用修辞,令人印象深刻。明陈懿典赞"跌宕之势,愤激之词"。基于此,谭译在比喻上尽力营造跌宕之势。独译虽形式上接近原文,气势却有所不足。例如:

故腾蛇游雾,飞龙乘云;云罢雾霁,与蚯蚓同,则失其所乘也。(《威德》)
谭译:Thus when it is said that
The Rising Serpent sports in the mists,
The Flying Dragon rides on the clouds.
But when the clouds are gone and the mists have cleared,
They are no different from earthworms, the point is that they have lost the vehicles on which they rode.
独译:Thus the serpent soars with the mists, the dragon rides the clouds;

But if the mist and the clouds clear, they both become
crawling worms because they've lost their vehicle.

慎到以腾蛇、飞龙喻势、述势,此处并非格律诗,但也具有明显的诗词特点,对仗工整,韵脚押在 u 上。两译本为突出音韵美,都尽可能译成短诗。谭译基本符合汉语格律诗的特点,更有古典诗歌的韵味。独立士译文与原文排版基本一致,韵脚和音步稍显凌乱。此外,谭译用 rising、flying 等词译出气势;when the clouds are gone and the mists have cleared 既保证了押韵,又不减原文味道。独立士译文虽然更简洁,但气势上略输。

（2）对偶的翻译。《慎子》中有大量的对偶句,前后两部分密切关联,概括力强,且形式上整齐醒目,读来朗朗上口。谭译多用分号隔开,形式上做到与对偶一致整齐,同时增加代词连接前后意思。独译则选用同样的句式或者词汇来体现对偶特点,并用连词将前后贯通。例如：

天有明,不忧人之暗也。地有财,不忧人之贫也。(《威德》)

谭译：Heaven possesses light; it is not distressed by the
darkness in which men live

Earth possesses riches; it is not distressed by the poverty in
which men live.

独译：Heaven has light and does not care that men are
in darkness

Earth is fruitful and does not care that men are impoverished.

谭译基本遵循原文,如实译出,意思完整,形式统一,虽略微拖沓,但胜在节奏感较强,表现了原文的语言特点。独立士译文行文清晰流畅,句式基本一致,都是 has/is ... and does not care,但节奏感不如谭译强,失了对偶的特色。

（3）排比的翻译。《慎子》常用排比说理,条理分明,周密说明复杂的事理,增强了表达效果和气势。谭译通常采用同一个句式突出排比,并

加副词增强气势和力度。独译也选择了同样的句式,但表达依然力求简洁,同时以名词叠加的方式渲染气氛。例如:

故廊庙之材,盖非一木之枝也。粹白之裘,盖非一狐之皮也。治乱安危存亡荣辱之施,非一人之力也。(《知忠》)

谭译:Thus, the timber in the Great Hall of State is, after all, not cut from the branches of one tree; a coat of white fox-fur is, after all, not made from the pelt of one fox; and the dispensation of order or disorder, of security or peril, of preservation or downfall, of honor or disgrace, is not achieved through the efforts of one man.

独译:Thus the timber in the Great Hall of State is not cut from a single tree; a white fox-fur coat is not made of the fur of a single fox; and order and disorder, security and peril, glory and disgrace do not come from the efforts of one man.

谭译通过有分寸地增加副词词组 after all 加强了语感。虽然 dispensation 一词有点突兀,看似过于拘泥原文,但为后面名词的叠加创造了条件。此外谭译还多处使用数词 + 量词 + of + 名词的表达,如 branches of one tree、a coat of white fox-fur、the pelt of one fox,双管齐下营造出排比的气势。独立士译文保持了一贯的简洁精练,省去了无关紧要的词语,如"枝"和"施",译文结构更紧凑,只在句末叠加名词 order and disorder、security and peril、glory and disgrace,虽得原文之意,但排比气势不如谭译。

(4)正反对比的翻译。先秦法家论证"先立说,后举事,叙议共参,正反相验",《慎子》也不例外。正反对比论证法正是其特色之一。慎到善论证,常正反论述,将两种观点予以比较,进而推导出差异,映衬结论,其间逻辑缜密,丝毫不乱。谭译在正反对比论的翻译上依然能固守原文的句式,选择正/反名词体现原文特色。独译则更关注双语差异,和原文保持一定的距离,另辟蹊径,保持了其一贯的简明特点。例如:

"亡国之君,非一人之罪也。治国之君,非一人之力也。将治乱,在乎贤使任职而不在于忠也。故智盈天下,泽及其君。忠盈天下,害及其国。"(《知忠》)

谭译:The ruler who brings about the downfall of the state is not the product of one man's faults; the ruler who brings order to the state is not the product of one man's efforts. If one would bring order out of disorder, the crucial point is that agents of high excellence should bear responsibility for the duties of government; the crucial matter is not loyalty.

Thus,

A world full of wisdom is a blessing to the ruler;

A world full of loyalty is a bane to the state.

独译:If a prince brings his state to ruin, it's not just the error of a single man; if a prince brings his state to order, it's not just the effort of a single man. The ordering of disorder lies in worthy officers accepting their assignments, and not in their loyalty.

Thus:

If knowledge fills the world, prosperity comes to the prince;

If loyalty fills the world, harm comes to the state.

原文寥寥数语,点出亡国治国之关键,中心突出,立意深刻,彰显针砭时弊之志。两位译者都尽力复原原文信息和句式。谭译两两对仗,保证句式一致的前提下,巧妙改词性,以相反意思的名词(downfall/order, bless/bane)凸显原文的正反风格。"The ruler who brings about the downfall of the state is not the product of one man's faults; the ruler who brings order to the state is not the product of one man's efforts."这句过于忠实原文,虽做到了音美和形美,意思却有所偏差。独立士译文跳出了原文的框架,重新组织结构,可谓"得意忘形",可惜四个 if 句型虽现代,却未尽得原文的风姿。

此外,《慎子》的两个译文都对原文句子结构进行了一定程度的调整,如名词短语处理成从句,按照"前轻后重"的汉语结构重新搭建"前重后轻"的英语句式。谭译调整幅度相对较小,大多以直译为主,注重句式对等和细节的忠实,对原文艺术风格的传达更突出;独立士译文对句式调整较多,行文更贴近现代英语表达,更通俗易懂。

值得一提的是,两位译者都相当严谨,多处使用了注释,有助于读者理解。如"毛嫱""西施""三王五伯""有虞"等均在页尾附有注释。并且二人根据文本间具有的互文性特点,援引业已接受的译文,加深读者的印象。谭译本引用了《荀子》《老子》《道德经》等章节,独立士援引了《申子》《道德经》等有关内容。

(四) 两个译本中的讹误

《慎子》成书年代久远,语言虽算不上晦涩难懂,但今人读懂也要费一番周折,更何况英语读者。两个译文各有一些因理解错误造成的误译。谭译主要用于学术研究,语言力求一致,但有时难免有望文生义之嫌。独译以简明英文为目标,但有时也略失分寸感。例如:

> 上无羡赏,下无羡财。(《威德》)
>
> 谭译:There will be no excessive rewards from the sovereign and there will be no excessive riches among the subjects.
>
> 独译:The elite will not dream of preference and the commoners will not dream of largesse.

原文意思是"君主和官吏不会滥用赏赐,臣下和百姓不会贪收财物"。谭译基本符合原文意思,但独立士译文明显有误,elite 不代表"上",preference(偏好)和 largesse(慷慨)也不是"羡赏"和"羡财"的意思。再如:

> 是以大君因民之能为资,尽苞(包)而畜之,无能去取焉。

（《民杂》）

谭译：For this reason the Great Ruler looks on the abilities of the people as his given resources and accommodates himself to them, keeping all of them in his protection and care. He does not reject some and accept others.

独译：So the great ruler accepts the people's capacities as his material, and treasures and cares for all of them without favoring or rejecting any.

两个译文均不够准确。"因"是依靠、凭借的意思，如《韩非子·五蠹》云"论世之事，因为之备"。谭译的 look on 尚可，独立士译为 accept，意思有所偏差。"包"表示"包容"的意思，如《梦溪笔谈》中的"皆包在诸谷"；而"畜"意为"积聚"，如"畜积收藏于秋冬"（《荀子·天论》）和"既畜王资而承故国之衅"（《韩非子·五蠹》）。两个译文都未能将这层意思译出。谭译增加的 protection 和独立士译文的 care for 都是理解错误。再如：

厝钧石，使禹查锱铢之重，则不识也。悬于权衡，则氂发之不可差。（《民杂》）

谭译：In calibrating heavy weights such as chiin and the shin, if Yu were asked to assay them to a fraction of an ounce, he would not know whether they were accurate; but if they are suspended in the scales, it is not possible for them to deviate by so much as a hair.

独译：When calibrating heavy weights, if the great Yu were asked to correct them to a fraction of an ounce, he could not be sure that they were accurate; but if they were put on a balance, no one would go wrong by as much as a hair.

谭译将"钧石"一一对应译出，并在文后加注，过于生硬，反而增加了阅读的负担。另外此处"厝钧石"应解释为分列轻物重物,两个译本都漏掉了这一信息。"权衡"表示衡量物体轻重的器具,因此独立士译成 balance 浮于表面,不如谭译的 scales 精确。

从两个译本的对比分析来看,不难看出,两位译者基本都是根据原文的布局,以原文的语句、段落来措辞排句,由于英汉两种语言的固有差异,二人又都做了一定程度的调整。特别对于原文中缺少上下文的章节,两位译者不厌其烦,使用了增译、援引先人成果和注释的方式传递原文信息。

两位译者厚积薄发,译文各有千秋,可称得上信手拈来种种佳。相对而言,谭朴森更忠实源语,他深厚的汉学功底和优秀的语言能力让其能兼顾意境,尽力保存原文的文风。鉴于此,谭译适合对慎到或者先秦诸子思想有所了解的人士阅读。独立士在译后记中也坦承自己的译文借鉴了谭译。对于原文的难点和模糊不清的章节,他大胆舍宏观概括,取微观具体。从译文的最终呈现效果来看,独立士语言平实,风格质朴,流畅生动,适合普通英语读者。

需要指出的是,谭译偶尔有心栽花花不开,因追求形式统一造成一些误译。独译有时删繁就简、领异标新,却着力痕迹明显,也未能尽得原文之意。译者选择翻译策略时自然要考虑多重因素,比如阅读群体、翻译目的、文化立场等。有时译文需要少而精,有时还需要译者不厌其烦,因为信字在前,透彻理解原文始终是第一要素。

第二节 《申子》在英语世界的译介

一、《申子》与申子

申子,即申不害(约公元前 395 年—前 337 年),郑国京邑(今河南新郑)人,申子是其尊称。与慎到相似,申不害由道入法,为先秦法家术治

一派的代表思想家。郑为韩所灭后,"郑之贱臣"申不害入韩后拜相主持
变法。在韩变法 15 年间,他"内修政教,外应诸侯",帮助韩昭侯推行
"法"治、"术"治,不仅加强了君主专制,也让韩国国泰民安,国力渐强,史
称"终申子之身,国治兵强,无侵韩者"。①

明人王夫之曾说,"申商之言,何为至今而不绝邪？志正义明如诸葛
孔明而效其法,学博志广如王介甫而师其意。无他,申商者乍劳长逸之术
也。"②可惜记录申子之言的《申子》一书大多篇目已经散失。《汉书·艺
文志》曾言有六篇。现仅存《群书治要》第三十六卷所引的《大体》篇和其
他文献中包含的一些申子佚文。

二、《申子》的研究及外译溯源

申子在西方世界的影响力不及慎子,但依然引起一些西方汉学家的
研究兴趣。顾立雅即为其中的代表学者。他曾任芝加哥大学东方语文系
主任、美国东方学会会长、亚洲学会会员等,是西方著名的汉学家,同时也
是儒家研究的权威。他本人曾著有《孔子与中国之道》《孔子真面目》《从
孔夫子到毛泽东的中国思想》《传说中之孔子》等多本研究孔子思想的著
作。1974 年,顾立雅总结其对申子的长期研究,出版了《申不害:一位公
元前 4 世纪中国政治哲学家》(*Shen Pu-hai: A Chinese Political Philosopher
of the Fourth Century B. C.*)一书。在当时西方世界申不害研究资料极度
匮乏的背景下,顾立雅搜集了《群书治要》收录的《大体》篇和散见于多部
类书的申不害佚文,总共 27 段,介绍了申不害生平、政治抱负、影响,并探
讨了申子的"名""君臣""术"等思想。该书以《申子》现存文献为基础,
通过比较法和历史研究法,第一次全面系统地将申不害其人和思想展现
在西方读者面前。顾立雅通过直接援引《申子》文字和其他专家的论点,

① 司马迁:《史记》,北京:北京燕山出版社,2007 年版,第 2201 页。
② 王夫之:《读通鉴论》,北京:中华书局,1975 年版,第 10 页。

提出申不害思想"入时,且其对政府机构的看法之深奥,超越了其他学者"①,其人和思想长久湮没在浩瀚的历史长河中,有必要为其正名。顾立雅认为申不害可视为"延续两千多年的中国古代朝廷制度的缔造者"②。

三、《申子》英译分析

与谭朴森的《慎到研究》一书一样,顾立雅也在书后附上了他所翻译的 27 段《申子》文字,供读者查阅。由于两本著作出版时间接近,或许可以说明这样的编排是当时汉学研究领域的一种"风尚"。以下从翻译方法和值得商榷之处两个方面对其译文进行分析。

(一) 注释辨析,留取真言于读者

顾译《申子》给读者最直观的感觉在于其使用了大量注释,数量远超译文文字。除了常见介绍中国古代文化因素的注释外,顾立雅还对收录《申子》的相关文献进行了辨析。如:

> 君之所以尊者,令。令不行,是无君也,故明君慎令。(《君臣》)
>
> The reason why a ruler is honored is (that he has the power to) command. (But if ha gives) commands and they are not carried out, there is (in fact) no ruler. For this reason, the intelligent ruler is (very) careful about (giving) commands. (1974:358)

---

① Herrlee Glessner Creel. *Shen Pu-hai: A Chinese Political Philosopher of the Fourth Century B. C.* Chicago: The University of Chicago Press, 1974:290.

② Herrlee Glessner Creel. *Shen Pu-hai: A Chinese Political Philosopher of the Fourth Century B. C.* Chicago: The University of Chicago Press,1974:223.

注释解释此处文字由《北堂书钞》和《艺文类聚》删减而来。《艺文类聚》收录文字为"君子之所以尊者"，顾立雅认为"子"多余。《北堂书钞》收录的"令之不行"，意思虽一样，顾立雅却觉得不合《申子》精简的风格，故将"之"字删除。此外，顾立雅认为《北堂书钞》的"明君慎之"有误，所以采信《艺文类聚》收录的"明君慎令"。再如：

> 昔七十九代之君，法制不一，号令不同，然而俱王天下，何也？必当国富而粟多也。(《君臣》)
>
> In the past, seventy-nine generations of ruler did not use the same methods and regulations; their pronouncements and decrees were not the same; and yet they are all (ruled) the world (as) Kings. How (was this)? (It) must (be that) the state was rich and grain was plentiful. (1974：361)

顾立雅将此处"法"译为 method。注释解释道，之所以不翻译 law，除了申不害所指"法"与"道"(method)同一外，他也怀疑此佚文是否为申不害所作。再如：

> 四海之内，六合之间，曰：奚贵？土，食之本也。(《君臣》)
>
> Inside the four seas, within the six cardinal points-(it is) asked-what (should be) valued? (it is) answered：value earth, (for) earth is the origin of food. (1974：362)

顾立雅在注释中说明此处文字引自《太平御览》，但他本人对这段文字存疑，认为这里与《商君书》中宣扬的重农思想不谋而合，并非申不害之言。

　　译文采用注释，一般而言是为了处理非译因素，移除目的语读者的阅读障碍，并加深其对源语文字的理解。顾本注释除了解决上述问题外，还多了一层意义：对不同文献进行辨别分析。顾氏大胆指出文献的错误，勇于提出自己的观点，既源自他深厚的汉学功底，也体现了其严肃的治学精神,不因人废言。

(二) 巧用增译,意义风格两不误

顾译基本以直译为主,少数意译之处也在注释中做了说明,如"款言无成"(words that are wide of the mark accomplish nothing)。[1] 译文断句较为准确,没有进行语序大调整,力求再现《申子》原貌。除了注释外,该译本增译应用甚多。正如他所言,申子惜字如金,崇尚文笔精简之风。[2] 如果按照原文译出,对没有学术背景的普通读者而言,理解难度不小。他很多时候依据自己的理解,增补一些原文中暗含而没有明言的词语和概括性、注释性的词语,以确保译文意思的完整。单论增译,可能并无特别亮点,但顾立雅却能在增译基础上,依然不减申子精简之风。他总是最大程度地保证未增补部分的文字(括号外文字)在语法结构和语义两方面的完整性。如果读者想领略原文的精练,则可以跳过增补部分。以下举两例说明:

> 镜设精,无为而美恶自备,衡设平,无为而轻重自得,凡因之道,身与公无事,无事而天下自极也。(《大体》)

> (The ruler is like) a mirror, (which merely) reflects the light (that comes to it, itself) doing nothing, and yet (because of its mere presence,) beauty and ugliness themselves (to view). (He is like) a scale, (which merely) establishes equilibrium, (itself) doing nothing; yet (the mere fact that remains in balance causes) lightness and heaviness to discover themselves. (The ruler's) method is (that of) complete acquiescence. (He merges his) personal (concerns) with the public (good, so that as an

---

[1] Herrlee Glessner Creel. *Shen Pu-hai: A Chinese Political Philosopher of the Fourth Century B. C.* Chicago: The University of Chicago Press, 1974: 382.

[2] Herrlee Glessner Creel. *Shen Pu-hai: A Chinese Political Philosopher of the Fourth Century B. C.* Chicago: The University of Chicago Press, 1974: 382.

individual) he does not act. He does not act, yet (as a result of his non-action) the world (brings) itself (to a state of) complete (order). (1974: 351 – 352)

> 岂不知镜设精无为而美恶自备矣。(《佚文》)

How (is he or, it) not like a mirror, (which merely) reflects the light (that comes to it, itself) doing nothing, and yet (because of its mere presence,) beauty and ugliness present themselves (to view)? (1974: 352)

"申子治学本于黄老而主刑名"①,申不害也承继了黄老道家的无为之说。他要求对待一切事情应"贵因""贵静"。"贵因"指"随事而定之","贵静"的表现就是"无为"。所谓"三寸之机运而天下定,方寸之基正而天下治"。② 申不害之"无为"要点在于君王不直接参与过程,但意志却始终左右朝政,因为必须要设"镜、衡、法",即"三寸之机","方寸之基"。在此前提下,君王可以去除个人作为,信守"无为",以更好地听取臣下的意见。"无为"译为 doing nothing、non-action、does not act,意义理解无误,不过如申子要求设"镜、衡、法"一样,doing nothing、does not act 也要设置一定的上下文。顾立雅此处的增译,对于普通读者而言,非常有必要,不然可能会令人误以为"无为"就是君王完全"不作为"。

顾立雅译文忠实原文,可圈可点。不过译文也并非无懈可击,"名""术""法"的翻译有待商榷。

"申子学号曰刑名家",主观上倾向于以"名"治国。"名"在《大体》篇中出现频率也相当高。顾立雅在本书的第八章专门讨论了"名",将之直译为 names,译文同样采用这一译法。如:

> 为人臣者,操契以责其名。名者,天地之纲,圣人之符。

---

① 司马迁:《史记》,北京:北京燕山出版社,2007 年版。
② 徐祥民:《申不害的法治思想及其局限性》,《文史哲》,2003 年,第 2 期,第 33 – 37 页。

One who is a minister holds the (debtors' portion of a) contract, (symbolizing) the obligations of his name (that is, the responsibilities implied by the official title which the ruler confers upon him). Names constitute the main cord of the net (containing all the phenomena of heaven and earth) (1974: 347)

名自正也,事自定也。是以有道者,自名而正之,随事而定之也。

Names rectify themselves; affairs settle themselves. Therefore, one who has (the right) method starts from names in order to rectify things, and acquiesces in affairs in order to settle them. (1974: 349 – 350)

昔者尧之治天下也以名。其名正,则天下治。桀之治天下也,亦以名。其名倚,而天下乱。是以圣人贵名之正也。主处其大,臣处其细。以其名听之,以其名视之,以其名命之。

Anciently Yao ruled the world by means of names. His names were correct, and consequently the world was in good order. Chieh also ruled the world by means of names. His names were perverse, and the world fell into disorder. Therefore the sage values correctness in manes. The ruler handles large affairs, leaving it to his ministers to take care of the fine points. He listens to affairs by means of their names, looks into affairs by means of their names, and gives orders by means of the appropriate names. (1974: 351)

第八章中顾立雅旁征博引,从哲学和语言学等多角度讨论"名"。在他看来,申不害所言之"名"(ming)相当于英文的"分工"(categorization)。他倾向于将"名"翻译为names,并基于自己的理解补充说明其实际意义 the responsibilities implied by the official title which the ruler confers upon him。对于缺少先秦时期法家研究背景的普通读者而言,补充说明相当有必要,否则直译的 names 估计会让人完全不知所云。可惜顾氏对"名"的理解并不全面,因为"申不害的名已经不再是一个哲学概念而主要是政治概念。它指称国家机器中不同地位和行为规范"①。
"他既说过尧之治天下也以名,又说尧之治盖明法审令而已,这两个判断
把名和法联系了起来,也把以名治和以法治联系了起来。"②"名"即
"法","名治"实为"法治"。基于此,顾立雅的翻译存疑。

　　法家三派中慎到重"势",申不害重"术",商鞅重"法"。"申子虽被
后人称为'法家',其实他和李悝、吴起、商鞅等倾向完全不同,严格地说
是应该被称为'术家'的。"③由于《申子》大部分篇目遗失,我们今天已经
很难看到申不害对"术"的阐释。难能可贵的是顾立雅依然从《吕氏春
秋》中搜集到了申子的部分"术"说言论。例如:

> 古之王者,其所为少,其所因多。因者,君术也。(《吕氏春
> 秋·任数》)
>
> The kings of antiquity acted little (but) acquiesced much.
> Acquiescence is the technique of the minister. (1974: 376)
>
> 桓公得管子,事犹大易,又况于得道术乎。(《吕氏春秋·
> 任数》)
>
> When Duke Huan merely got Kuan-tzu, (this made it) very
> easy (for him to perform) the business (of government); how
> much more (assistance in his task may be expected by him who)
> gets the technique of the Way. (1974: 377)

"术"虽不是申不害首创,却由他赋予了新的意义。在申不害看来,"术"
为君王专属,是控制和令臣下为自己所用之利器。只有掌握了阴阳二术,
君王才能把持朝政,独揽大权。"术者,因任而授官,循名而责实,操生杀
之柄,课群臣之能者也"④。此外申不害还鼓励君王行"阴术",设耳目,防

---

① 朱茜:《论申不害"由名而术"之政治思想》,《求索》,2011 年,第 1 期,第 239 – 241 页。
② 徐祥民:《申不害的法治思想及其局限性》,《文史哲》,2003 年,第 2 期,第 33 – 37 页。
③ 朱茜:《论申不害"由名而术"之政治思想》,《求索》,2011 年,第 1 期,第 239 – 241 页。
④ 韩非:《韩非子》(汉英对照),北京:商务印书馆,2015 年版,第 1674 页。

臣下篡权。顾立雅在本书的第九章也对"术"的起源做了探究,并从《商君书》和《韩非子》两书中援引了相关文字讨论申不害之术。他承认现存的《申子》佚文对"术"解释不多,"术"可以是"数(number)或者统计法(statistical method)",但申不害所指"术"更多是"手段,策略(method technique)"。① 必须承认,顾立雅对"术"的理解还是比较准确全面的。不过鉴于现存文献中"术"的篇幅太少,他仅仅使用了 technique 这一个较为笼统的词。虽有术语统一的考虑,但却未尽得"术"的复杂内涵。再比如"法"的翻译:

君必有明法正义,若悬权衡以称轻重,所以一群臣也。(《君臣》)

The ruler must have discriminating methods and correct and definite principles, just as (one) suspends a weight and balance to weigh lightness and heaviness, in order to unify and organize (his) ministers. (1974: 352 – 353)

尧之治也,善明法审令而已。圣君任法而不任智,任数而不任说。黄帝之治天下,置法而不变,使民安乐其法也。(《君臣》)

Yao's way of ruling was skillfully to make (his) methods discriminating and to be scrupulous in (issuing) orders; nothing more. The sage ruler depends upon methods, not on (his) sagacity. He employs technique, not theory. The Yellow Emperor ruled by establishing methods, (which he did) not change, causing the people to find security and pleasure in his methods. (1974: 356)

以上两例中顾立雅都将"法"翻译成 methods,并在注释中特意说明申不害所说之"法"等同于 method。我们当然不用怀疑如此译法系译者

① Herrlee Glessner Creel. *Shen Pu-hai: A Chinese Political Philosopher of the Fourth Century B. C.* Chicago: The University of Chicago Press, 1974: 128.

词汇使用错误所致。顾立雅一直坚信申不害并非严格意义上的"法家"，甚至可以说是"反法家"。这也是该专著的一大核心观点。顾立雅指出，儒家、墨家和道家与申不害探讨朝政问题的出发点不同，前者从民众视角，而申不害则从统治者的角度，角度的不同使得学者常将申不害归为"法家"。[①] 但申不害所持观点其实与法家思想大相径庭。法家强调的是以"法治"，刑罚严苛；申不害提倡的则是"术治"与"名治"。顾立雅将申不害所言之"法"译为 methods，联系前文所举例子的具体情境，加上他的说明，这一译法也有一定的说服力。但"申子之学本于黄老而主刑名"，申不害是重"术"的法家，这一观点已成为国内学术界的共识。"名治"实为"法治"。"术治"亦应以"法"为前提。从这点出发，顾立雅所译之 methods 虽并无不妥，但也有商榷之处，正所谓兼听则明，国内学者的意见同样应得到重视。

第三节　《慎子》《申子》在英语世界的传播

　　谭朴森的译文成为《慎子》西方研究者的直接文献来源。如发表在 *Dao：A Journal of Comparative Philosophy* 2011 年第 10 期的杨顺佳（Yang Soonja）的论文"Shen Dao's Own Voices in the Shenzi Fragments"和 2015 年发表在 *History of Philosophy Quarterly* 第 32 卷上的郝令喆（Eirik Lang Harris）的论文"Aspects of Shen Dao's Political Philosophy"，作者在文中均表示是以谭朴森的译文为基础来研究慎到思想。由此可见，谭朴森译文已获得英语学界的认可。独立士当时也给予谭译本很高的评价，称谭朴森出色地译出了原文中的晦涩难懂之处[②]。他本人也受到谭译的诸多启发，称赞谭译本在诠释慎到思想方面比自己译文更为出色。独立士《慎

---

　　① Herrlee Glessner Creel. *Shen Pu-hai：A Chinese Political Philosopher of the Fourth Century B.C.* Chicago：The University of Chicago Press, 1974：200.

　　② 英文原文为：There are also a number of passages which are difficult only because of a single obscure word or phrase, but Thompson has satisfactorily decided most of these cases.

子》英译本的公开出版,也让西方学者有了更多的比对材料来深入研究《慎子》一书和慎到思想。虽有独立士这样致力于推广慎到学说的研究者,但相较于法家其他的代表人物,如商鞅、韩非子,英语学界对《慎子》的研究热情普遍不高,近年来只有零星文章散见于学术期刊,如前文所提及的杨顺佳和郝令喆的论文。

顾立雅的研究专著出版后,多位学者予以肯定,伊格内修斯(Ignatius)(1976)称赞该书兼具趣味性和学术性,有望成为经典,并会经常被专家学者们所引用①。鲁惟一(1976)提到顾立雅认识到了申不害及其学说的重要性并对此做了细致研究,其他学者应该感谢顾立雅收集整理《申子》现存文献所付出的努力②。杜维明(1977)认为顾立雅对申不害这样一位中国古代具有创新精神的管理哲学家进行了出色的研究,其研究最吸引人也是最有启发性之处不仅在于其全新的诠释方法,还在于表达观点的学术步骤。③ 不过囿于申不害在法家三派中的影响力,国内研究成果也非常有限,顾立雅的著作在西方学界引起短暂关注后,近年来则几乎"无人问津",《申子》也未见新译本面世。译文是学者阅读和研究《申子》的第一手资料,顾译《申子》虽不是全译本,且有个别争议之处,但瑕不掩瑜,对西方学界全面了解法家三派依然发挥了重要作用。从目前情况看,西方学术界对《申子》和申不害学说研究有待进一步深入。当然国内学术界必须先要予以重视,才不至于令这位"术"治见长的法家沦为默默无闻的历史过客。

---

① 英文原文为:As a whole, Creel's work is stimulating and well-researched. I will not be surprised if it becomes a classic in itself and is quoted over and over by scholars.

② 英文原文为:The author has recognized the importance of Shen Pu-hai and his fragments and subjected them to careful analysis ... The collection of the fragments together and the provision of a concordance is a valuable contribution for which all scholars will be grateful.

③ 英文原文为:The most fascinating and heuristically significant aspect of Herrlee G. Creel's masterful study of Shen Pu-hai(d. 337 B. C.), the innovative administrative philosopher of ancient China, is not only his unusual interpretive method but also the scholarly procedure by which his claims are articulated.

第七章　结　语

第一节　法家经典文献英译总体特征

如果从戴闻达翻译《商君书》算起,法家经典文献在西方世界的翻译活动至今已近一百年的历史,梳理整个法家典籍的翻译史,不难发现有三个显著特征:

第一,先秦法家文献的翻译经历了三次高潮。第一次高潮发生在20世纪20年代左右。1928年荷兰汉学家戴闻达的《商君书》英译本在伦敦出版,正式拉开了法家文献在英语世界翻译的序幕。实际上,受荷兰东印度公司贸易发展和荷兰殖民扩张政策以及传教的影响,早在17世纪,荷兰就开始了对中国的研究。[①] 19世纪荷兰汉学研究初步成形,到20世纪20年代,荷兰的汉学研究在欧洲都位于前列,涌现了多位优秀的汉学家,戴闻达即是其中之一。他不仅一手创建汉学研究院,参与编辑的《通报》还是西方汉学界的权威学术杂志。20世纪初,除了荷兰外,西方其他国家如英国、法国、德国以及国力正日渐强盛的美国都成立了专门的汉学研究机构[②]。这期间的汉学研究特别关注中国传统文化。"他们试图用东

---

① 何寅、许光华:《国外汉学史》,上海:上海外语教育出版社,2002年版,第249页。

② 何寅、许光华:《国外汉学史》,上海:上海外语教育出版社,2002年版,第250页。

方传统文化的精髓来解释、探索现代社会的种种危机,这种楚才晋用、南橘北枳、郢书燕说的现象,是异质文化交流、互识、认同的一个重要表现,也是国外汉学发展的一个巨大成就。比如中国的老庄思想和易经哲学就滋润、感染、启迪了一大批欧洲哲学家、文学家、心理学家。"①先秦法家中多位代表人物如韩非子、慎到、申不害等的思想皆归本于黄老,因此法家能进入汉学家的研究视线也就不足为奇。在 20 世纪初期整个西方世界汉学研究蓬勃发展的大背景下,中国传统文化研究成为重中之重,而翻译典籍才能让更多的研究者掌握第一手研究资料,所以先秦法家的翻译活动迎来了第一次高峰。除《商君书》外,这一阶段的法家典籍文献如《韩非子》《管子》和《吕氏春秋》都陆续有了英文、德文或者俄文的译本。

第二次高潮发生在 20 世纪六七十年代,美国汉学家成为翻译的主力军。"60 年代初,美国的中国学界为适应美国全球战略的需要,加紧了中国问题研究,在美国垄断财团如福特基金和洛克菲勒基金等资本大力资助下纷纷设立中国学研究机构。"②此外,美国许多大学开设了汉语课程,还为从事中国问题研究的学生提供全额奖学金,招募了大量的青年学子。1972 年尼克松访华也在一定程度上推动了美国的汉学研究发展。③ 华兹生的《韩非子》译文正是得到了福特基金会的资助。顾立雅执教以及为其出版《申不害:一位公元前 4 世纪中国政治哲学家》的芝加哥大学更是当时美国主要的汉学研究基地之一。这时期的法家经典文献译本除了数量上的增加,更重要的是出现了较全的译本如《韩非子入门》。另外一些著作如《慎子》和《申子》也拥有了第一个英译本。可见,翻译的广度和深度都得到了进一步的拓展。

第三次高潮始于 20 世纪 80 年代,一直延续至今。1979 年中美正式建交后,中国学研究在美国全面展开。④ "美国逐渐成为继我们内地和香

---

① 何寅、许光华:《国外汉学史》,上海:上海外语教育出版社,2002 年版,第 339 页。
② 何寅、许光华:《国外汉学史》,上海:上海外语教育出版社,2002 年版,第 377 - 378 页。
③ 何寅、许光华:《国外汉学史》,上海:上海外语教育出版社,2002 年版,第 381 页。
④ 何寅、许光华:《国外汉学史》,上海:上海外语教育出版社,2002 年版,第 387 页。

港之后发展、丰富中国哲学的第三块基地。"①儒学和道学研究一直都备受美国汉学家的青睐,这时候的研究尤为活跃。儒道素来关系密切,钱穆、郭沫若、冯友兰、蒙文通等学者也都认为早期法家出于儒家。管仲本人就有很鲜明的儒家思想倾向。所以受儒家和道家研究发展的影响,法家的研究有了长足的进步。《管子》和《吕氏春秋》英文全译本都在这一阶段由美国学者完成并出版。更值得一提的是,由于"大中华文库"和"经典中国国际出版工程"等国家重大出版工程的推出,中国多位学者也加入了法家文献的翻译队伍,并大有后来者居上之势。入选"大中华文库(汉英对照)"的法家经典著作包括《韩非子》《管子》和《吕氏春秋》。中国学者通过这些庞大的翻译工程第一次全面系统地向全世界介绍中国的法家思想和著作,进而有力地推动了中国法家经典文献在英语世界的传播。

第二,译作有较明显的译者主体意识的干扰。译者对先秦法家的认同度以及他们自身的翻译原则和目的等在翻译时所发挥的作用不言而喻。比如"法"目前较为通用的译法包括 Fa、law、legal 等。但顾立雅坚信申不害并非法家,因此,"申子所说之'法'不应该视为 law,应该等同于 method"。独立士根据自己的理解将"法"译为 rule。李克将"德"译为 the Power 是基于对《管子》之"德"更多指涉心理力量或自然界整体或个人的本质属性的认识。尤锐为"王""天下""王业"等术语选择的英语词汇分别为 rule、All-Under-Heaven、the monarch,这些词汇都较中性化。华兹生追求简洁英文,一贯主张采用"平易口语化"的翻译策略,因而其翻译时有删减。此外,他也倾向使用中性词,以此来消除原文的讽刺意味。李克将《管子》中的《幼官》与《幼官图》并联翻译,在他看来,两篇内容基本一致,只是段落顺序有所不同,所以直接省略了《幼官图》的翻译。可以说,这样的处理方式让他们都构建了属于自己的话语体系。此外,这些汉学家的翻译更关注思想和精神实质,不求将所有信息复原,而是重新进行阐释,这是一种基于读者接受美学的选择。毕竟在英语世界,人们最感兴趣

---

① 何寅、许光华:《国外汉学史》,上海:上海外语教育出版社,2002 年版,第 393 页。

的是法家思想,其次才是某位法家人物及其代表作。独立士就曾明确表示,他的译文力求让更多英语读者有机会领略《慎子》一书的思想。尤锐、谭朴森和顾立雅三人都没有独立出版译文,他们更愿意将译文作为自己研究法家某位代表人物思想专著的佐证。读者接受的角度也让汉学家们更愿意不受原文的限制,跳出文字的桎梏。为了让读者产生阅读兴趣和亲近感,戴闻达在翻译《商君书》时多次使用归化策略,用英文读者熟悉的谚语来替代原作中的成语。李克《管子》译本也根据英语读者的阅读习惯,依据句群逻辑将原文一个大的自然段切分为多个短小自然段落,进而减轻了读者的阅读负担。可见,译者们的基本共识都是思想传达为先,再现原著风格则成了附加项。

第三,重考证是法家典籍文献翻译的一大特色和亮点。在已有的法家典籍翻译中,西方汉学家的译本一般比较规范,译文体例包括较详细的序言、介绍、中文原文、正文注释、索引与术语汇总、附录、详细的参考文献等副文本信息。戴闻达的《商君书》译本前附上了长达 159 页的介绍,向读者详细介绍了商鞅其人其事、法家思想及影响以及他本人对文本的考证情况。约翰·诺布洛克和杰弗瑞·瑞杰尔的合译用几十页序言向读者介绍《韩非子》和《吕氏春秋》的成书过程和思想主张。李克除了 40 多页的译前序外,还加入了很多注释文字对有争议之处进行说明,如术语溯源、字词辨析、本人研究见解等。顾立雅《申子》译文的注释文字之多,远超现存《申子》文献文字数量。谭朴森利用几百条散见于各类典籍文献的引文重构了《慎子》一书的评述版。独立士根据主题将现存文献分门别类,并提供索引以供查找。这些汉学家本人就是西方先秦法家研究的权威专家,如"言《管子》必称的李克"。他们学贯中西、博古通今,具备多年的研究背景和扎实的双语素质,在着手翻译以前进行了大量细致入微的调研工作——对现存文献查漏补缺、更正错误、广泛搜集资料等。他们中很多人出版的本身就是集学术研究与翻译于一体,译文既为自己的学术研究提供证据,又是自己多年来的学术研究成果,如谭朴森的《慎到研究》、顾立雅的《申不害:一位公元前 4 世纪中国政治哲学家》和尤锐的《商君书——中国古代国家权力的辩护》。他们的译前或者译后记中的信息、图片、图表和文字辨析为西方读者提供了阅读背景知识,更有利于理解。国内译者的大多译本编排相对简洁。翟江月《管子》译本提供了古汉语原文和汉语白话版译文,她的《吕氏春秋》译本前言中附有3页中文、17页英文的介绍,包括成书目的、主要内容、成书时间及文稿散佚和参考文献。汤博文的《吕氏春秋》译本只在译本正文后附了304条注解,没有提及原文的相关背景、原文采用版本及参考书目。可见国内学者译本的副文本信息量远远低于汉学家的译本。汉学家更为重视副文本,这可能与汉学家多将译本当成学术专著的一部分,加之更能站在目标语读者的立场有关。

第二节　法家经典文献英译不足之处

法家经典文献的翻译在近一百年内发展迅速,成果斐然。然而纵观全貌,不足之处也非常明显,主要表现在以下三个方面。

第一,译著大多只在学术圈流行,普通读者不感兴趣。查阅亚马逊网站,除了华兹生的《韩非子入门》留有10几条读者评论,其他译本的读者评论数寥寥无几,有的甚至没有评论。而且,留言的读者绝大部分都是有中国学研究学术背景的专业人士。有读者不客气地指出,李克《管子》译文学术性太强,不适合所有人阅读,趣味性不强;书中的精华未能译出,最好能增加更多的注解;中国典籍的翻译还有待提高。[①] 李克的《管子》译文质量一直为人称赞,注释也相当多,但读者依然觉得不够有趣,阅读难度大。

第二,译者仍然偏爱法家主要著作,严重忽视次要著作。法家三派中的两派代表作《慎子》和《申子》目前只有汉学家的译文,未有中国学者译

---

① 英文原文为:It's not a book for everybody. It's an academic translation. The editor doesn't make any effort to make the book interesting. It's a partial translation. The best parts of the work haven't been translated. I would have liked much more notes and explications. Chinese classics deserve a better handling and treatment.

本。2016 年哥伦比亚大学出版社推出的"亚洲经典译丛"还收录了 Eirik Lang Harris 的《慎子》译本,这也是《慎子》的第三个译本,但皆为国外汉学家所译。《申子》英译本一直到现在也只有唯一一个顾立雅译本。中国学术界在"术""势"两派典籍翻译上的空白让人深感遗憾。

第三,译本本身也存在一些不足。除了本书前几章提出的理解错误外,还有一些和翻译意识有关的问题。如亚马逊网站上一位读者认为"大中华文库"译本缺少索引和注释,不适合初次接触中国哲学和经济学的读者。① 汉学家的译本同样有瑕疵,比如"法""术""道"等术语的翻译、文化负载词、寓言成语的理解问题和风格归属等引起了争议。援引亚马逊网上一位读者对约翰·诺布洛克和杰弗瑞·瑞杰尔的联合译本《吕氏春秋》的批评意见:"我是一位英语读者,恰好又同时可以阅读中国古典文献。我认为译文很糟糕。我们不能用翻译中国当代作品的方式来翻译中国古代典籍,否则译文将失去原来的韵味,毫无意义可言。译者翻译前应先透彻理解原文。举个简单的例子,中国古代乐谱有不同的名称(音),每种名称都有意义。译者翻译时只简单将'音'的拼音拷贝下来,这样的处理方式不仅没有反映出每个音的意义,也让文本失去了意义。由于不能深刻理解中国典籍原文,西方学者翻译时常犯这个错误。译本质量差,我不推荐。"②

---

① 英文原文为:If you're new to Chinese philosophy or economics, this is not a good translation to start with. It has neither index or notes, making it extremely difficult to understand unless you specialize in these areas.

② 英文原文为:It happens I'm a native speaker reads both the ancient text and English. I found the translation is very poor. We cannot translate the ancient Chinese text like the ways we do for the contemporary Chinese. If we do this then the translation lost its original meaning and become nonsense. The author should first understanding the text before translate them. A simple example, in the ancient China, music notes has different names, and each of these names has meanings. The author only copied the sound over as part of the translation, then it not only did not reflect the original meaning but also it turned the text into nonsense. This is a common problem of westerners translating the Chinese ancient text due to their lacking of in depth of knowledge about Chinese classical literature. The book is poorly translated, I do not recommend.

第三节　法家经典文献英译展望

在当今的"东学西渐""文化走出去""一带一路"等文化大背景下，我们的优秀传统文化正逐步向全世界传播。先秦法家思想是"我国古代改革家、思想家、政治家智慧的结晶，是我国优秀的文化遗产和宝贵的精神财富……我们一方面要看到其积极的一面，即它的许多学说有助于中国现代法治的启动"。① 因此，法家传统思想中的积极一面也应该为外界所认识。法家并非部分西方学者眼中的"法律实证主义者"（legal positivists）。扩大法家文献在国外的影响也有助于西方学术界摒弃长期以来对中国没有"法治"（rule of law）思想的偏见。翻译正是我们推广优秀传统文化的具体方案和关键一环。近年来，"大中华文库"和"经典中国国际出版工程"等丛书陆续推出，说明国家对典籍翻译工作的重视，也让国内学者颇受鼓舞和启发。目前法家典籍翻译中的空白较多，相信未来先秦法家系列作品的翻译工程会提上日程。在此，很有必要提醒今后的重译者，法家典籍外译实为学术研究。

纸上得来终觉浅，绝知此事要躬行。由中国译者独立完成法家译丛，不仅有助于发现法家思想中的隐含价值，建构我们自身的话语体系，还能更好地发挥中国古代文化资本的作用。因此我们更希望看到法家文献由输入翻译转向输出翻译，向全世界讲好中国法律故事。我们应在实践中寻求共性，扩大其在英语世界的接受空间。早有学者指出，现代法治继承了先秦法家的进步思想，如"以法治国、反对人治；明法论；以法为教；因时立法；法不阿贵"。② 这些观点也与西方法治的核心思想一致，理应为我们所用，从而达到中国优秀法家思想全球共享的目的。

---

① 王怡飞：《中国古代法家思想的现代价值》，《兰州学刊》，2008 年，第 3 期，第 109 – 111 页。

② 同上。

　　随着法家典籍翻译工作的开展和深入,未来法家经典文献译著的研究视角会更加多维。鉴于研究篇幅和条件所限,本研究只能抛砖引玉,以期引起学界重视。法家典籍翻译发展和西方汉学研究的关系如何? 法家典籍翻译与儒家、道家文献翻译间的联系何在? 法家典籍翻译的文化史意义是什么? 如何进一步提升译著的文化传播能力? 这些问题都值得未来研究者深入挖掘。

参考文献

Ames, R. T. *Art of Rulership: A Study of Ancient Chinese Political Thought*. Honolulu: University of Hawaii Press, 1983.

Appiah, K. A. "Thick Translation". In Rowell, C. H. (ed.), *Callaloo*. New York: Jones Hopkins University Press, 1993.

Balcom, J. "An Interview with Burton Watson". *Translation Review*, 2005 (1): 7 – 12.

Baxter, W. H. "Situating the Language of the Lao-tzu: The Probable Date of the Tao-te-ching". In Livia Kohn and Michael LaFargue (ed.), *Lao-tzu and the Tao-te-ching*. Albany: State University of New York Press, 1998.

Berry, T. (Book Review) "Duyvendak, J. J. L. : *The Book of Lord Shang*". *The Journal of Asian Studies*, 1965(3): 497 – 498.

Blahuta, J. P. *Fortune and the Dao: A Comparative Study of Machiavelli, the Daodejing, and the Han Feizi*. London: Lexington Books, 1971.

Boase-Beier, J. *Stylistic approaches to translation*. Shanghai: Shanghai Foreign Language Education Press, 2011.

Bodde, D. (Book Review) "L. S. Perelomov: Kniga Pravitelya Oblasti Shan (Shan Tszyun Shu)". *The Journal of Asian Studies*, 1969(4): 847 – 848.

Bodde, D. (Book Review) "*The Complete Works of Han Fei Tzu*: A Classic of Chinese Political Science, Vol. II. by W. K. Liao". *Philosophy East & West*, 1961(3).

Boesche, R. "Han feizi's legalism versus kautilya's Arthashastra". *Asian Philosophy*, 2005(2): 157 – 172.

Boesche, R. "Kautilya's Arthashastra and the legalism of Lord Shang". *Journal of Asian History*, 2008(1): 64 – 90.

Brooks, B. & T. Brooks. "*The Analects of Confucius* by Burton Watson". *The China Reviews*, 2009(1).

Bryan, W. Van Norden and P. J. Ivanhoe. *Readings in Classical Chinese Philosophy*. San Francisco: Seven Bridges Press, 2001.

Carson, M. F. *The Language of the Lü Shih Ch'unch'iu: Some Characteristic Features of Grammar and Style in a Third Century B. C. Text*. University of Washington, 1980.

Cook, S. "The Lushi chunqiu and the Resolution of Philosophical Dissonance". *Harvard Journal of Asiatic Studies*, 2002(62).

Creel, H. G. *Chinese Thought from Confucius to Mao Tse-tung*. Chicago: University of Chicago Press, 1953.

Creel, H. G. *Shen Pu-hai: A Chinese Political Philosopher of the Fourth Century BC*. Chicago: The University of Chicago Press, 1974.

Dobson, W. A. (Book Review) "W. Allyn Rickett: Kuan-tzu, a translation and study of twelve chapters, Vol. I ". *Journal of Asian Studies*, 1967:(2): 301.

Fairbank, J. K. and Edwin O. Reischauer. *East Asia: The Great Tradition*. Boston: Houghton Mifflin, 1960: 84.

Fischer, M. "*The Book of Lord Shang* Compared with Machiavelli and Hobbes". *Dao*, 2012(2): 201 – 221.

Frankel, H. H. "*The Columbia Book of Chinese Poetry: From Early Times to the Thirteenth Century* by Burton Watson". *Harvard Journal of Asiatic Studies*, 1986(1).

Fung, Y. *A History of Chinese Philosophy, the Period of Philosophers (from the beginning to circa* 100 *BC*). Trans. Derk Bodde Princeton: Princeton University Press, 1952.

Graham, A. C. *Disputes of the Tao: Philosophical Argument in Ancient China*. La Salle, 111: Open Court, 1989.

Goldin, P. R. "Han Fei's Doctrine of Self-interest". *Asian Philosophy*, 2001 (3): 151 − 159.

Goldin, P. R. "Introduction: Han Fei and *the Han Feizi.*" *Dao Companion to the Philosophy of Han Fei*. Dordrecht: Springer, 2013: 1 − 21.

Goldin, P. R. "Persistent Misconceptions about Chinese 'Legalism'". *Journal of Chinese Philosophy*, 2011(1): 64 − 80.

Haloun, G. "Legalist Fragments: Part I; Kuan-tsi 55 and Related Texts". *Asia Major*, 1951(2): 85 − 120.

Han, Fei. *Han Fei Tzu: Basic Writings*. Burton Watson (Trans.). New York: Columbia University Press, 1964.

Handelman, D. "Cultural Taxonomy and Bureaucracy in Ancient China: *The Book of Lord Shang*". *International Journal of Politics Culture & Society*, 1995, 9(2): 263 − 293.

Hansen, C. *A Daoist Theory of Chinese Thought*. New York: Oxford University Press, 1992.

Harris, E. L. "Aspects of Shen Dao's Political Philosophy". *History of Philosophy Quarterly*, 2015 (3): 219.

Hauer, E. (Book Review) "Duyvendak, J. J. L: *The Book of Lord Shang. Orientalistische Literaturzeitung.* 1929(1): 595.

Hsiao, K. *A History of Chinese Political Thought. Vol. I: From the Beginnings to the Sixth Century AD.* F. W. Mote (trans.). Princeton: Princeton University Press, 1979.

Jones, D. M. "The Metamorphosis of Tradition: The Idea of Law and Virtue in East Asian Political Thought". *Asian Journal of Social Science,*

1993(1): 18 – 35.

Knechtges, D. R. and Shi, H. "Shang jun shu 商君书". In Knechtges, David R. and Chang, Taiping (eds.), *Ancient and Early Medieval Chinese Literature: A Reference Guide, Part Two*. Leiden: Brill, 2014.

Knoblock, J. & J. Riegel. *The Annals of Lü Buwei: A Complete Translation and Study*. Stanford, CA: SUP, 2000.

Lanciotti, L. "J. J. L. Duyvendak(1889—1954)". *East and West*, 1954: 186 – 187.

Lee, K. K. "The legalist school and legal positivism". *Journal of Chinese Philosophy*, 1975(1): 34.

Li, Y. *Shang Yang's Reforms and State Control in China*. White Plains, New York: Sharpe, 1977.

Loewe, M. *Early Chinese Texts: A Bibliographical Guide*. Berkeley: Society for the Study of Early China; Institute of East Asian Studies, University of California Berkeley,1993.

Louton, J. M. The "Lushi Chunqiu": An Ancient Chinese Political Cosmology. University of Washington, 1981.

Lu, X. *Rhetoric in Ancient China, Fifth to Third Century B. C. E.: A Comparison with Classical Greek Rhetoric*. Columbia: University of South Carolina Press, 1998.

Lu, X. "The theory of persuasion in *Han Fei Tzu* and its impact on Chinese communication behaviors". *Howard Journal of Communication*, 1993 (1): 108 – 122.

Lundahl, B. "Han Fei Zi: the man and the work". *Journal of Antimicrobial Chemotherapy*, 1992(5): 675 – 681.

Lyon, A. "Rhetorical authority in Athenian democracy and the Chinese legalism of Han Fei". *Philosophy and Rhetoric*, 2008(1): 51 – 71.

McNeal, R. "The Development of Naturalist Thought in Ancient China: A

Review of W. Allyn Rickett's *Guanzi*". *Early China*, 2003(28): 161
-200.

McGreal, I. P. *Great things of the Eastern World*. New York: Harper Collins
Publishers, 1995.

Major, J. S. *Heaven and earth in early Han thought*. Albany: State University
of New York Press, 1993.

Moody, Jr, P. R. "Rational choice analysis in classical Chinese political
thought: *The Han Feizi*". *Polity*, 2008(1).

Moody, P. R. "The legalism of Han Fei-tzu and its affinities with modern
political thought". *International Philosophical Quarterly*, 1979(3).

Nida, E. A. *Towards a Science of Translating*. Leiden: Bril, 1964.

Nord, C. *Translating as a Purposeful Activity*. Shanghai: Shanghai Foreign
Language Education Press, 2001.

Pines, Y. "A 'Total War'? Rethinking Military Ideology in the *Book of Lord
Shang*". *Journal of Chinese Military History*, 2016(2): 97-134.

Pines, Y. "Alienating rhetoric in the *Book of Lord Shang* and its
moderation". *Extrême-Orient, Extrême-Occident*, 2012 (34): 79
-110.

Pines, Y. "Dating a Pre-imperial Text: A Case Study of the *Book of Lord
Shang*". *Early China*, 2016 (39): 145-184.

Pines, Y. "Legalism in Chinese Philosophy". *Stanford Encyclopedia of
Philosophy*, 2014.

Pines, Y. "Social Engineering in Early China: The Ideology of the
Shangjunshu (*Book of Lord Shang*) Revisited". *Oriens Extremus*,
2016 (55): 1-37.

Pines, Y. and C. Defoort. "Chinese Academic Views on Shang Yang Since
the Open-up-and-Reform Era". *Contemporary Chinese Thought*, 2016
(2): 59-68.

Pokora, T. (Book Review) "L. S. Peremolov, "*Kniga Pravitelya*

Oblastian". *T'Oung Pao*, 1969 (55).

Rickett, W. A. *Guanzi: Political, Economic, and Philosophical Essays from Early China*, Volume Ⅱ. Princeton, New Jersey: Princeton University Press,1998.

Rickett, W. A. *Guanzi: Political, Economic, and Philosophical Essays from Early China*, Volume Ⅱ. Princeton, New Jersey: Princeton University Press,1998.

Roth, H. D. *Original Tao: Inward training (nei-yeh) and the foundations of Taoist mysticism*. New York: Columbia University Press. 1999.

Roth, H. D. "Psychology and Self-Cultivation in Early Taoistic Thought". *Harvard Journal of Asiatic Studies*, 1992(2): 599 − 650.

Rubin, V. "Shen Tao and Fa-China". *Journal of the American Oriental Society*, 1974 (3).

Sanft, C. "Shang Yang Was a Cooperator: Applying Axelrod's Analysis of Cooperation in Early China". *Philosophy East & West*, 2014(1): 174 − 191.

Schaber, D. "Texts and Artifacts: A Review of *The Cambridge History of Ancient China*". *Monumenta Serica*, 2001(49).

Sellman, J. D. "On Mobilizing the Military: Arguments for a Just War Theory from the *Lü-shih ch'un-ch'iu*". *Asian Culture Quarterly*, 1983 (4): 26 − 43.

Sellman, J. D. "Seasonality in the Achievement of Hsing in *Lüshi ch'un-ch'iu*". *Asian Culture Quarterly*, 1990(2): 42 − 68.

Sellman, J. D. "The Lüshi ch'un-chiu's Proposal of Governing by Filial Piety". *Asian Culture Quarterly*, 1985(1).

Sellman, J. D. "The Origin and Role of the State According to the *Lüshi Chunqiu*". *Asian Philosophy*, 1999(3).

Sellman, J. D. *Timing and Rulership in Master Lü's Spring and Autumn Annals (Lushi Chunqiu)*. Albany: State University of New York

Press, 2002.

Shang, Y. *The Book of Lord Shang: Apologetics of State Power in Early China*. Yuri Pines (ed. and trans.). New York: Columbia University Press, 2017.

Shen, P. *A Chinese Political Philosopher of the Fourth Century BC*. Herrlee G. Creel(trans.). Chicago: The University of Chicago Press, 1974.

Sivin, N. (Book Review) "*The Annals of Lü Buwei: A Complete Translation and Study*". *China Review International*, 2001(8): 407 – 413.

Steiner, G. *After Babel: Aspects of Language and Translation*. Shanghai: Shanghai Foreign Language Education Press, 2001.

Sun, T. , and Y. Shang. *Art of War/The Book of Lord Shang*. Hertfordshire: Wordsworth Editions Limited, 1998.

Tang, B. *Lü's Commentaries of History*. Beijing: Foreign Language Press, 2010.

Thompson, P. M. *The Shen-tzu Fragments*. Oxford: Oxford University Press, 1979.

Tu, W. "The ' Thought of Huang-Lao ' : A Reflection on the Lao Tzu and Huang Ti Texts in the Silk Manuscripts of Ma-wang-tui". *The Journal of Asian Studies*, 1979, 39(1): 95 – 110.

Waley, A. *Three Ways of Thought in Ancient China*. London: George Allen & Unwin Ltd. , 1939.

Waley, A. *Three Ways of Thought in Ancient China*. Stanford, CA: Stanford University Press, 1982.

Wang, H. P. and L. S. Chang. *The Philosophical Foundations of Han Fei's Political Theory*. Honolulu: University of Hawaii Press, 1986.

Watson, B. "The Shih Chi and I, Chinese Literature: Essays". *Articles & Reviews*, 1995(17): 199 – 206.

Weber, M. *The Religion of China*. Hans H. Gerth (trans.). Glencoe, Illinois: The Free Press, 1951: 149.

Winston, K. "The Internal Morality of Chinese Legalism". *Legal Study*, 2005.

Wu, J. "Readings from Ancient Chinese Codes and Other Sources of Chinese Law and Legal Ideas". *Michigan Law Review*, 1921(5): 502 – 536.

Xu, Z. *L'Art de la Politique chez les Légistes Chinois*. Bordeaux: Economica, 1995.

Yang, S. "Shen Dao's Own Voice in the *Shenzi Fragments*". *Dao*: *A Journal of Comparative Philosophy*, 2011(2).

布迪. 中华帝国的法律[M]. 南京:江苏人民出版社,2010.

包惠南,包昂. 中国文化与汉英翻译[M]. 北京:外文出版社,2004.

陈宏敬.《吕氏春秋》研究综述[J]. 中华文化论坛,2001(2):64 – 72.

陈江宁. 对外传播视角下《管子》中排比的英译法研究[J]. 传播与版权, 2015(1).

陈江宁.《管子》中管仲形象的英译表现[J]. 文化与传播,2014(2): 20 – 23.

陈奇猷.《吕氏春秋》成书的年代与书名的确立[J]. 复旦学报(社会科学版),1979(5):103 – 104.

陈千钧. 韩非的时代背景及其学术渊源[J]. 学术世界,1935(4).

陈书仪. 齐文化研究在国外[J]. 管子学刊,1996(2):88 – 94.

陈望道. 修辞学发凡[M]. 上海:上海教育出版社,1976.

崔磊. 韩非名学与法思想研究[M]. 北京:法律出版社,2013.

戴俊霞. 诸子散文在英语世界的译介与传播[M]. 合肥:安徽大学出版社,2014.

丁立福. 国外首部《淮南子》英语全译本研究[M]. 淮南师范学院学报, 2015(3).

杜庆龙.《管子》西方译介研究述论[J]. 安徽省管子研究会网刊,2016.

冯友兰. 中国哲学简史[M]. 北京:新世界出版社,2004.

冯禹. 欧美国家有关《管子》研究的主要论著[J]. 管子学刊,1988(2): 93 – 95.

冯禹.《管子》英译本评价[J].管子学刊,1988(2):50－55.

高亨.商君书注译[M].北京:中华书局,1974.

高鸿钧,贺卫方.美国学者论中国法律传统[M].北京:清华大学出版社,2004.

葛瑞汉.论道者:中国古代哲学论辩[M].北京:中国社会科学出版社,2003.

巩曰国.《管子》成书与传统研究[J].山东大学博士学位论文,2004.

顾伟,罗树涛.《吕氏春秋》术语英译研究[J].中国科技术语,2014(2).

顾元.中国传统衡平司法与英国衡平法之比较——从"同途殊归"到"殊途同归"[J].比较法研究,2004(4):11－26.

管仲.管子[M].哈尔滨:北方文艺出版社,2016.

郭登皞.韩非政治思想研究[J].民族杂志,1937(3).

郭沫若.吕不韦与秦王政的批判[A]//郭沫若全集·历史编:第2卷[M].北京:人民出版社,1982.

韩非:韩非子(汉英对照)[M].北京:商务印书馆,2015.

何寅,许光华.国外汉学史[M].上海:上海外语教育出版社,2002.

侯星星.法家类著作在古典目录分类中的发展演变[J].陕西学前师范学院学报,2017(6):17－20.

胡汉青.马基雅维利与韩非子的非道德主义权力观之比较[D].江西师范大学硕士论文,2012.

化国宇.治国以农:《吕氏春秋》中的农家法律思想研究[J].河南财经政法大学学报,2016(4):146－154.

黄曙辉,校注.慎子[M].上海:华东师范大学出版社,2010.

黄小芃.再论深度翻译的理论和方法[J].外语研究,2014(2).

季红琴.基于读者接受的《孟子》英译与传播研究[D].湖南师范大学博士学位论文,2016.

李辉.《管子》市场思想研究[D].扬州大学硕士学位论文,2010.

李存山.《商君书》与汉代尊儒——兼论商鞅及其学派与儒学的冲突[J].中国社会科学院研究生院学报,1998(1):36－41.

李红霞,张政."Thick Translation"研究 20 年:回顾与展望[J].上海翻译,
　　2015(2).

粟劲.论《吕氏春秋》法家思想倾向[J].当代法学,1993(1).

粟劲.论《吕氏春秋》法家思想倾向(续)[J].当代法学,1993(2):8 - 12.

李文革.西方翻译理论流派研究[M].北京:中国社会科学出版社,2004.

李宗政.《管子》外译研究概述[J].管子学刊,2014(2):111 - 115.

廖七一.当代西方翻译理论探索[M].南京:译林出版社,2000.

梁启超.管子评传[M].北京:世界书局,1935.

梁启超.先秦政治思想史:思想史类丛[M].北京:东方出版社,1996.

林嘉新.美国汉学家 Burton 的汉学译介活动考论[J].中国文化研究,
　　2017 秋之卷.

刘宓庆.当代翻译理论[M].北京:中国对外翻译出版公司,2003.

刘宓庆.文体与翻译[M].北京:中国对外翻译出版公司,1998.

刘润泽,魏向清.生态译学话语构建的术语批评路径及其反思——知识生
　　产与话语传播[J].外语学刊,2017(3):74 - 79.

刘向.战国策[M].缪文远,罗永莲,缪伟,译注.北京:中华书局,2006.

罗宾.评李克译注《管子:古代中国政治、经济、哲学论文集》[J].管子学
　　刊,1988(4):82 - 83.

罗根泽.管子探源[M].上海:中华书局,1931.

罗根泽.诸子考察[M].北京:人民出版社,1958.

蒋洪新,尹飞舟.伯顿·华兹生的《韩非子》英译本漫谈[J].外语与外语
　　教学,1998(6):45 - 47.

蒋坚松.文本与文化——评诺布诺克英译本《荀子》[J].外语与外语教
　　学,1999(1):40 - 43.

马世杰.法家经典词频分结与研究[J].科技视界,2014(32):34 - 35.

孟建安.失败的修辞与成功的修辞之比较分析[J].当代修辞学,2009
　　(1):64 - 69.

钱穆.先秦诸子系年[M].北京:中华书局,1985/2002.

钱泳.履园丛话[M].北京:中华书局,1979.

钱兆明,管南异.《管子》"西游记":赵自强和庞德《诗章》中的《管子》[J].中国比较文学,2014(2):114-126.

乔沛.《吕氏春秋》新法家思想研究[D].山西大学硕士学位论文,2016.

容肇祖.《商君书》考证[J].燕京学报,1937(21).

司马光.资治通鉴[M].北京:北京燕山出版社,2006.

司马迁.史记[M].北京:北京燕山出版社,2007.

孙希旦.礼记集解(上册)[M].北京:中华书局,1998.

商鞅.商君书(汉英对照)[M].戴闻达,译.北京:商务印书馆,2006.

史尘封.汉语古今修辞格通编[M].天津:天津古籍出版社,1995.

佟颖.从社会符号学角度研究翻译的必要性[J].天津外国语大学学报,2013(5):21-25.

王德敏,刘斌.管子十日谈[M].合肥:安徽文艺出版社,1997.

王夫之.读通鉴论[M].北京:中华书局,1975.

王鹤.篇章修辞在英语专业语篇教学中的应用[J].北京城市学院学报,2016(6):62-66.

王海燕.从符号学"问性"理论看书面汉语"欧化"现象[D].中国海洋大学硕士论文,2008.

王宏.中国典籍英译:成绩、问题与对策[J].外语教学理论与实践,2012(3):9-14.

王宁.翻译与跨文化阐释[J].中国翻译,2014(2):5-13.

王先谦.荀子集解[M].北京:中华书局,1954.

王怡飞.中国古代法家思想的现代价值[J].兰州学刊,2008(3):109-111.

王宇弘.《论语》英译修辞策略刍议[J].外语与翻译,2018(3).

武树臣.论法家的名称、缘起和师承[J].法学杂志,2016(12):99-106.

许富宏.慎子集校集注[M].北京:中华书局,2013.

徐祥民.法家学派的由来及其界限[J].山东大学学报(哲学社会科学版),2002(1).

徐祥民.申不害的法治思想及其局限性[J].文史哲,2003(2):33-37.

荀子.中华经典藏书:《荀子》[M].北京:中华书局,2007.

叶曼.管子思想中的大智慧[M].济南:山东电子音像出版社,2010.

尤锐.西方的政治学与中国传统政治思想:从忽略到认可?[J].南开大学学报(哲学社会科学版),2015(3):6-14.

俞长保.20世纪《吕氏春秋》研究综述[J].江苏师范大学学报(哲社版),2002(4):20-25.

俞晶荷.Солганик的篇章修辞理论——《篇章修辞学》评介[J].外语学刊,2003(2):109-111.

俞林波.《吕氏春秋》学术思想体系研究[D].山东大学博士学位论文,2009.

于成龙.战国楚卜筮祈祷简中的"五祀"[J].故宫博物院院刊,2009(2):27-38.

袁莉.也谈文学翻译之主体意识[J].中国翻译,1996(3).

翟江月译.管子(1—4册)[M].桂林:广西师范大学出版社,2005.

翟江月译.吕氏春秋(英汉对照)(1—4册)[M].桂林:广西师范大学出版社,2005.

章沧授.论韩非子散文的说理艺术[J].阜阳师范学院学报(社会科学版),1987(2):53-58.

张国际.《慎子》研究[D].郑州大学硕士学位论文,2005.

张觉.商君书校注[M].长沙:岳麓书社,2006.

张林祥.20世纪《商君书》研究述评[J].甘肃广播电视大学学报,2006(3).

张林祥.《商君书》的成书与命名考辨[J].古籍整理研究学刊,2007(2).

张林祥.《商君书》研究[D].西北师范大学博士学位论文,2006.

张双棣.吕氏春秋词汇研究(修订本)[M].北京:商务印书馆,2008.

张西平,管永前.中国文化走出去研究总论[M].北京:北京大学出版社,2016.

张西平,孙健.中国古代文化在世界:以20世纪为中心[M].郑州:大象出版社,2017.

张晓.马基雅维利与韩非子政体观比较研究[J].品牌,2011(z2):146.

张勇.韩非子与马基雅维利外交思想之比较[J].湖南工业职业技术学院学报,2007(3):71-73.

赵守正.管子通解(上)[M].北京:北京经济学院出版社,1998.

周莹,南方.走向成熟的译者主体性理论[J].河北师范大学学报,2015(9).

朱茜.论申不害"由名而术"之政治思想[J].求索,2011(1):239-241.

索　引

B

八奸　83,92,96

八览　160,166,167,171,209

《版法》　133,138,140,148,151

"变法以治"　17

"补偿"　182

"不法古,不循今"　18

布德（Derk Bodde）　70,82,130, 213,214

C

阐释性翻译　179,181

《乘马》　123,126,140,148,150

D

大中华文库　5,130,135,167,168,170, 178,182,237,240,241

戴闻达（J. J. L. Duyvendak）　3,4,23 - 28,33,36,42,50,57,62,63,68 - 70,72,82,235,238

"道"　142,202,211,227,240

道家　7,14,70,77,80,107,108,110, 114,120 - 123,127,129,134,142, 149,153,155,161,162,202,206, 211,229,233,237,242

"德"　1,142,173,237

"德治"　10

《邓析子》　7,15

独立士（John Emerson）　214 - 224,233, 234,237,238

"兑"　172

E

《二柄》　84,97

F

"法"　1,7,10 - 13,39,79,83,92,109, 151,162,211,215,216,225,227, 229,231 - 233,237,240

"法不阿贵"　9,11,106

法家思想　3 - 6,11 - 13,15,23 - 26,68 - 73,79 - 81,83,92,97,105 - 107, 109,110,112 - 114,117,121,125,

129,153,161,213,233,237,238,
241,252,253

法家学派　3,4,24,161,253

法家哲学　4,25,68,70,105

法家著作　7,15,122,125,153

法律典籍　2,256

"法律实证主义者"　109,241

法律文献　3

"法天地"　160,180,207

"法治"　9,10,14,99,107,113,216,
231,233,241

翻译策略　2,5,96,135,169,179,184,
195,197,224,237

翻译动机　2

翻译方法　2,28,34,129,132,133,144,
179,226

翻译目的　135,169,170,175,178,179,
182,184,214,224

翻译思想　93,94,96

翻译特色　195

"非道德主义者"　83

"非道德论者"　106

冯友兰　10,12,82,128,131,161,168,
212,213,237,250

G

高道蕴(Karen Turner)　4

葛瑞汉(A.C. Graham)　39

《更法》　18,37,62

《孤愤》　11,77,78,159

顾立雅(Herrlee Glessner Creel)　3,

206,225－234,236－238,240

管仲　6,8,15,80,92,111,119－121,
123－125,129,132,133,146,151,
174,237,250,251

《管子》　4,5,7,13－15,25,69,119－
144,147－149,152－158,181,236
－239,250－252

管子　3,6,15,119－127,129,131－
136,148,152,156－158,231,250
－255

归化　33,97,136,141,184,190,199,
203,204,217,238

"贵静"　229

"贵势"　10

"贵因"　229

H

韩非　79－81,83,84,91,92,97,99,
102,103,105－114,117,120,121,
159,212,250,251

《韩非子》　4,5,7,14,15,19,25,69,77
－85,91－94,96,99,105,107－115,
117,153,162,215,232,236－
238,252

韩非子　3,4,6,11,12,15,25,68,82,
84,106,108,111,112,114,234,
236,251,252,254

《韩非子校疏》　79

《汉书·艺文志》　7,13－15,18,78,
120,161,208,211,225

豪尔(Erich Hauer)　3,68

"好利恶害" 1,18

《和氏》 19,79,102

和氏献璧 102,103

华兹生(Burton Watson) 5,83,85-89,
　91-97,103,106,107,112,236,
　237,239

《淮南子》 5,6,19,106,129,153,
　181,250

J

机械翻译 144

稽辽拉(Л. С. Переломов) 23,69

"兼儒墨,介名法" 159

《解老》 79

《靳令》 18,54,66,67

《旧唐书·经籍志》 13,14

"君臣" 225

K

《开塞》 18,63

可读性 25,82,94,133,136,139,145,
　149,154,170,180,182,214

《垦令》 18,30,32,37,43,58,65

L

《徕民》 18,33,34,40

李克(Allyn Rickett) 124,127-140,
　142-147,149-157,237-239

"理" 61,133,143,211

《立政》 133,137,138,141,148,150

梁启超 7,8,82,119,212,252

两仪 201,202

六论 160,167,171

龙德(Bertil Lundahl) 84,108

鲁惟一(Michael Loewe) 205,234

路顿(John Marshall Louton) 166,
　206,207

吕不韦 159,160,162-164,166,167,
　171,175,178,179,206,209,251

《吕览》 159

《吕氏春秋》 5,15,19,25,130,159,
　164,165,168-170,177,178,181,
　202-209,215,231,236-240,250
　-254

《吕》书 159-171,173,175,177-182,
　184,193-196,198,200,204-210

M

"名" 10,92,110,225,229-231

墨家 7,79,80,92,110,161,208,233

《牧民》 123,136-141,143-145,148-
　150

《内外储》 11,77,78

《农战》 18,29,32,43,62,65

诺布洛克(John Knoblock),诺氏,诺本,
　诺译 165-180,184-205,210,
　238,240

P

庞德(Ezra Pound) 157

皮纳斯(Yuri Pines),尤锐 23-27,38-
　40,42,43,51-53,56-58,61-65,

73－75,237,238

Q

《七法》　139,148,150

"强"　29,99

"强本抑末"　18

"侵人"　182

《去强》　18,28－30,43,44,47,49,62,
63,65,66

"权术"　11

《权修》　147－150

R

"任法"　212

儒家　7,8,10,12,25,64,70,71,74,77,
79,80,92,107,109,110,114,120,
123,129,134,142,143,148,149,
153,157,161,162,165,206－208,
225,233,237,242

"锐"　172

瑞杰尔（Jeffrey Riegel）　166,167,170,
204,205,210,238,240

S

塞尔曼（James D. Sellmann）　166,205,
208－210

"三公九卿"　199

《商君书》　3－5,14,15,17,19,23－28,
30,31,33,34,36,38－40,43,50,
61,62,64,65,68－72,74,75,82,
92,151,153,227,232,235,236,

238,251,253,254,256

《商君书校注》　39,52,59,61

《商君书注译》　17,37,38,59,60

商鞅　1,3,4,8,9,11,15,17－27,43,
62,68－74,79,80,92,111,121,
161,162,164,231,234,238,
251,253

《商子》　7,17

"尚法"　10

申不害　1,4,5,10,11,14,15,25,79,
80,92,111,206,224－227,229－
234,236－238,253,255

申子　11,15,224,225,228,229,231,
233,237

《申子》　7,13－15,222,224－228,231－
234,236,238－240

深度翻译　166,179,184,251

慎到　1,8,10－12,14,15,79,80,92,
107,111,211－216,218－220,224,
226,231,233,234,236,238

慎子　15,211,212,214,225,253

《慎子》　4,5,7,13－15,25,211－216,
218－220,222,233,234,236,238－
240,254

十二纪　160,163,166,167,171,177－
181,184,196,203,209,210

《十过》　97

"士"　143

"世事变而行道异"　17

"事断于法"　10,211

"势"　10－12,79,107,114,149,162,

211,215,231,240

"守道" 107

守株待兔 102,105

"术" 10－12,79,92,110,162,225,
229,231－234,240

"说" 110,172

《说林》 11,77,78

《说民》 18,31,33

《说难》 11,77,78,102,159

《宋史·艺文志》 13,14

《算地》 18,36,38,51,57

《隋书·经籍志》 13,14,78,120

T

太一 201,202

谭朴森(Paul Mulligan Thompson) 213
－224,226,233,238

汤博文 166－169,204,239

"天人合一" 180

"天子" 216

W

"王" 62,99,143,237

"王业" 237

韦利(Arthur Waley) 72,83,93,
105,106

文化负载词 178,180,182,184,195,
201,203,204,215,216,218,240

"无为" 206,207,229

"无为而治" 10,206,211

吴经熊 3

《五蠹》 11,19,77－79,84,97,102

"五祀" 203,254

五行 132,151,165,176,177,179,183,
197,200,201,206－208

误解 42,57,216

X

《先秦名学史》 82

《先秦政治思想史》 7

《显学》 79,84,99,102

"现实主义者" 83

"新法家" 155

《新唐书·艺文志》 13,14

"信赖" 182

"刑名" 106,107

《形势》 121,131,133,137,138,
148,149

修辞 26,30,42,43,50,74,109－111,
114,117,132,139,144,173,182,
184,190,193,194,215,218,250,
252－254

《修权》 18,67

Y

研究型翻译 38

《杨权》 84

"壹教" 18

"壹赏" 18

"壹刑" 18

"以法治国" 1,18

"义" 111,133,143,160

异化　26,74,136,184,197,203

译介　1,5,6,15,17,77,80,81,89,94,
　　119,124 － 127,131,132,134,136,
　　146,152,155 － 157,159,162,165,
　　170,182,211,224,250,252,256

阴阳　7,61,119 － 121,161,165,176,
　　177,179,200 － 202,206 － 208,231

音译　137,139 － 142,145,151,184,195
　　－ 197,202,215

《有度》　84

《幼官》　131,138,140,144,148,151,
　　152,237

语际翻译　123,124

语内翻译　123

"悦"　172

Z

杂家　7,120,161,207,208

翟江月　130,135,136,144,145,154 －
　　156,166 － 170,181,182,204,
　　239,254

《战法》　18,35

《战国策》　19,24,130,163,167,181

"治"　99,143,192

智子疑邻　102

《中国古代的三种思维》　83,105,106

《中国哲学简史》　10,12

《重己》　192,195,197

"重轻罪"　18

"重势"　215

《主道》　84

字面翻译　36,37

"尊王攘夷"　8

致　谢

　　在本书即将付梓之际,写作过程中的各种焦灼、痛苦和因多次婉拒亲友、同事的邀请或各种有意无意的失约而带来的愧疚顿时化作一缕缕青烟,渐渐散去,留在脑海中的是怎么说也说不完的感激、欣慰和作为一个"伪"文人的满足,当然,最多的还是感激,没有各位师长、同事、亲朋和家人的帮助、鼓励和提醒,要完成手头这一串串沉甸甸的文字是不可能的。

　　首先要感谢的是我的导师南京大学外国语学院魏向清教授,正是在参与她的国家社科重点课题时,我偶然发现了《商君书》这一书名,冥冥之中觉得它背后隐含了尚未为学界关注的学术故事,这便是后来的安徽省高校人文社会科学研究重点项目"中国古代法律典籍在英语世界的译介与传播研究"(SK2016A0143)和教育部人文社科规划基金项目"法家经典文献在英语世界的译介与传播研究"(16YJA740005)的最初构想。

　　其次,我要感谢我的同事王平老师、汤红老师和赵燕宁老师,没有他们在第一时间答应帮我收集资料,并同意帮我撰写部分章节初稿,要完成这样一项既耗时、又要付出无数脑力劳动的艰巨任务,是无论如何也办不到的。我曾经的学生安徽工业大学外国语学院英语系17届学生孟海林也曾经帮我翻译了部分英文资料,在此一并感谢。

　　最后,我要特别感谢我至亲至爱的家人,我的夫人曹婷生女士在我写作和读博期间给予的种种理解和默默支持,让我始终觉得我是一个被"宠"的大男孩,没有必要受柴米油盐等生活琐事的困扰。我的女儿戴宇露常常好奇我为什么对学习和写作如此执着,实际上是因为你的优秀才让我有更多的时间从事自己喜欢的工作。

安徽工业大学外国语学院的领导对此书的出版一直给予高度关注和支持,在此表示衷心感谢。由于时间仓促和自己学浅才疏,书中所有错误和不足之责任由本人承担,也希望学界同仁批评指正。

戴拥军

2019 年 4 月 10 日

于南京大学仙林校区博士公寓 23 幢